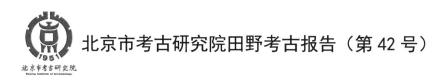

北京市考古研究院田野考古报告（第42号）

北 京 考 古
第 3 辑

北京市考古研究院
（北京市文化遗产研究院） 编

北京燕山出版社

图书在版编目（CIP）数据

北京考古 . 第 3 辑 / 北京市考古研究院（北京市文化
遗产研究院）编. — 北京 ： 北京燕山出版社， 2023.4
  ISBN 978-7-5402-6878-7

  Ⅰ . ①北… Ⅱ . ①北… Ⅲ . ①文物—考古—北京
Ⅳ . ① K872.1

  中国国家版本馆 CIP 数据核字（2023）第 054902 号

北京考古 . 第 3 辑

编　　者：北京市考古研究院（北京市文化遗产研究院）
责任编辑：吴蕴豪　梁　萌
书籍设计：北京麦莫瑞文化传播有限公司
封面设计：黄晓飞
出版发行：北京燕山出版社有限公司
社　　址：北京市西城区椿树街道琉璃厂西街 20 号
邮　　编：100052
电　　话：010-65240430（总编室）
印　　刷：北京富诚彩色印刷有限公司
开　　本：889mm×1194mm 1/16
字　　数：372 千字
印　　张：20
版　　次：2023 年 4 月第 1 版
印　　次：2023 年 4 月第 1 次印刷
ISBN　978-7-5402-6878-7
定　　价：198.00 元

北京文物与考古系列丛书

内 容 简 介

　　本书是北京市考古研究院（北京市文化遗产研究院）的田野考古发掘报告集。收录的 16 篇发掘报告全部为北京地区的考古发掘工作成果，涉及东城、西城、朝阳、海淀、丰台、石景山等区，时代跨度为两汉至明清时期，类型有墓葬、建筑基址、窑址、道路等。出土的器物数量多，类型丰富。本书比较全面、及时地反映了北京市近年来田野考古发掘工作的新成果。

　　本书可供从事考古、文物、历史等研究的学者及相关院校师生阅读和参考。

目　录

插图目录

石景山区鲁谷路辽金、明清墓葬发掘报告

丰台区大富庄老爷庙清代房址、灶址发掘报告

彩版目录

丰台区东白盆窑两汉、辽金、明清遗迹发掘报告

2014年7月6日至7月20日，为了配合白盆窑旧村改造项目（北地块）建设，北京市考古研究院（原北京市文物研究所）对其项目占地范围内发现的古代遗迹进行考古发掘。发掘区位于丰台区花乡东白盆窑村，樊羊路以东、六环路以北（图一）。实际发掘面积490平方米。

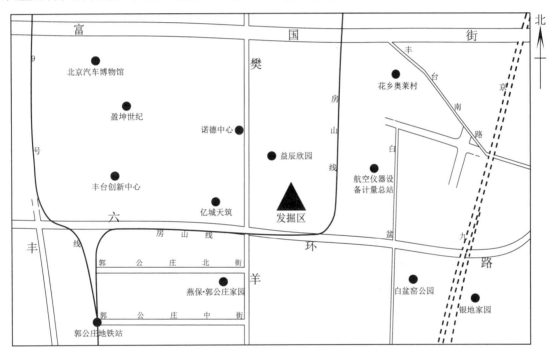

图一　发掘区位置示意图

共发掘古代遗迹32处，其中灰坑8座、窑址10座、水井12口等。具体发掘情况如下。

一、主要遗迹

（一）灰坑

共发掘灰坑 8 座。

H1 位于发掘区的东北部。开口于②层下，打破③层，距地表深 0.55 米。平面形状呈圆角长方形，直壁，平底，东西长 1.6 米、南北宽 1.2 米，坑底距地表深 1.05 米。底部有猪骨架 1 具和少量泥质灰陶片等（图二）。

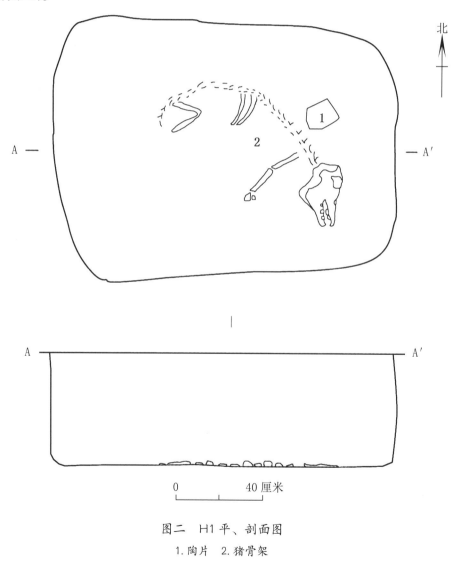

图二 H1 平、剖面图
1.陶片 2.猪骨架

H2 位于发掘区的东北部。开口于②层下，打破③层，距地表深 0.55 米。平面形状呈圆角长方形，直壁，平底，东西长 1.75 米，南北宽 1.38 米，坑底距地表深 1.21 米。坑内未见包含物（图三）。

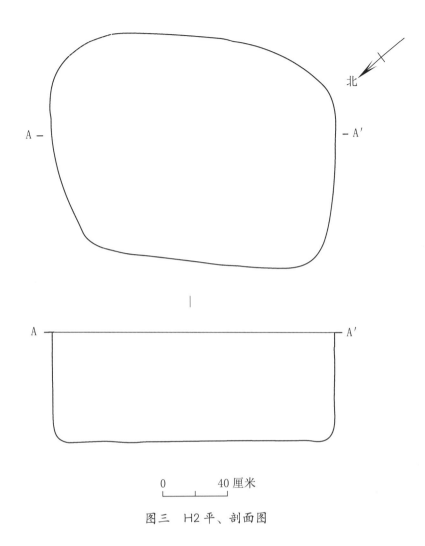

图三　H2 平、剖面图

　　H3 位于发掘区的东南部。开口于①层下，打破 J9 和②层，距地表深 0.4 米。平面呈圆角长方形，斜壁，平底。口大底小，口部长 3.3 米、宽 2.02 米；底部长 3.2 米、宽 1.75 米。坑底距地表深 1 米。坑内有少量青砖残块等。

　　H4 位于发掘区的中部偏南处。开口于②层下，打破③层，距地表深 0.76 米。平面呈圆角长方形，斜壁，平底。口大底小，口部长 2.18 米、宽 1.24 米；底部长 1.88 米、宽 1.02 米。坑底距地表深 2.26 米。坑内有少量青砖残块等。

　　H5 位于发掘区的东南部。开口于②层下，打破③层，距地表深 1.1 米。平面呈圆角长方形，斜壁，底部西北部高，东南部低。口大底小，口部长 2.7 米、宽 1.97 米；底部长 2.5 米、宽 1.87 米。坑底距地表深 2.6 米。坑内有少量青砖残块等。

　　H6 位于发掘区的西南部。开口于②层下，打破 J12 和③层，距地表深 0.5 米。平面呈椭圆形，斜壁，底近平。口大底小，口部长 1.98 米、残宽 1.45 米；底部长 1.84 米、宽 1.24 米。坑底距地表深 1.44 米。坑内有少量青砖残块等。

　　H7 位于发掘区的中部偏东处。开口于①层下，打破②层，距地表深 0.3 米。平面呈长方形，直壁，平底，长 2.7 米、宽 1 米，坑底距地表深 1 米。坑内未见包含物。

H8 位于发掘区的东南部。开口于①层下，打破②层，距地表深 0.4 米。平面呈长方形，直壁，平底，长 3.6 米、宽 1 ~ 1.25 米，坑底距地表深 0.78 米。坑内未见包含物。

（二）窑址

共发掘窑址 10 座。除 Y2 和 Y3 已遭晚期严重破坏，Y4 形制特殊外，其余 7 座平面均呈葫芦形，由操作间、进风口、火门、火膛、烟道、窑床等部分组成。操作间呈半圆形，与窑室位于同一平面；火门位于火膛和操作间之间，呈长方形；火膛呈半月形，略低于窑室；烟道呈方形。窑室平面与葫芦下半部相似，平底。这 10 座窑上部均遭到破坏，仅存下部。填土均为黄褐色土，包含有红烧土、炭灰等，土质较疏松。

Y1 位于发掘区的东南部偏北处。开口于②层下，距地表深 0.3 米。护墙和窑门由砖砌而成，护墙中部已残。操作间南北残长 2.06 米、东西残宽 1.64 米、深 0.34 米；进风口南北长 0.5 米、东西宽 0.29 米、深 0.3 米；火门南北长 0.58 米、东西宽 0.16 米、深 0.24 米；火膛南北长 0.6 ~ 1.46 米、东西宽 0.74 米、深 0.64 ~ 0.93 米；窑床南北长 1.95 米、东西宽 1.56 米、深 0.3 米；护墙东西长 1.8 米、南北宽 0.24 米、深 0.18 米；烟道东西长 1.5 ~ 1.56 米、南北宽 0.2 米、深 0.24 ~ 0.28 米。

Y2 位于发掘区的东南部。开口于②层下。仅存进风口和火膛，火膛呈半月形，进风口残。进风口南北残长 0.32 米、东西宽 0.24 米、深 0.2 ~ 0.6 米；火膛南北长 1.3 米、东西宽 0.7 米、深 0.9 ~ 1.3 米。

Y3 已遭晚期严重破坏，形制不清，仅可见红烧土块、窑壁残块等。

Y4 位于发掘区的中部偏南处。开口于②层下，距地表深 0.5 米。Y4 是唯一有三组火膛的窑，每个火膛上都有进风口和火门，但火门已被破坏，火膛呈半月形。操作间东西长 2.1 ~ 4.98 米、南北宽 2.1 米、深 0.6 米；东侧进风口南北长 0.85 米、东西宽 0.4 米、深 0.7 ~ 1 米；火膛口部东西长 1.1 米、南北宽 0.38 米、深 1.55 米。中部进风口南北长 0.9 米、东西宽 0.4 米；火膛东西长 1.2 米、南北宽 0.6 米。西侧进风口南北长 1.23 米、东西宽 0.38 米；火膛东西长 1 米、南北宽 0.4 米。窑床东西长 5 米、南北宽 2.58 米、深 0.63 米。火膛和窑床周围有红烧土，厚约 0.03 ~ 0.1 米（图四）。

Y5 位于发掘区的中部偏南处。开口于②层下，距地表深 0.5 米。护墙较高，由砖砌而成，上有四个烟囱。操作间口大底小，口部南北长 0.42 ~ 1.68 米、东西宽 1.52 米，底部南北长 0.3 ~ 1.3 米、东西宽 1.18 米，深 0.74 ~ 1.14 米；进风口东西长 0.8 米、南北宽 0.4 米、深 1.14 ~ 1.76 米；火门南北长 0.7 米、东西宽 0.42 米、深 1.86 米；火膛南北长 0.64 ~ 1.4 米、东西宽 0.74 米、深 1.9 米；窑床东西长 2.5 米、南北宽 1.4 ~ 2.4 米、深 0.9 米；护墙南北长 1.61 米、东西宽 0.2 米、深 0.9 米；烟道南北长 0.94 米、东西宽 0.16 ~ 0.31 米、深 0.88 米。火膛及窑床外围有一圈红烧土，厚约 0.04 ~ 0.1 米（图五）。

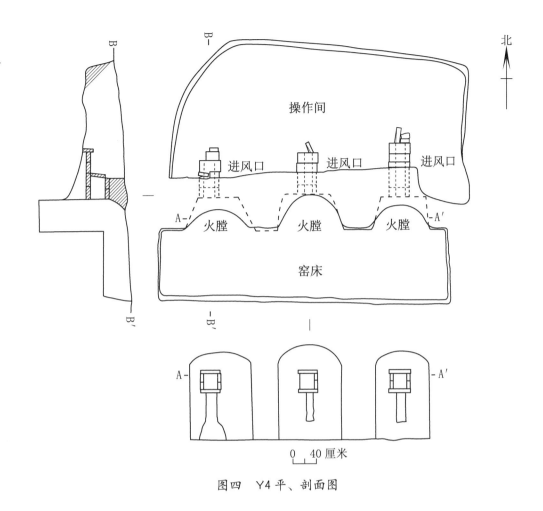

图四 Y4平、剖面图

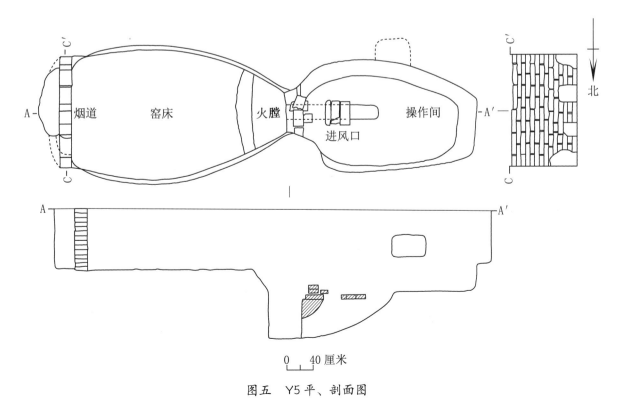

图五 Y5平、剖面图

Y6 位于发掘区的中部偏东南处。开口于②层下，距地表深 0.5 米。窑床面积较大，呈梯形，护墙上烟囱数量多，残存四个。操作间南北残长 2.1 米、东西残宽 1.24 ~ 1.96 米、深 1.2 米；进风口南北长 0.4 米、东西宽 0.2 米、深 0.4 ~ 1.2 米；火门东西长 0.96 米、南北宽 0.4 米、深 1.24 米；火膛南北长 0.74 米、东西宽 0.6 ~ 1.46 米、深 1.2 米；窑床东西长 2.42 米、南北宽 2.4 米、深 1.2 米；护墙东西残长 1.7 米、南北宽 0.2 米、深 1.2 米；烟道东西长 1.78 米、南北宽 0.2 米、深 1.2 米。

Y7 位于发掘区的东南部。开口于②层下，距地表深 0.5 米。形制和 Y6 相似。操作间东西长 1.3 ~ 1.7 米、南北宽 0.6 米、深 0.4 米；进风口南北长 0.52 米、东西宽 0.2 米、深 0.40 ~ 1 米；火门东西长 0.74 米、南北宽 0.23 米、深 0.75 ~ 1 米；火膛东西长 0.8 ~ 2 米、南北宽 0.67 米、深 1 米；窑床东西长 1.64 ~ 2.1 米、南北宽 1.9 米、深 0.4 米；护墙东西长 1.62 米、南北宽 0.2 米、深 0.4 米；烟道东西长 1.7 米、南北宽 0.5 米、深 0.4 米。

Y8 位于发掘区的东南部。开口于②层下，距地表深 0.55 米。操作间高于窑床，操作间南北残长 1.52 米、东西残宽 1.7 ~ 2.7 米、深 0.86 米；进风口南北长 0.4 米、东西宽 0.36 米、深 0.96 ~ 1.3 米；火门东西长 1.1 米、南北宽 0.18 米、深 1 ~ 1.2 米；火膛东西长 1.1 ~ 2.2 米、南北宽 0.84 米、深 1.56 米；窑床南北长 2.5 米、东西宽 2.12 ~ 2.43 米、深 0.36 米；护墙东西长 2.1 米、南北宽 0.2 米、深 0.36 米；烟道东西长 1.96 米、南北宽 0.52 米、深 0.36 米（图六）。

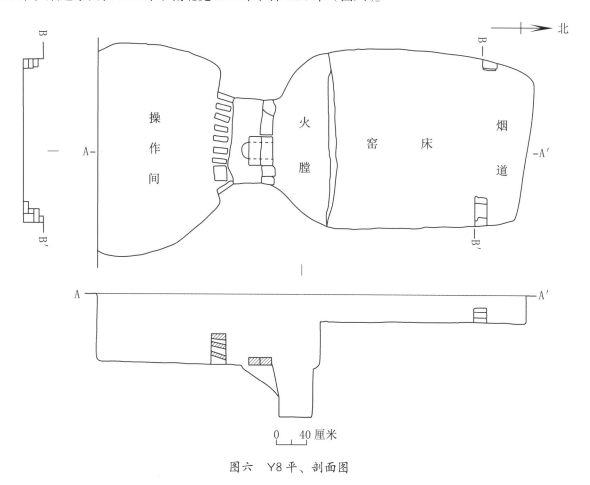

图六 Y8 平、剖面图

Y9 位于发掘区的东南部偏西处。开口于②层下，同时被 H3 打破，开口距地表深 0.5 米。操作间南北残长 1 米、东西残宽 0.8 ~ 1.4 米、深 0.9 米；进风口南北长 0.52 米、东西宽 0.38 米、深 0.9 ~ 1.25 米；火门东西长 0.55 米、南北宽 0.4 米、深 1.06 ~ 1.38 米；火膛东西长 0.7 ~ 1.61 米、南北宽 0.78 米、深 1.98 米；窑床南北长 2.53 米、东西宽 1.61 ~ 1.9 米、深 0.9 米；护墙东西长 1.9 米、南北宽 0.1 米、深 0.9 米；烟道东西长 1.73 ~ 2.11 米、南北宽 0.2 米、深 0.9 米。火膛及窑床周围有红烧土，厚 0.04 ~ 0.21 米。

Y10 位于发掘区的中部偏东处。开口于②层下，距地表深 0.5 米。仅存南半部，操作间南北残长 1.85 米、东西残宽 0.9 米、深 0.5 米；进风口残；火门残；火膛南北长 0.9 米、东西残宽 0.85 米、深 0.95 米；窑床南北长 1.78 米、东西残宽 0.72 米；护墙南北残长 0.63 米、东西宽 0.15 米；烟道南北残长 0.7 米、东西宽 0.25 米。

（三）水井

共发掘水井 12 口。水井平面呈圆形或椭圆形。除 J10 为陶井圈水井，J9 井圈已遭严重破坏之外，其余 10 口水井均由青砖砌筑而成。填土均为黄褐色沙土，土质较疏松。由于发掘区内的土质较疏松，水井较深且内部空间有限，出于安全考虑，这些水井均未发掘到底。

J1 位于发掘区的中部偏南处。开口于②层下，距地表深 0.78 ~ 0.88 米。井圹直径约 1.74 米，发掘深度 2 米。砖砌井圈外径 0.8 米、内径 0.66 米，由宽 0.14 米、厚 0.06 米的青砖错缝平铺而成。在井内发掘至 2 米后，未再向下进行发掘，进行了钻探，钻探深度达 1.5 米，因有青砖堆积，未能钻探到原生土（图七；彩版一，1）。

J2 位于发掘区的中部偏南处。开口于②层下，距地表深 1.26 ~ 1.4 米。井圹呈椭圆形，井圹南北直径约 2.75 米、东西直径 3.18 米。砖砌井圈外径 1.36 米、内径 0.96 米，由宽 0.14 米、厚 0.06 米的青砖错缝平铺而成，发掘深度至 1.6 米。在井内发掘至 1.6 米后，未再向下进行发掘，进行了钻探，钻探深度达 1.6 米，因有青砖堆积，未能钻探到原生土（彩版一，2）。

J3 位于发掘区的东部偏北处。开口于②层下，距地表深 0.46 ~ 0.56 米。井圹直径约 1.7 米，发掘深度 1.7 米。砖砌井圈外径 1 米、内径 0.69 米，由宽 0.16 米、厚 0.06 米的青砖错缝平铺而成。在井内发掘至 1.7 米后，未再向下进行发掘，进行了钻探，钻探深度达 1.6 米，因有青砖堆积，未能钻探到原生土（图八；彩版一，3）。

J4 位于发掘区的南部偏西处。开口于②层下，距地表深 0.98 ~ 1 米。由于破坏较严重，发掘深度 1.85 米，未发掘至井砖出现。井圹直径 2.85 米，井圈直径 1.4 米。在井内发掘至 1.85 米后，未再向下进行发掘，进行了钻探。钻探深度达 1.7 米，因有青砖堆积，未能钻探到原生土（彩版一，4）。

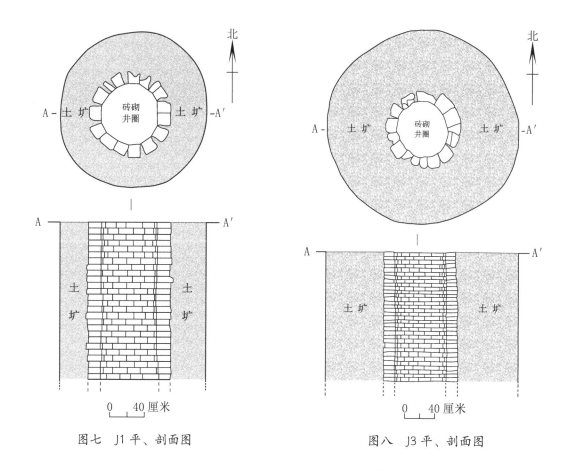

图七　J1 平、剖面图　　　　　　　　图八　J3 平、剖面图

J5 位于发掘区的东南部偏西处。开口于②层下，距地表 0.9 米。井圹呈椭圆形，由于破坏较严重，发掘深度 1.35 米，未发掘至井砖出现。井圹南北直径 3.1 米、东西直径 2.92 米。砖砌井圈南北直径 1.68 米、东西直径 1.98 米。在井内发掘至 1.35 米后，未再向下进行发掘，进行了钻探。钻探深度达 1.6 米，因有青砖堆积，未能钻探到原生土。

J6 位于发掘区的东南部。开口于②层下，距地表深 0.48 ~ 0.7 米。井圹直径 2.6 米，发掘深度 1.26 米。砖砌井圈外径 0.9 米、内径 0.54 米，由宽 0.18 米、厚 0.06 米的青砖错缝平铺而成，井一侧在发掘深度处未出现砖。在井内发掘至 1.26 米后，未再向下进行发掘，进行了钻探。钻探深度达 2.1 米，因有青砖堆积，未能钻探到原生土。

J7 位于发掘区的东南部。开口于②层下，距地表深 0.9 ~ 1.02 米。井圹呈椭圆形，发掘深度 1.65 米。井圹南北直径 3.1 米、东西直径 3.8 米。砖砌井圈外径 2.48 米、内径 2.1 米。由宽 0.1 米、厚 0.06 米的青砖错缝平铺而成。在井内发掘至 1.65 米后，未再向下进行发掘，进行了钻探。钻探深度达 1.5 米，因有青砖堆积，未能钻探到原生土（图九；彩版二，1）。

J8 位于发掘区的东部南偏处。开口于②层下，距地表深 0.9 ~ 0.92 米。井圹直径 1.82 米，发掘深度 0.5 米。由于破坏较严重，未发掘至井砖出现。砖砌井圈直径 1.42 米。在井内发掘至 0.5 米后，未再向下进行发掘，进行了钻探。钻探深度达 1.6 米，因有青砖堆积，未能钻探到原生土（彩版二，2）。

J9 位于发掘区的中部偏南处。开口于②层下，被 H3 打破，距地表深 0.68 ~ 0.78 米。由于破坏较严重，发掘深度 1.5 米。未发掘至井砖出现。井圈呈椭圆形，井圈南北直径 1.92 米、东西直径 1.5 米。在井内发掘至 1.5 米，未再向下进行发掘，进行了钻探。钻探深度达 1.9 米，因有青砖堆积，未能钻探到原生土。

J10 位于发掘区的中部偏南处。开口于②层下，距地表 0.62 ~ 0.9 米。井圹直径约 2.42 米，发掘深度 3 米。陶井圈呈椭圆形，东西外径 1.06 米、南北外径 1.28 米、东西内径 0.98 米、南北内径 1.2 米、井圈厚 0.04 米。在井内发掘至 3 米，未再向下进行发掘，进行了钻探。钻探深度达 1.5 米，因有青砖堆积，未能钻探到原生土（图一〇；彩版二，3）。

J11 位于发掘区的东部。开口于②层下，距地表深 0.78 ~ 0.88 米。井圹直径约 3.64 米，发掘深度 3 米。砖砌井圈南北外径 1.4 米、东西外径 1.5 米、南北内径 1.04 米、东西内径 1.14 米。由宽 0.14 米、厚 0.06 米的青砖平铺为主、纵铺为辅错缝砌成。在井内发掘至 3 米，未再向下进行发掘，进行了钻探。钻探深度达 1.6 米，因有青砖堆积，未能钻探到原生土（彩版二，4）。

J12 位于发掘区的西南处。开口于②层下，被 H6 打破，距地表深 0.76 ~ 0.78 米。由井圹和青砖残块组成，井圹直径约 2.12 米。砖井外径 2.2 米、内径 1.89 米。砖井上部由于塌方砖块被破坏，发掘深度 1.55 米。井下部完好，由长 0.17 米、宽 0.14 米、高 0.06 米的青砖残块沿井圈错缝顺铺砌成。在井内发掘至 1.55 米，未再向下进行发掘，进行了钻探。钻探深度达 1.8 米，因有青砖堆积，未能钻探到原生土。

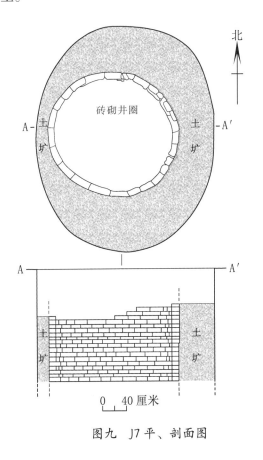

图九　J7 平、剖面图

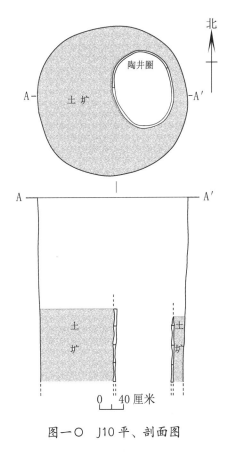

图一〇　J10 平、剖面图

二、出土器物

石构件1件，J11：1，基本完整。大体为长方形，上部为一桥形系，底面留有凿刻痕。长39.1厘米、宽26.8厘米、厚7厘米、通高13.8厘米、孔径1.2厘米（图一一）。

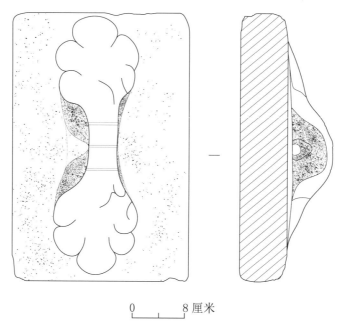

0   8厘米

图一一　出土石构件（J11：1）

三、时代推断

根据遗迹的形制、结构和出土遗物，可以将发掘出的遗迹分为四个时期。西汉时期的遗迹主要有灰坑 H1、H2、H4、H5、H6，水井 J10 等；东汉时期的遗迹主要有水井 J1 ~ J6 等；辽金时期的遗迹主要有窑址 Y1 ~ Y10，水井 J7、J8、J9、J11、J12 等；明清时期的遗迹主要有灰坑 H3、H7 和 H8 等。发掘区内的遗迹从西汉一直延续至明清时期，其中以两汉时期和辽金时期为主。

四、初步认识

1. 发掘区位于大葆台遗址的东北部。发掘区的中心点与大葆台遗址的直线距离约 2.2 千米。大葆台遗址主要包含两个性质和时期的遗存，一是大葆台一号、二号汉墓[①]，为西汉时期诸侯王级别的墓葬；二是在大葆台一号汉墓南部封土中出土了一些金代遗物，在墓道的右侧发现一处金代建筑遗址，在一号和二号汉墓之间清理了一口金代的砖砌水井等[②]。此次发掘的遗址，尽管在遗迹的类型、性质与等级等方面和大葆台遗址并不相同，但在时间上大体相吻合，有着相当程度的共时存在，可以推断在两汉和辽金时期，这一区域都有较为频繁的人类活动。

2. 从形制与建筑材质来看，水井 J10 是较为典型的战国、西汉时期的陶井圈水井。北京地区考古中发现的陶井圈水井，在陶然亭姚家井、广内大街北线阁、白云观、宣武门内南顺城街、和平门外海王村等处均有发现，其中最为密集的地方是西南二环转角至宣武门、和平门一线[③]。战国时期的陶井圈井，按早晚关系，可以分为三式。Ⅰ式：井圈壁垂直，上下均为平口，口部稍厚。井圈直径 64～81 厘米，高 51～57 厘米，厚 1～1.2 厘米；Ⅱ式：井圈中部微向外鼓，口沿稍宽。井圈直径 76～78 厘米，高 37 厘米，厚 1 厘米；Ⅲ式：井圈外壁垂直，内壁中部向内收缩成弧形，中部薄、口部较厚。井圈直径 82～92 厘米，高 34～36 厘米，口部厚 3 厘米，中部厚 1.5～2 厘米。西汉时期的陶井圈可以分为两型。A 型：与战国时期Ⅲ式井圈形制基本相同，井圈直径 80～96 厘米，高 25 厘米；B 型：以三块合成的井圈，井圈直径 92～99 厘米，高 48～64 厘米，厚 3.4～4 厘米。此次发掘的水井 J10，在形制上与西汉时期的陶井圈 A 型基本相同，推断也为西汉时期。大兴区亦庄 X10 号地西汉时期水井 J1[④] 也与此次清理的 J10 形制基本相同。

3. 此次发掘出了辽金时期的窑址 Y1～Y10，水井 J7、J8、J9、J11、J12 等。北京地区发现的辽金时期的窑址数量有限[⑤]，此次集中发现，对于了解辽金时期北京的窑址形制与特点具有较为重要的价值。辽金时期水井此前发现的数量也较为有限，典型的是大葆台金代遗址内清理的水井。砖井口径 1.4 米、深 8 米。自上至下皆用宽 17 厘米、厚 5 厘米的素面青砖，以三平一立的方式层层砌筑而成，砖与砖之间未见使用黏合剂，井底有圆形木制井盘，厚 5 厘米。此次发掘的水井，在所用建筑材料上多为青砖残块，并不规整，可能与其所属遗址的性质和等级有关。此外，窑址与水井集中发现，对于认识水井的具体用途和窑址的附属设施具有较为重要的考古价值。

发掘：孙勐

绘图：黄星

摄影：黄星

执笔：孙勐 刘浩洋 黄星

参考文献

① 北京市古墓发掘办公室：《大葆台西汉木椁墓发掘简报》，《文物》1977 年第 6 期。

② 北京市文物工作队：《北京大葆台金代遗址发掘简报》，《考古》1980 年第 5 期。

③ 北京市文物管理处写作小组：《北京地区的古瓦井》，《文物》1972 年第 2 期。

④ 北京市文物研究所、大兴区文物管理所：《北京亦庄 X10 号地发掘简报》，《文物春秋》2010 年第 6 期。

⑤ 山西大学：《北京马驹桥物流基地 E-04 地块发掘简报》，《文物春秋》2010 年第 5 期。

东城区宝华里汉代和明清墓葬、明代明堂发掘报告

    2021 年 5 月，北京市考古研究院继东城区宝华里 3 号地块发掘之后，在其东侧的 2 号、4 号地块进行了发掘，共发掘 25 处遗迹，包括汉代砖室墓 2 座、明代明堂 1 座、明代墓葬 14 座、清代墓葬 8 座（图二）。

    发掘区域位于东城区永定门外街道，西邻永定门外大街，东邻沙子口路，南为南三环中路，北为安乐林路（图一）。

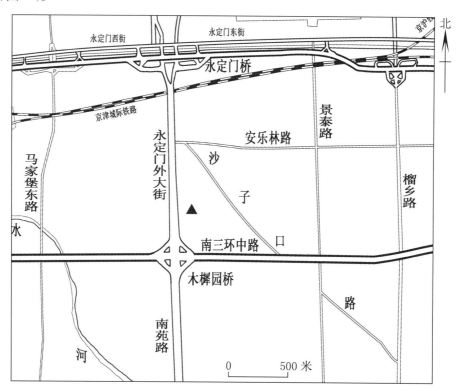

图一　发掘区位置图

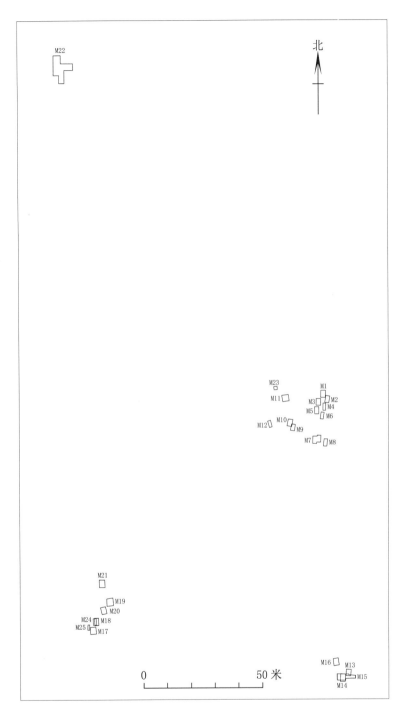

图二 发掘区总平面图

一、地层堆积

发掘区域内地势较为平坦，自上而下可分为三层：

第①层：为灰褐色渣土层，土质较疏松，厚70～110厘米，内含大量近现代建筑垃圾。所有遗迹均开口于该层下。

　　第②层：为黄褐色黏土层，厚60～80厘米，土质较疏松，较纯净。

　　第③层：为黄褐色沙土层，深至2.5米未发生变化，土质纯净。

二、汉代墓葬

（一）M15

　　位于发掘区域东南部，东西向，平面呈刀把形，为竖穴土圹带墓道单室墓。墓口距地表深0.8米，土圹东西长7.84米、南北宽2.5米，墓底距墓口深0.9～1.6米。墓内填黄褐色花土，土质较疏松，底部为纯净沙土。该墓由墓道、甬道、墓室三部分组成，未见墓门和封门。墓葬的北侧和南侧分别被明代墓葬M13、M14破坏，仅残存下半部（图三；彩版三）。

　　墓道位于墓葬东部，平面略呈梯形，东西长2.94米、南北宽1.2～1.7米，壁面较直，深0.94～1.48米。底为斜坡，坡长3.2米。

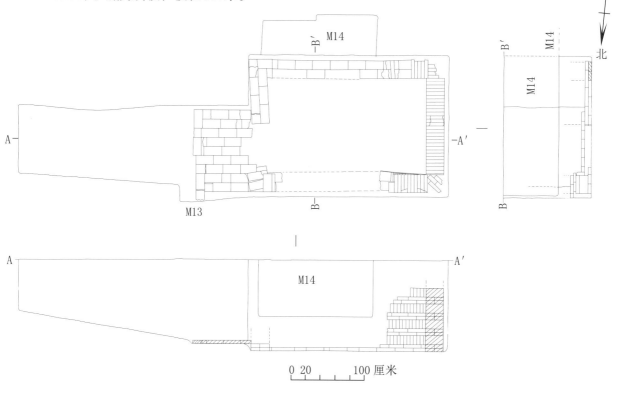

图三　M15平、剖面图

甬道位于墓道西侧，进深1.26米，砖室内侧宽1.58～1.7米，仅残存北侧墓壁和底部铺地砖。墓壁自下而上为一甓一卧错缝砌筑，宽0.32米、残高0.12～0.32米。铺地砖采用横向错缝铺砌。

墓室位于甬道西侧，平面呈长方形，砖室内侧东西长3.6米、南北宽2.5米、深1.6米。墓室内仅残存东墙、北墙及南墙西段，宽0.32米、残高0.06～1.12米，自下而上采用一甓两卧方式错缝砌筑而成。底部铺地砖已被破坏。青砖均为素面，规格为6厘米×16厘米×32厘米、6厘米×16厘米×31厘米两种。墓内未见人骨及随葬品，但根据墓葬形制和青砖特征，推断其年代为汉代。

（二）M22

1. 墓葬形制

位于发掘区西北部，南北向，为前后双室砖室墓。墓葬开口距地表深1.4米，墓底距墓口深1.4米，四壁较直，底部平坦。墓内填黄褐色花土，土质较疏松，内含较多碎砖块，底部为纯净沙土。土圹通长11.45米，宽7.65米。墓葬由墓道、甬道、前室、后室、耳室甬道、东耳室组成，未见墓门和封门。由于被破坏，墓葬仅残存下半部。

墓道位于墓葬南部，平面略呈梯形，长2.64米、宽1.2～1.46米、深0.46～1.14米，底为斜坡，坡长2.7米。

甬道位于墓道北侧，平面呈长方形，南北长1.7米，砖室内侧宽0.82米，底部采用一甓两卧方式错缝砌筑，宽0.32米、残高0.5～0.6米。甬道南部为两级台阶，台阶均宽0.16米，均高5～6厘米。中部平坦，为两层青砖铺砌，由于被破坏，铺地砖仅残存南侧一排，残宽32厘米。北部与前室相连处为一层台阶，宽0.16米，高6厘米。

前室位于甬道北侧，平面略呈方形，砖室内侧南北长2.88米、东西宽2.73米。砖壁保存较差，仅残存东壁、北壁西段、西壁南段和南壁，宽0.32米、残高0.06～0.34米，底部采用一甓两卧方式砌筑而成。底部铺地砖全部为近现代生产生活破坏。

后甬道位于前后室之间，由于被破坏，甬道西壁无存，仅在墓底生土之上残存黑褐色砖砌痕迹。平面呈长方形，长1.25米、宽约0.8米，东壁残高0.72米左右，砌筑方法与前室、甬道相同。底部铺地砖无存。

后室位于前室与后甬道北侧，平面呈长方形。砖室内侧长2.67米、宽2.1米，砖壁保存较差，宽0.32米、残高0.22～0.32米，砌筑方法与前室相同，底部铺地砖无存。

耳室甬道位于前室东侧。平面呈长方形，长1.1米、宽0.7米。两侧砖壁宽0.32米，残高0.7～0.8米，底部采用一甓两卧方式砌筑，其上残存五层横向错缝砌筑的青砖。底部铺地砖采用一丁一顺铺砌而成。

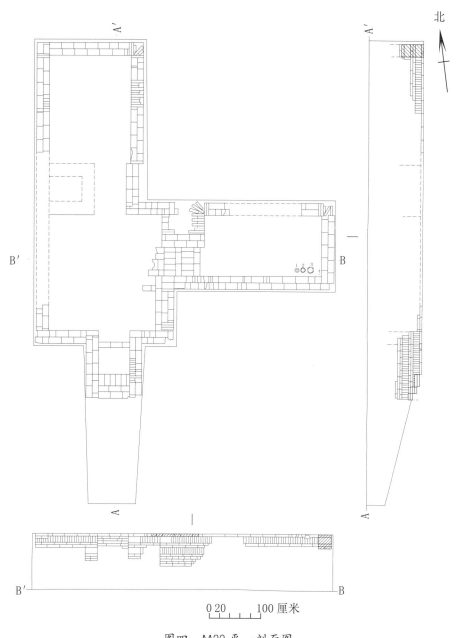

图四　M22平、剖面图
1.陶罐　2.陶钵　3.陶盆　4.铜钱

　　耳室位于前室与耳室甬道东侧。平面呈长方形，砖室内侧东西长2.96米、宽1.52米、砖壁保存较差，仅残存东壁、南壁和北壁东段，宽0.32米、残高0.22～0.32米，砌筑方法与前后室相同。底部铺地砖无存。青砖均为素面，规格为32厘米×16厘米×6厘米。根据墓葬形制、随葬品器物特征及青砖形制，推断其年代应为东汉晚期。

　　2. 随葬器物

　　共4件，为陶盆1件、陶钵1件、陶罐1件及五铢钱1枚，均位于耳室东南部。

　　陶盆，1件。M22：1，口沿残，敞口，平沿，弧腹，平底略内凹。红陶内羼滑石颗粒，质地欠佳。素面，内外壁可见轮修痕迹。口径15.8厘米、底径9厘米、高5厘米（图五，1；彩版五，3）。

陶钵，1件。M22：2，口沿稍残，敞口微敛，浅腹，平底略内凹。红陶内羼滑石颗粒，质地疏松，器形制作歪扭，底部局部残损。素面，器表可见轮修痕迹。口径8.9厘米、底径5.2厘米、高3.5厘米（图五，2；彩版五，1）。

陶罐，1件。M22：3，敞口，折沿，束颈，斜肩，腹下部斜弧收，平底略内凹，器内底部有凸起如脐。红陶内羼滑石颗粒，质地疏松。素面，内壁器底可见拉坯痕迹，外壁可见轮修痕迹。口径5.7厘米、底径5.1厘米、高3.5厘米（图五，3；彩版五，2）。

五铢钱，1枚。M22：4，圆郭，方穿，正面铸钱文"五铢"，篆书，右左对读，"五"字笔画圆曲，交笔与上下两横相交处略内收，"铢"字"金"头呈三角形，"朱"字头方折。光背。钱径2.5厘米、穿径0.95厘米、郭厚0.1厘米，重2.5克（图五，4）。

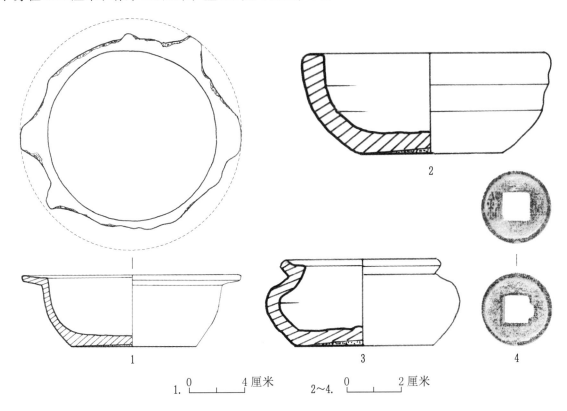

1. 0 ___ 4厘米   2~4. 0 ___ 2厘米

图五　M22出土器物

1.陶盆（M22：1）　2.陶钵（M22：2）　3.陶罐（M22：3）　4.五铢钱（M22：4）

三、明代明堂

（一）明堂形制

1 座，MT1，为竖穴土圹砖砌结构，开口距地表深 0.8 米。土圹平面呈方形，边长 1.37 米、残深 0.54 米。由于顶部被破坏，封顶仅残存底部两层青砖。砖室平面呈六边形，砖室内东西长 0.56 米、南北宽 0.5 米、每边长 0.28 米、残高 0.5 米，底部为纯净沙土。砖壁与砖壁夹角处各置一立砖，立砖内侧伸入砖室内，外侧向外呈辐射状。墓壁自下而上共砌筑三层青砖，上部为两层纵向立砖，下部为一层横向卧砖。青砖均为素面，规格为 28 厘米 ×14 厘米 ×4 厘米。

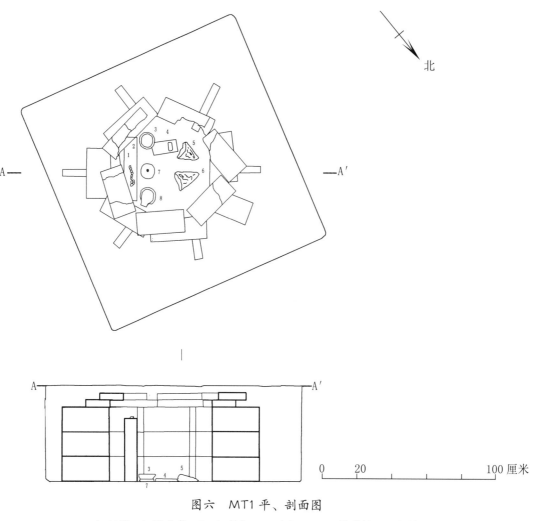

图六　MT1 平、剖面图

1. 铜钱　2. 买地券　3、8. 铁灯　4. 砚台　5、6. 铁犁铧　7. 铜镜

（二）随葬器物

共 17 件。买地券 1 件，位于室内东南部；铁灯 2 件，买地券前方两侧；石砚 1 件，位于室内南部；铁犁铧 2 件，位于室内西部；铜镜 1 件，位于买地券前方中央；铜钱 10 枚，位于买地券之上。

买地券，1 件。MT1：2，方形，泥质青砖，两面均为素面，局部有黑色烟熏痕迹。边长 36 厘米 ×36 厘米 ×7 厘米（图七，7；彩版六，1）。

铁灯，2 件。MT1：3，圆唇，敞口，一侧有流，斜腹，平底，表面锈蚀严重。口径 10.3 厘米、底径 3.6 厘米、高 4.2 厘米。MT1：8，敞口，方唇，口沿下方有一道凸棱，腹部斜收，平底。灯挡近呈梯形。表面锈蚀严重。口径 9.9 厘米、底径 5.9 厘米、通高 6.6 厘米，灯挡高 3 厘米（图七，1、2；彩版六，2）。

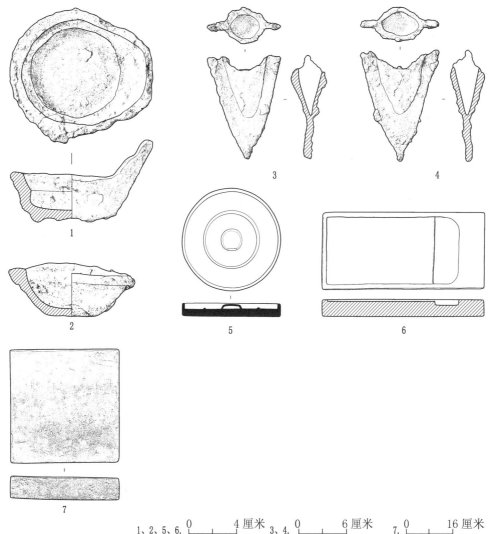

图七　MT1 出土器物平、剖面图

1、2.铁灯（MT1：3、MT1：8）3、4.铁犁铧（MT1：6、MT1：5）5.铜镜（MT1：7）

6.砚台（MT1：4）7.买地券（MT1：2）

砚台，1 件。MT1：4，为红褐色石料雕琢而成，平面呈长方形，顶部一侧为长方形磨墨台，深度极浅，表面残留有黑色物质，疑为墨汁残迹。紧挨磨墨台右侧为砚池，平面呈长方形弧角状，宽度与磨墨台一致，两壁和底部呈"U"形。砚台表面光素无纹。整体长 13.5 厘米、宽 6.2 厘米、高 1.4 厘米。磨墨台连同砚池长 5.3 厘米、宽 2 厘米，砚池深 0.26 厘米（图七，6；彩版六，4）。

铁犁铧，2 件。MT1：5，呈锥形，上宽下尖，正面中央有三角状鼻梁，背面呈"V"形内凹。表面锈蚀严重。MT1：6 与 MT1：5 器型基本一致。MT1：6，长 12.5 厘米、宽 9 厘米、厚 4.5 厘米（图七，3）。MT1：5 长 13.32 厘米、宽 9.9 厘米、厚 4.2 厘米（图七，4；彩版六，5）。

铜镜，1 件。MT1：7，圆形，圆钮，中间穿孔，绕中心有两道凸起的圆线纹。直径 8.2 厘米、厚 1 厘米，钮高 0.4 厘米（图七，5；彩版六，3）。

永乐通宝，4 枚，标本 MT1：1-1。小平钱，圆形，方穿，正背面郭缘略宽。正面楷书"永乐通宝"四字，对读，光背。钱径 2.4 厘米、穿径 0.56 厘米、郭厚 0.1 厘米，重 2.7 克（图八，1）。

宣德通宝，4 枚。小平钱，圆形方穿，正背面郭缘略宽。正面楷书"宣德通宝"四字，对读，光背。标本 MT1：1-2，1 枚，钱径 2.5 厘米、穿径 0.5 厘米、郭厚 0.1 厘米，重 4 克。标本 MT1：1-3，3 枚，钱径 2.4 厘米、穿径 0.5 厘米、郭厚 0.1 厘米，重 3.5 克（图八，2、3）。

嘉靖通宝，2 枚。小平钱，圆形，方穿，正背面郭缘略宽。正面楷书"嘉靖通宝"四字，对读，光背。MT1：1-4 残损，钱径 2.5 厘米、穿径 0.55 厘米，郭厚 0.1 厘米，重 3.4 克。MT1：1-5，1 枚，钱径 2.5 厘米、穿径 0.6 厘米、郭厚 0.1 厘米，重 3.7 克（图八，4、5）。

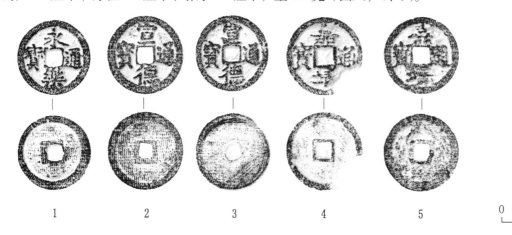

图八　MT1 出土铜钱拓片

1.永乐通宝（MT1：1-1）　2、3.宣德通宝（MT1：1-2、MT1：1-3）　4、5.嘉靖通宝（MT1：1-4、MT1：1-5）

四、明代墓葬

共 14 座。形制均为长方形竖穴土圹墓，包括单棺墓、双棺墓和三棺墓三种，其中单棺墓 3 座，分别为 M4、M6、M16。双棺墓 9 座，分别为 M1、M2、M3、M5、M11、M13、M14、M20、M21。三棺墓 2 座，分别为 M7、M19。

（一）单棺墓

M6 位于发掘区中部，北侧依次为 M4、M2 和 M1，西北为 M5。墓葬南北向，墓口距地表深 0.8 米。墓室长 2.52 米、宽 1.1 ~ 1.14 米、深 0.9 米，墓壁较直，底部平坦。墓内填黄褐色花土，土质较疏松。内置单棺，棺木已朽，仅残存棺痕。棺长 1.96 米、宽 0.64 ~ 0.58 米、厚 0.04 米、残高 0.3 米。棺内葬一成年女性骨架，长 1.56 米，头向北，面向东，葬式为仰身直肢葬（图九）。

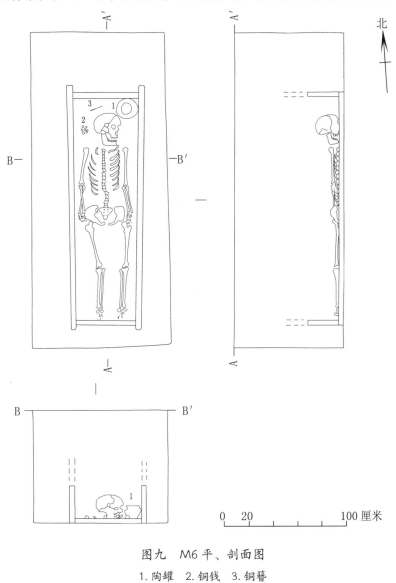

图九　M6 平、剖面图
1. 陶罐　2. 铜钱　3. 铜簪

随葬器物共 3 件，包括铜簪 1 件，位于头骨北部；黄绿釉陶罐 1 件，位于头骨东北部；万历通宝 5 枚，均位于头骨西侧。

黄绿釉陶罐，1件。M6：1，直口，矮颈，斜肩，鼓腹，腹下部斜收，平底。黄白胎，胎质较致密。口沿及上腹部施黄绿色釉，釉层较薄，有流釉现象。器内外壁素面，可见轮修痕迹。口径9厘米、腹径12.7厘米、底径7.6厘米、高12.1厘米（图一〇，1；彩版五，4）。

铜簪，1件。M6：3，簪首呈三层宝塔状，簪尾呈细长圆锥形，长12.7厘米、簪首直径0.6厘米、簪尾直径0.4～0.5厘米（图一〇，2；彩版五，5）。

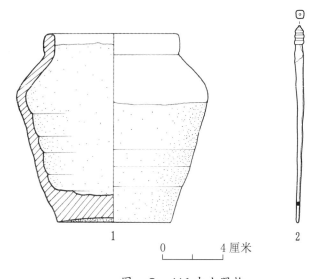

0   4厘米

图一〇 M6出土器物

1.黄绿釉陶罐（M6：1） 2.铜簪（M6：3）

万历通宝，5枚。小平钱，圆形，方穿，正背面郭缘较宽。正面楷书"万历通宝"四字，对读，光背。M6：2-1，3枚，保存较好，钱径2.4厘米、穿径0.45厘米、郭厚0.1厘米，正面郭缘宽0.26厘米，背面郭缘宽0.37厘米，重3.9克（图一一）。M6：2-2，2枚，保存较差，表面锈蚀不清。

图一一 万历通宝（M6：2-1）拓片

（二）双棺墓

M1 位于发掘区中部，南侧为 M2 和 M3，M1 为 M2 打破。墓葬南北向，开口距地表深 0.8 米，墓室长 2.7 ~ 2.8 米、宽 1.3 ~ 1.42 米、深 1.6 米，四壁较直，底部平坦，墓内填黄褐色花土，土质较疏松。内置双棺，棺木已朽，仅残存棺痕，根据棺痕的打破关系，推断西棺打破东棺。西棺长 2.06 米、宽 0.58 ~ 0.8 米、残厚 0.04 米、残高 0.26 米。棺内葬一成年男性骨架，长 1.68 米，保存较差，头向南，面向东，葬式为仰身直肢葬。东棺长 1.9 米、宽 0.6 ~ 0.7 米、厚 0.04 米、残高 0.26 米。棺内葬一具成年女性骨架，保存较差，腿骨下部缺失，残长 1.15 米，头向南，面向东，葬式为仰身直肢葬（图一二）。

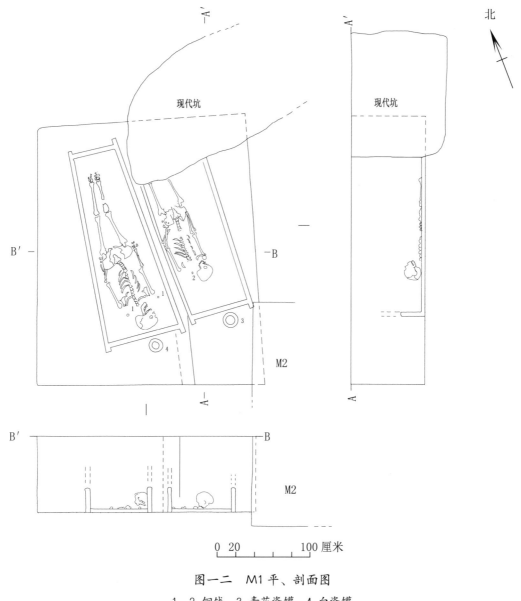

图一二　M1 平、剖面图

1、2. 铜钱　3. 青花瓷罐　4. 白瓷罐

　　随葬器物共4件。青花瓷罐1件，位于东棺前面外侧；白瓷罐1件，位于西棺前面外侧；元丰通宝1枚，位于西棺内；嘉靖通宝1枚，位于东棺内。

　　青花瓷罐，1件。M1：3。圆唇，直口，短颈，圆折肩，鼓腹，圈足，平底。白胎。口沿施酱釉，器身施青白釉，青花发色深蓝。颈部绘青花单圈，肩部四组开光图案内绘花朵纹，其间绘鱼鳞纹。腹部绘两组缠枝牡丹纹，胫部绘一圈草叶纹。器底中央绘蜜蜂。圈足未施釉。口径6.9厘米，腹径16.2厘米、底径9.8厘米、高18.2厘米（图一三，1；彩版七，1、2）。

　　白瓷罐，1件。M1：4，圆唇，直口，矮颈，圆肩，鼓腹，胫部内收，平底。白胎。通体施青白釉，施釉较均匀，口沿施酱釉，底足刮釉露胎。口径8.1厘米，腹径12.3厘米，底径8.5厘米，高13.6厘米（图一三，2；彩版七，3）。

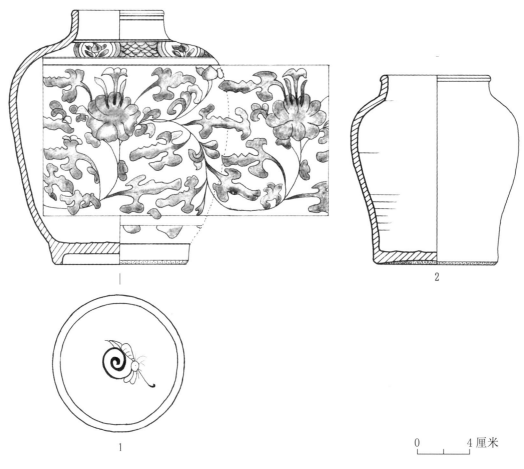

图一三　M1 出土瓷罐

1.青花瓷罐（M1：3）2.白瓷罐（M1：4）

　　元丰通宝，1枚。M1：1，小平钱，圆形，方穿。正面郭缘略宽，背面郭缘不明显。正面行书"元丰通宝"四字，旋读，光背。钱径2.2厘米、穿径0.6厘米、郭厚0.09厘米，重1.5克（图一四，1）。

　　嘉靖通宝，1枚。M1：2，小平钱，圆形，方穿，正背面郭缘略宽。正面楷书"嘉靖通宝"四字，对读，钱文较模糊，光背。钱径2.4厘米、穿径0.5厘米、郭厚0.1厘米，重3克（图一四，2）。

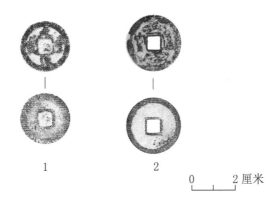

图一四　M1 出土铜钱拓片

1. 元丰通宝（M1：1）　2. 嘉靖通宝（M1：2）

（三）三棺墓

M7 位于发掘区中部，北与 M5、M6 相距 6.7 ～ 8.8 米，东侧为 M8。墓葬南北向，开口距地表深 0.8 米。墓室长 3 ～ 3.04 米、宽 3 米、深 1.04 ～ 1.1 米，四壁较直，底部平坦。墓内填黄褐色花土，土质较疏松。内置三棺，棺木已朽，仅残存棺痕。根据棺痕打破关系，推断东、西两棺分别打破中棺（图一五）。

西棺长 2.06 米、宽 0.62 ～ 0.52 米、厚 0.04 米、残高 0.3 米。棺内葬一具成年女性骨架，长 1.51 米，头向北，面向上，葬式为仰身直肢葬。中棺长 1.98 米、宽 0.58 ～ 0.52 米、厚 0.04 米、残高 0.24 米。棺内葬一具成年女性骨架，长 1.53 米，头向北，面向上，葬式为仰身直肢葬。东棺长 2.1 米、宽 0.62 ～ 0.52 米、厚 0.04 米、残高 0.3 米。棺内葬一具成年男性骨架，长 1.62 米，头向北，面向上，葬式为仰身直肢葬。

随葬器物共 7 件。绿釉陶罐 1 件，位于西棺前面外侧；酱釉陶罐 1 件，位于中棺前面外侧；黄釉陶罐 1 件，位于东棺前面外侧。崇宁通宝 1 枚，位于西棺内；崇宁重宝 3 枚，分别位于东棺、西棺内。

绿釉陶罐，1 件。M7：1，直口，矮颈，圆肩，鼓腹，胫部斜收，平底。黄白胎。口沿及上腹部施绿釉，釉面部分剥落，且有流釉现象。器内壁有拉坯痕，腹下部轮制痕迹明显。口径 9.3 厘米、腹径 12.8 厘米、底径 6.5 厘米、高 12.5 厘米（图一六，1；彩版七，6）。

酱釉陶罐，1 件。M7：4，圆唇，圆肩，鼓腹，胫部斜直，平底。黄白胎。口沿及上腹部施酱釉。器内壁有拉坯痕，外壁轮制痕迹明显。口径 10 厘米、腹径 14.1 厘米、底径 7.8 厘米、高 14 厘米（图一六，2；彩版七，5）。

黄釉陶罐，1 件。M7：5，直口，矮颈，斜肩，鼓腹，胫部斜直，平底。黄白胎。口沿及上腹部施黄釉，釉面部分剥落，有流釉现象。器内壁有拉坯痕。口径 8.6 厘米、腹径 12.9 厘米、底径 7.5 厘米、高 12.7 厘米（图一六，3；彩版七，4）。

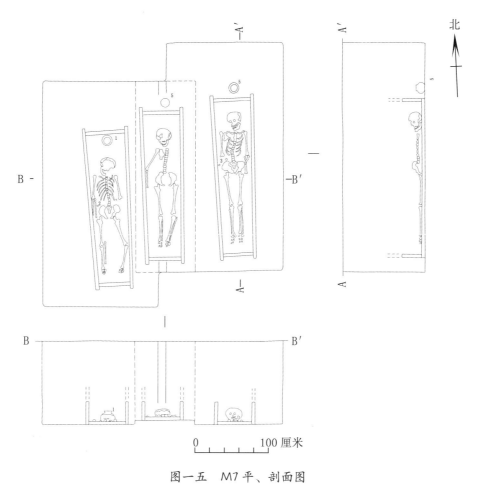

图一五　M7 平、剖面图

1.绿釉陶罐　2、3.铜钱　4.酱釉陶罐　5.黄釉陶罐

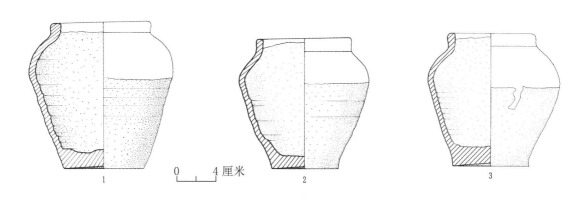

图一六　M7 出土陶罐

1.绿釉陶罐（M7：1）　2.酱釉陶罐（M7：4）　3.黄釉陶罐（M7：5）

崇宁通宝，1 枚。M7：2-1，大平钱，圆形方穿，正背面郭缘较窄。正面瘦金体"崇宁通宝"四字，旋读。光背。钱径 3.39 厘米、穿径 0.87 厘米、郭厚 0.15 厘米，重 7.6 克（图一七，1）。

崇宁重宝，3 枚，标本 M7：2-2，大平钱，圆形方穿，正背面郭缘较窄。正面隶书"崇宁重宝"四字，对读。光背。钱径 3.43 厘米、穿径 0.8 厘米、郭厚 0.15 厘米，重 9.5 克（图一七，2）。

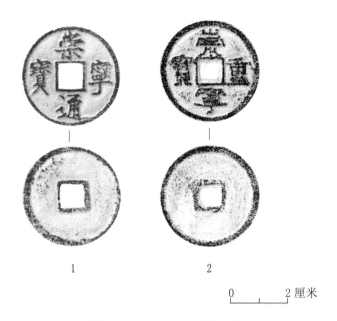

1　　　　　　　　2

0 ┈┈┈┈┈ 2 厘米

图一七　M7 出土铜钱拓片

1. 崇宁通宝（M7：2-1）2. 崇宁重宝（M7：2-2）

五、清代墓葬

共 8 座，形制均为长方形竖穴土圹墓，包括单棺墓、双棺墓和三棺墓三种。其中单棺墓 5 座，分别为 M9、M12、M18、M23、M24。双棺墓 2 座，分别为 M8、M17。三棺墓 1 座，为 M10。另外，还有迁葬墓 1 座，M23。

（一）单棺墓

M18 位于发掘区西南部，西为 M24 打破，北为 M20，南为 M17。墓葬南北向，开口距地表深 0.8 米。墓室长 2.96 米、宽 1.4 米、深 1.7 米。四壁较直，底部平坦。墓内填褐色花土，土质较疏松。内置单棺，棺木已朽，仅存棺痕。棺长 2.06 米、宽 0.52 ~ 0.48 米、厚 0.04 米、残高 0.3 米。棺内葬一具成年女性骨架，长 1.58 米，头向北，面向西，葬式为仰身直肢葬。

随葬器物共 9 件。黄釉陶罐 1 件，位于棺内北部；万历通宝 6 枚，均位于人骨胸腹部；锈蚀铜钱 2 枚，位于棺内中部。

黄釉陶罐，1 件。M18：2，侈口，矮颈，溜肩，微鼓腹，胫部斜直，平底微内凹。黄白胎。口沿及肩部施黄釉，器表有流釉现象，釉层脱落较多。器内壁轮制痕迹明显。口径 10.2 厘米、腹径 10.6 厘米、底径 6.2 厘米、高 11.1 厘米（图一九；彩版八，3）。

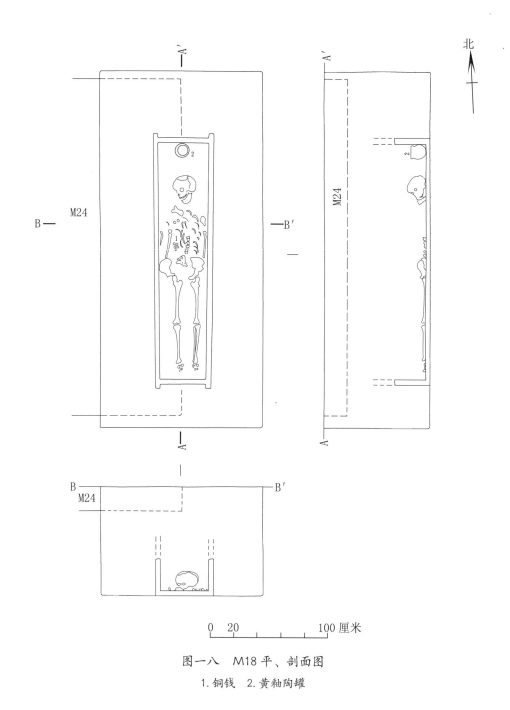

图一八　M18 平、剖面图

1. 铜钱　2. 黄釉陶罐

　　万历通宝，5 枚。标本 M18：1–1，小平钱，圆形，方穿，正背面郭缘较宽。正面楷书"万历通宝"四字，对读，光背。钱径 2.5 厘米、穿径 0.53 厘米、郭厚 0.1 厘米，重 4.1 克。正面郭缘宽 0.24厘米、背面郭缘宽 0.39 厘米（图二〇，1）。

　　万历通宝，1 枚。M18：1–2，小平钱，圆形方穿，正面郭缘略宽，背面郭缘不清晰。正面楷书"万历通宝"四字，对读，光背。钱径 2.5 厘米、穿径 0.51 厘米、郭厚 0.1 厘米，重 3.1 克。正面郭缘宽 0.22 厘米（图二〇，2）。

　　铜钱，2 枚，标本 M18：1–3，因锈蚀严重，铭文无法辨认。

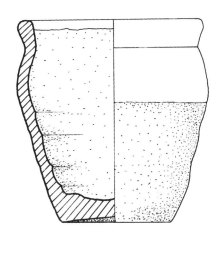

0   4厘米

图一九　M18出土黄釉陶罐（M18：2）

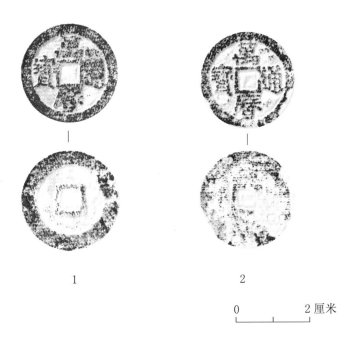

1   2

0   2厘米

图二〇　M18出土铜钱拓片

1、2.万历通宝（M18：1-1、M18：1-2）

（二）双棺墓

M8位于发掘区中部，西侧为明代墓葬M7。墓葬南北向，开口距地表深0.8米，墓室长2.8米、宽2.16米、深1.2～1.3米，四壁较直，底部平坦，墓内填黄褐色花土，土质较疏松。内置双棺，棺木已朽，仅残存棺痕，根据棺痕的打破关系，推断西棺打破东棺（图二一）。

西棺长 1.7 米、宽 0.52 ～ 0.6 米、残高 0.2 米，棺底残存少量白灰。棺内葬一具成年女性骨架，长 1.52 米，头向南，面向上，葬式为仰身直肢葬。东棺长 1.7 米、宽 0.5 ～ 0.56 米、厚 0.04 米，残高 0.3 米。棺内葬一具成年男性骨架，长 1.45 米，头向南，面向上，葬式为仰身直肢葬。

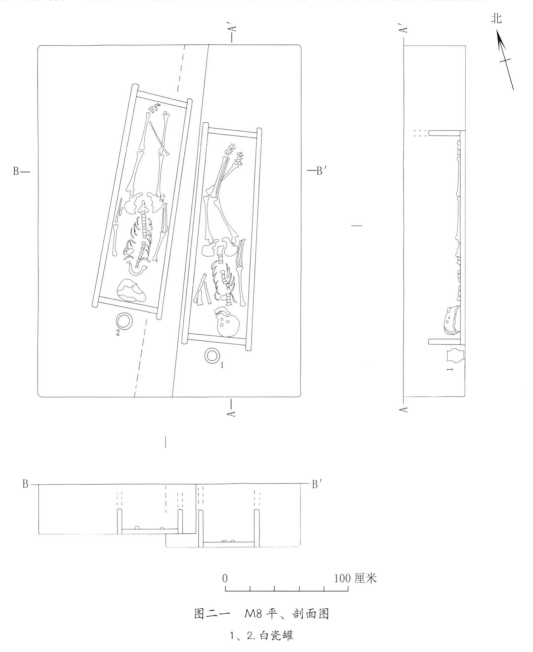

图二一　M8 平、剖面图

1、2. 白瓷罐

随葬器物为白瓷罐 2 件，分别位于东、西两棺前面外侧。

M8：1，圆唇，矮颈，丰肩，鼓腹，胫部内收，平底微凹。白胎。通体施青白釉，施釉较均匀，口沿处釉面较浅，可见胎色。底足刮釉露胎。腹部可见不明显的接胎痕迹。口径 8 厘米、腹径 12 厘米、底径 8.1 厘米、高 13.4 厘米（图二二，1；彩版八，1）。

M8：2，圆唇，直口，矮颈，圆肩，鼓腹，胫部近直，平底微凹。白胎。通体施青白釉，施釉较均匀，口沿处釉面较浅。底足刮釉露胎，腹部可见明显的接胎痕迹。口径 8.2 厘米、腹径 12.1 厘米、底径 8.4 厘米、高 13.8 厘米（图二二，2；彩版八，2）。

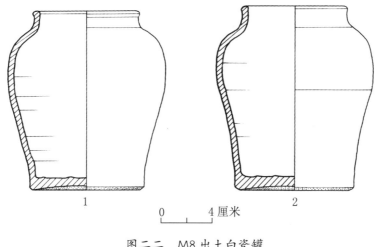

图二二　M8 出土白瓷罐

1、2.白瓷罐（M8：1、M8：2）

（三）三棺墓

M10 位于发掘区中部，北侧为明代墓葬 M11，东侧为 M9 打破。墓葬南北向，开口距地表深 0.8 米。墓室长 2.46 米、宽 2.28～2.4 米、深 0.7～0.9 米，四壁较直，底部平坦。墓内填黄褐色花土，土质较疏松。内置三棺，棺木已朽，仅残存棺痕。根据棺痕打破关系，推断东、西两棺分别打破中棺。

东棺残长 1.08～1.7 米、宽 0.2～0.56 米、残厚 0.04～0.05 米、残高 0.34 米。棺内葬一具成年女性骨架，保存较差，仅残存上半身及部分腿骨，残长 0.9 米，头向北，面向上，葬式为仰身直肢葬。中棺长 1.88 米、宽 0.4～0.52 米、残厚 0.03～0.04 米、残高 0.24 米。棺内葬一具成年女性骨架，长 1.59 米，头向北，面向不明，葬式为仰身直肢葬。西棺长 1.8 米、宽 0.38～0.46 米、残厚 0.03～0.04 米、高 0.14 米。棺内葬一具成年男性骨架，长 1.66 米，头向北，面向上，葬式为仰身直肢葬。

随葬器物为铜钱 31 枚。其中西棺 21 枚，包括元祐通宝 1 枚、元丰通宝 2 枚、政和通宝 1 枚、景祐元宝 1 枚、天圣元宝 1 枚及锈蚀铜钱 15 枚；中棺 9 枚，包括万历通宝 1 枚、元丰通宝 1 枚、元符通宝 1 枚、康熙通宝 1 枚、皇宋通宝 1 枚、绍定通宝 1 枚及锈蚀铜钱 3 枚；东棺 1 枚，为元丰通宝。

元祐通宝，1 枚。M10：1-1，小平钱，圆形，方穿，正面郭缘较宽，背面郭缘不明显。正面篆书"元祐通宝"四字，旋读。光背。钱径 2.4 厘米、穿径 0.5 厘米、郭厚 0.1 厘米，正面郭缘宽 0.36 厘米，重 2.7 克（图二四，1）。

元丰通宝，4 枚。小平钱，圆形，方穿，正面郭缘较宽，背面郭缘不明显。正面行书"元丰通宝"四字，旋读，光背。M10：1-2，2 枚，钱径 2.3 厘米、穿径 0.7 厘米、郭厚 0.09 厘米，重 2.6 克。

M10：2-3，1枚，钱径2.4厘米、穿径0.65厘米、郭厚0.09厘米，重2.9克。M10：3，1枚，钱径2.4厘米、穿径0.7厘米、郭厚0.1厘米，重2.2克（图二四，2、7、12）。

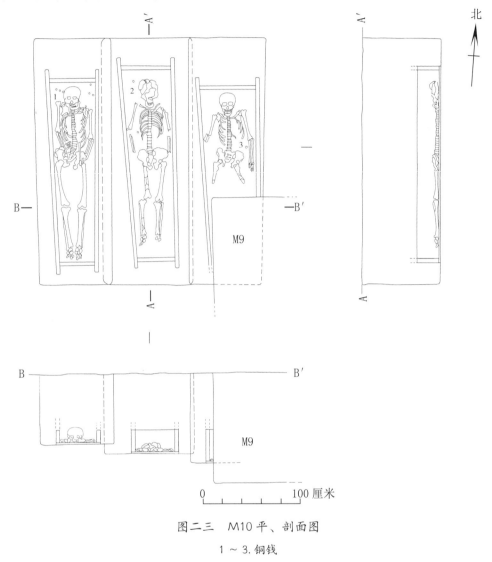

图二三　M10平、剖面图

1～3.铜钱

政和通宝，1枚。M10：1-4，小平钱，圆形，方穿，正面郭缘较窄，背面郭缘不明显。正面楷书"政和通宝"四字，对读，光背。钱径2.4厘米、穿径0.7厘米、郭厚0.09厘米，重2.2克（图二四，3）。

景祐元宝，1枚。M10：1-5，小平钱，圆形，方穿，正面郭缘较宽，背面郭缘不清晰。正面篆书"景祐元宝"四字，旋读，光背。钱径2.48厘米、穿径0.6厘米、郭厚0.09厘米，正面郭缘宽0.3厘米，重2.6克（图二四，4）。

天圣元宝，1枚。M10：1-6，小平钱，圆形，方穿，正面郭缘略宽，背面郭缘不清晰。正面篆书"天圣元宝"四字，旋读，光背。钱径2.38厘米、穿径0.68厘米、郭厚0.1厘米，正面郭缘宽0.25厘米，重3.2克（图二四，5）。

　　万历通宝，1枚。M10：2-1，小平钱，圆形，方穿，正背面郭缘较宽。正面楷书"万历通宝"四字，对读，光背。钱径2.55厘米、穿径0.5厘米、郭厚0.1厘米，正面郭缘宽0.29厘米，背面郭缘宽0.37厘米，重5克（图二四，6）。

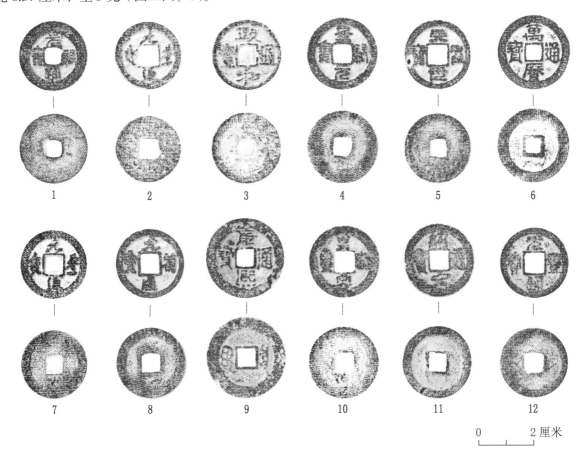

图二四　M10 出土铜钱拓片

1.元祐通宝（M10：1-1）　2、7、12.元丰通宝（M10：1-2、M10：2-3、M10：3）　3.政和通宝（M10：1-4）
4.景祐元宝（M10：1-5）　5.天圣元宝（M10：1-6）　6.万历通宝（M10：2-1）　8.元符通宝（M10：2-4）
9.康熙通宝（M10：2-5）　10.皇宋通宝（M10：2-6）　11.绍定通宝（M10：2-7）

　　元符通宝，1枚。M10：2-4，小平钱，圆形，方穿，正面郭缘略宽，背面郭缘不清晰。正面楷书"元符通宝"四字，旋读，光背。钱径2.38厘米、穿径0.65厘米、郭厚0.1厘米，重3.1克（图二四，8）。

　　康熙通宝，1枚。M10：2-5，平钱，圆形，方穿，正背面郭缘较宽。正面楷书"康熙通宝"四字，对读，背面为满文"宝泉"局名。钱径2.75厘米、穿径0.6厘米、郭厚0.1厘米，正面郭缘宽0.35厘米，背面郭缘宽0.38厘米，重3.5克（图二四，9）。

　　皇宋通宝，1枚。M10：2-6，小平钱，圆形，方穿，正面郭缘较宽，背面郭缘不明显。正面楷书"皇宋通宝"四字，对读，光背。钱径2.5厘米、穿径0.7厘米、郭厚0.1厘米，正面郭缘宽0.32厘米，背面郭缘宽0.34厘米，重2.8克（图二四，10）。

绍定通宝，1枚。M10∶2-7，小平钱，圆形，方穿，正背面郭缘较宽。正面楷书"绍宋通宝"四字，对读，光背。钱径2.5厘米、穿径0.65厘米、郭厚0.1厘米，正面郭缘宽0.3厘米，背面郭缘宽0.27厘米，重3.6克（图二四，11）。

六、结语

本次发掘的两座汉代墓葬均为砖室墓，且M22为有铜钱纪年的墓葬，这为北京永定门以南地区汉代墓葬分布提供了新的实证资料，也为北京地区汉代墓葬形制、器物类型研究提供了重要的考古学资料。

以往北京地区发现的明代明堂数量较少，因而MT1是本次最为重要的一处考古发现。MT1为六边形砖室结构，顶部虽为近现代生产生活破坏，但砖室保存较好，结构较为完整，砖室内还出土有买地券、铁灯、铁犁铧、石砚、铜镜及铜钱等随葬品。因此，该明堂的发现不仅为明代明堂形制研究增添了新的资料，还为明代随葬制度的研究提供了重要的实物资料。

这批墓葬以明代墓葬发现最多，而且大部分属于同一家族墓葬，家族墓排列整齐，以M1为顶点呈"人"字形分布。另外，在人头骨朝向上有一个值得注意的现象，即除M1墓主人头向朝南外，之后墓葬墓主人头均朝北，这一特殊现象对于研究明代家族墓形制特征具有十分重要的研究意义。除此之外，根据随葬器物的特征，可将这处家族墓分为明、清两期，明代以青花瓷罐M1∶3为例，为明嘉靖万历时期的典型特征，清代以白瓷罐M8∶2、M9∶1为例，为清代中期典型特征，由此证明该墓群是一处从明晚期一直延续至清中期的家族墓。

清代墓葬虽然数量较少，但亦有几点认识。首先，除部分属于上述明清家族墓的清代墓葬外，其余清代墓葬均集中分布在发掘区西南部，墓葬之间关系较为紧密，应为另一处清代家族墓。其次，所出土的器物亦具有清代典型特征，如M8、M9、M12和M18内随葬的白瓷罐、釉陶罐与海淀区东升乡小营村清代墓葬[①]、丽泽墓地清代墓葬[②]、大兴采育西组团清代墓葬[③]等出土的十分相似，应为清代器形特征。最后，这批清代墓葬内可见有随葬清代以前铜钱的现象，如M17、M20、M21等墓葬就多随葬宋、明两代钱币，这在以往发现的考古发掘中是一个十分普遍的现象，如大兴采育西组团清代M2、M9、M46等墓葬[④]、丽泽墓地清代墓葬[⑤]等均发现一定数量的宋代、明代，甚至唐代、金代钱币，这对于认识清代墓葬形制特征有较大帮助。

综上所述，此次汉代和明清墓葬及明代明堂的发现为北京地区增添了新的考古学资料，对研究汉代蓟城和明清北京城周边墓地的分布、墓葬形制、器物类型及明清家族墓葬制度等方面具有重要的研究价值。

发掘：曹孟昕

执笔：曹孟昕　申红宝　孙浩然

参考文献

① 北京市文物研究所：《海淀区东升乡小营村汉代、清代墓葬发掘简报》，《北京文博文丛》2014 年第 3 辑。

② 北京市文物研究所编：《丽泽墓地——丽泽金融商务区园区规划绿地工程发掘报告》，科学出版社，2016 年。

③ 北京市文物研究所编：《大兴古墓葬考古发掘报告集》，科学出版社，2020 年。

④ 北京市文物研究所编：《大兴古墓葬考古发掘报告集》，科学出版社，2020 年，第 271～272 页。

⑤ 北京市文物研究所编：《丽泽墓地——丽泽金融商务区园区规划绿地工程发掘报告》，科学出版社，2016 年，第 398～399 页。

昌平区雪山东汉、清代墓葬发掘报告

2021 年 7 月，北京市考古研究院在昌平区南口镇雪山村北发掘了 2 座古代墓葬，包括东汉砖室墓 1 座、清代墓葬 1 座。

发掘区域北邻京藏高速、东邻雪山路、西邻雪山北路，发掘面积 26 平方米（图一、二）。

图一　发掘区位置示意图

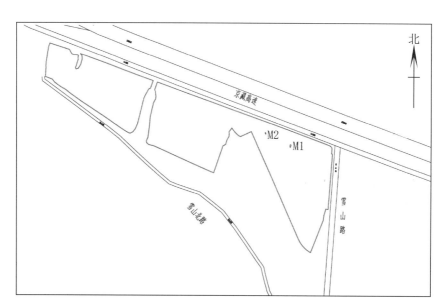

图二　发掘区总平面图

一、地层堆积

发掘区地势平坦，地层堆积较为简单，自上而下可分为 3 层：

第①层，浅褐色耕土层，厚约 0.3 米，土质疏松，含植物根系。

第②层，黄褐色淤积层，厚 1.3～2.4 米，土质致密。

第③层，浅黄色沙土层，厚 1.2～2.2 米，土质致密，含微量细沙。

以下为生土。

二、东汉墓葬

M1 位于发掘区域的中北部，南北向，开口于②层下，墓口距地表 0.3 米，向下打破生土层。

该墓平面为"甲"字形砖室墓，由墓道、墓室两部分组成。墓葬通长 5 米、宽 0.9～1.6 米、深 0.75 米。墓内填土为红褐色花土，土质较黏，包含少量碳粒、红烧土粒、碎砖块和灰陶片等。

墓道位于墓室南侧中央，平面呈长方形，底为斜坡状，坡度 20°，长 2 米、宽 0.9 米、深 0.75 米、坡长 2.16 米。四壁较规整（图三）。

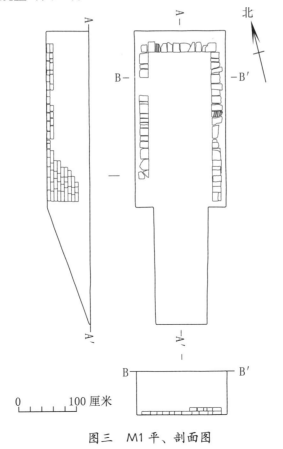

图三 M1 平、剖面图

　　墓室位于墓道北侧，平面呈长方形，直壁平底。土圹长 3 米、宽 1.6 米、深 0.75 米。四壁竖直规整。墓室为后期破坏严重，不仅顶部不存，墓壁也大部分被破坏，除东壁南端残存九层砌砖外，其余几面墓壁均仅残存 1～2 层青砖。青砖采用横向错缝方式砌筑，残高 0.35 米。东壁南端墓壁残高 0.54 米。墓砖均为绳纹砖，有两种形制，一种表面饰 7～8 条绳纹，纹宽 0.5～0.8 厘米左右；另一种表面饰 23～25 条绳纹，纹宽 0.3 厘米。规格长 18～22 厘米、宽 16～18 厘米、厚 5～6 厘米。墓内未见随葬品，但根据墓葬形制、青砖规格推断，该墓应为汉代墓葬。

三、清代墓葬

　　M2 位于发掘区的中北部，西北—东南向。开口于①层下，墓口距地表 0.3 米，向下打破生土层。

　　该墓平面为长方形竖穴土圹单棺墓，土圹长 2.6 米、宽 0.96～1 米、深 1.4 米。四壁较规整。墓内填红褐色花土，土质较黏，包含小料姜石粒、红烧土颗粒、少量炭粒、较碎的灰陶片等（图四）。

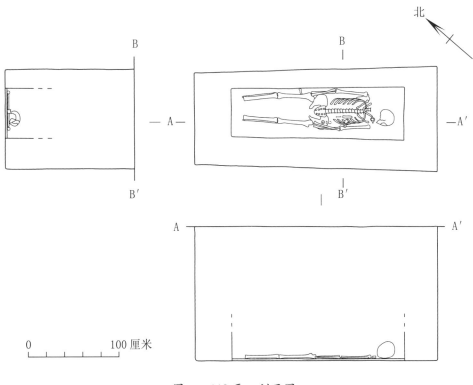

图四　M2 平、剖面图

内置单棺，保存较差，仅存棺木痕迹，底部铺垫厚 2 ~ 3 厘米白灰。棺长 1.86 米、宽 0.52 ~ 0.55 米、残高 0.3 米。棺内葬一具成年女性骨架，保存较好，头向东南，面向西，葬式为仰身直肢葬。墓内出土铜簪 1 件、铜钱 3 枚。

随葬器物为铜簪 1 件、铜钱 3 枚。

铜簪 1 件。M2∶1，簪首回弯，呈扁平如意形，表面錾刻如意云纹。簪体扁平，中部镂空 3 个圆孔。簪首宽 32.94 毫米，簪体通长 75.39 毫米、宽 11.15 毫米、厚 1.89 毫米，重 12.14 克（图五，1；彩版一四）。

道光通宝，3 枚。圆形，方穿，正、背面均有内、外郭，钱文楷书"道光通宝"，对读，背文使用满文纪局，根据背文，可分为两种类型：

A 型：背文"宝泉"，2 枚。M2∶2-1，郭径 23.44 毫米、穿径 5.21 毫米、郭厚 3.34 毫米、厚 1.82 毫米，重 4.61 克（图五，2）。M2∶2-2，郭径 21.54 毫米、穿径 5.18 毫米、郭厚 2.42 毫米、厚 1.68 毫米，重 3.55 克（图五，3）。

B 型：背文"宝源"，1 枚。M2∶2-3，郭径 23.08 毫米、穿径 5.64 毫米、郭厚 3.46 毫米、厚 1.57 毫米，重 3.74 克（图五，4）。

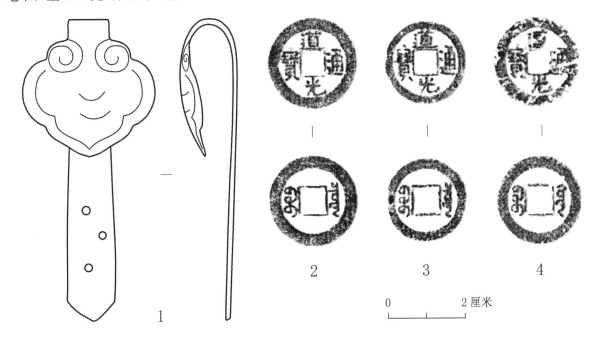

图五　M2 出土器物

1.铜簪（M2∶1）　2 ~ 4.铜钱（M2∶2-1，M2∶2-2，M2∶2-3）

四、结语

根据墓葬形制，M1为"甲"字形带墓道砖室墓，墓葬整体较为狭长，形制上与大兴新城北区8号地汉墓[①]、大兴亦庄汉墓[②]、昌平未来科技城北区汉墓[③]、长阳房山1号地M3[④]等汉墓相似，所用绳纹砖规格较小，因而推断，该墓为典型的汉代带墓道砖室墓，年代应为东汉时期。

M2为长方形竖穴土圹墓，墓葬形制与六间房清代墓葬[⑤]、五棵松篮球馆工程清墓[⑥]、国家体育馆工程清墓[⑦]、奥运村工程清墓[⑧]的单棺墓相同。而铜簪与昌平张营遗址[⑨]M20：1、M92：12形制相似，铜钱为道光通宝。因此，根据墓葬形制、器物类型推断，M2为清晚期墓葬。

综上所述，本次发掘的2座墓葬为北京地区汉代和清代墓葬的分布格局提供了新的实物资料，也为北京地区汉代和清代墓葬形制、清代器物类型学研究提供了重要的考古学资料。

发掘：曹孟昕

执笔：曹孟昕　孙勐

参考文献

① 袁进京、于璞、金俊波：《北京市大兴新城北区8号地考古发掘报告》，《文物春秋》2008年第4期，第25~37页。

② 北京市文物研究所编著：《北京亦庄X10号地》，科学出版社，2010年。

③ 张智勇、胡传耸、安喜林：《昌平未来科技城北区汉墓发掘简报》，《北京文博文丛》2016年第2辑。

④ 张智勇、韩鸿业：《房山长阳1号地汉墓》，《文物春秋》2010年第2期。

⑤ 北京市文物研究所：《六间房墓葬区发掘报告》，《北京段考古发掘报告集》，科学出版社，2008年，第157~170页。

⑥ 北京市文物研究所：《五棵松篮球馆工程考古发掘报告》，《北京奥运场馆考古发掘报告》，科学出版社，2007年，第46页。

⑦ 北京市文物研究所：《国家体育馆工程考古发掘报告》，《北京奥运场馆考古发掘报告》，科学出版社，2007年，第130页。

⑧ 北京市文物研究所：《奥运村工程考古发掘报告》，《北京奥运场馆考古发掘报告》，科学出版社，2007年，第205页。

⑨ 北京市文物研究所：《昌平张营遗址北区墓葬发掘报告》，载《北京考古》（第2辑），北京燕山出版社，2008年，第329页。

平谷区樱桃谷唐辽窑址发掘报告

樱桃谷窑址位于北京市平谷区金海湖镇洙水村南的樱桃谷内，北邻顺平路，东、南及西侧均为山地林木（图一）。2021年10月15日至11月21日，北京市考古研究院对该遗址进行发掘，发掘面积934平方米，共发掘窑址11座，灰坑2座（图二）。

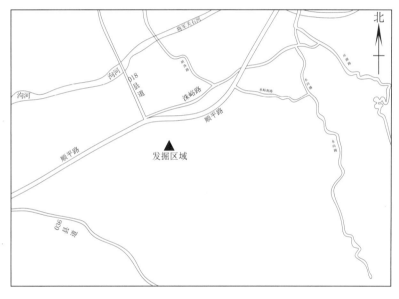

图一　发掘区位置示意图

一、地层堆积

发掘区域的地层堆积较为简单，地层分为4层。

第①层，呈黑褐色，较疏松，厚0.3～0.4米，内含植物根系，为现代耕土层。

第②层，灰褐色，较疏松，厚0.8～1米，内含少量植物根系，几乎不见人工遗物。

第③层，红褐色，较疏松，厚0.45～0.5米，内含砂砾，包含极少的烧土颗粒。

第④层，黄褐色，较疏松，厚0.7～1.1米，内含砂砾，包含少量烧土颗粒、炭屑，本次发现的窑址和灰坑皆开口于该层下。

该层以下的土层不见人类活动痕迹。

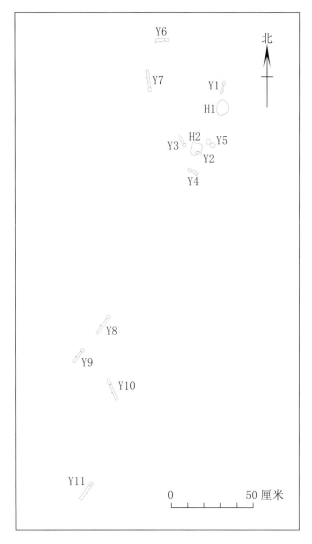

图二 发掘区总平面图

二、窑址

　　此次共发掘窑址11座，根据形制的差异，可分为两型。A型为圆形窑室的单室烧窑。B型为长方形窑室的单室烧窑，两类窑址均由操作间、火门、火膛、窑室及烟道组成。现将各窑址分述如下：

　　A型1座。

　　Y5位于发掘区的东北部，南北向，窑门朝南，顶部及窑门、烟道已被破坏。该窑南北长约6.3米、东西宽2.7～2.8米，开口距地表深2.9米（图三；彩版一五，1）。

　　操作间位于窑室的北侧，平面呈椭圆形，南北长3～3.1米、东西宽2.6米、深0.8米。操作间内填土呈黄褐色，土质较疏松，包含有烧土块、木炭颗粒。

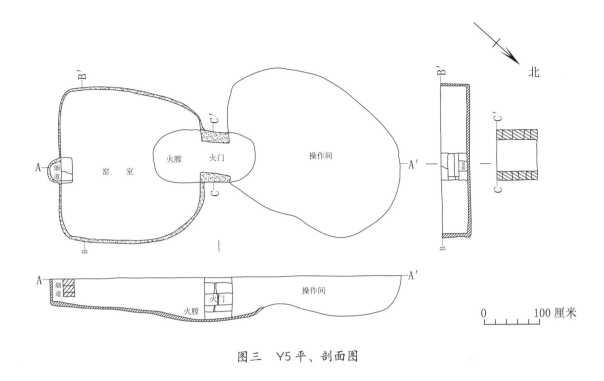

图三　Y5 平、剖面图

火门位于操作间的南侧，火膛的北部，平面呈长方形，上部已被破坏，残留底部。宽 0.56 米、残高 0.74 米、进深 0.5 米。火门两壁用不规则石块砌制而成，火门内填土呈黄褐色，较疏松，包含烧结块、木炭颗粒及残砖块。

窑室呈近椭圆形，长 2.7 米，由火膛、窑床、烟道组成。窑室顶部已不存，仅残留底部，四周壁面残存高度为 0.44 ～ 0.56 米，壁面自下而上逐渐内收，略呈弧形，窑室底部平面略呈马蹄形，分为火膛与窑床两部分，窑室内填黄褐色土，质地疏松，包含烧结块、木炭颗粒等。

火膛位于窑室北侧，北与窑门相接，南与窑床相接。平面呈近半圆形，进深 0.9 米、最宽 0.94 米。火膛底面低于窑门底面与窑床面 1.04 米。底部有 0.08 ～ 0.1 米厚的黑灰结块。火膛内填黄褐色土，土质疏松，夹杂少量红烧土颗粒、烧结块、木炭颗粒等。

窑床位于火膛南侧、烟道北侧，平面呈半圆形，长 2.7 米、宽 2.56 米。两侧壁面竖直，有一层青灰色烧结面，壁外因长期烧烤而形成厚薄不均的红烧土层。床面较平，经火烧呈青灰色，较硬。顶部破坏无存，床面上存有倒塌堆积，内填黄褐色土，土质较松，包含红烧土颗粒、木炭块等。

烟道位于窑室的南侧，平面呈近半圆形，烟道四周烧结面厚约 0.04 ～ 0.06 米，较硬。烟道用不规则石块及青砖砌制而成，进深 0.4 ～ 0.44 米，烟道口宽 0.2 米，高 0.16 米。在烟道采集绳纹青砖 1 块（图一六，1）。

B 型窑址 10 座（Y1 ～ Y4、Y6 ～ Y11）。

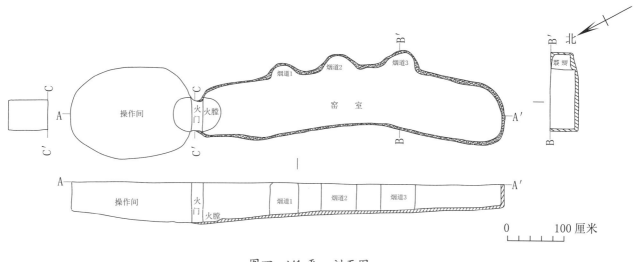

图四　Y1平、剖面图

Y1平面呈近长方形，南北向，顶部及窑门、烟道已被破坏。该窑开口距地表深2.4米，通长8.1米、宽0.46～1.62米，底部距地表3.1米，由操作间、火门、火膛、窑室及烟道五部分组成（图四；彩版一五，2）。

操作间位于该窑的北部，平面呈近椭圆形，长2.2米、宽1.6米，开口距地表2.4米，底距地表3.1米，填土花杂，较疏松，包含少量烧土块、炭灰颗粒。

火门位于操作间的南侧，火膛的北部，平面呈长方形，上部已被破坏，残留底部。宽0.52米、残高0.7米、进深0.22米。底部残留有火烧痕迹及踩踏面，土质较硬。火门内填土花杂，含火烧结块、黑炭颗粒及残砖块等。残砖尺寸：？×0.16米×0.06米（长度已不可知），单面饰细绳纹。

火膛位于火门的南侧，窑室的北部，平面呈半圆形。长0.6米、宽0.4米、深0.16米。

窑室位于火膛的南侧，平面呈近长方形，顶部已坍塌，仅残留底部。窑室长5.3米、宽0.86～1米，包含有烧结块、木炭颗粒、炭块等。窑床位于窑室的北部，平面呈长方形，深0.36～0.7米、长5.3米、宽0.86～1米，窑床面经火烧呈青灰色，较硬。

烟道位于窑室的东壁上，共有3个烟道，上部均被破坏，仅残存底部。烟道1，宽0.52米、进深0.2米、残高0.52～0.56米，略带斜坡状。烟道2，与烟道1间隔0.4米，宽0.6米、进深0.24米、残高0.46～0.48米。烟道3，与烟道2间隔0.44米，宽0.6米、进深0.26米、残高0.42～0.44米，三个烟道均略呈斜坡状。

Y2平面呈近长方形，东西向，该窑的窑室西部已被H2打破、破坏，仅残存东部窑室。该窑开口距地表深2米，残长2.5米、残高0.1米，底部距地表2.1米，周壁残存0.06～0.1米厚的红烧土，底部残留青灰色烧结块，厚0.08～0.1米，较硬。窑内填土花杂，含有红烧土块及木炭颗粒等（图五；彩版一六，1）。

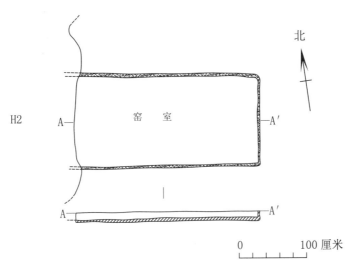

图五　Y2 平、剖面图

　　Y3 平面呈近长方形，南北向，顶部及窑门已被破坏，窑室的北部被现代道路叠压，未进行揭露。该窑开口距地表深 1.1 米，残长 5.8～5.9 米，宽 1.36～2.3 米，底部距地表 2.3 米，由操作间、火门、火膛及窑室四部分组成（图六；彩版一六，2）。

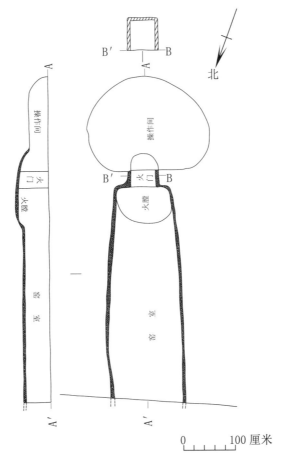

图六　Y3 平、剖面图

操作间位于该窑的南部，平面呈椭圆形，东西长 2.3 米、南北宽 1.7 米，开口距地表深 1.1 米，底距地表深 1.6 米，包含少量烧土块、炭灰颗粒等，土质较松软。

火门位于操作间的北侧，火膛的南部，平面呈长方形，上部已被破坏，残留底部。东西宽 0.48 米、残高 0.54 米、进深 0.3 米。底部残留有火烧痕迹及踩踏面，土质较硬。火门内填土花杂，含烧结块、炭灰颗粒及残砖块等。残砖尺寸：? ×0.16 米 ×0.06 米（长度已不可知），单面饰细绳纹。

火膛位于火门的北侧，窑室的南部，平面呈半圆形，直径 0.64 米、深 0.1 米，底部有 0.08 ~ 0.1 米厚的黑灰烧结块。

窑室位于火膛的北侧，平面呈近长方形，窑室的北部被现代路叠压，暂无法发掘，顶部已坍塌，仅残留底部。窑室残长 3.3 米、宽 1.1 ~ 1.3 米，填土花杂，含有烧结块、木炭颗粒等。窑床平面呈长方形，深 0.46 米、长 3.3 米、宽 1.1 ~ 1.3 米，窑床面长时间经火烧呈青灰色，较硬。

Y4 平面呈近长方形，东西向，顶部及窑门已被破坏。该窑开口距地表深 1.7 米，通长 6.6 米、宽 1.46 ~ 1.56 米，底部距地表 2.3 米，由操作间、火门、火膛、窑室及烟道五部分组成（图七；彩版一七，1）。

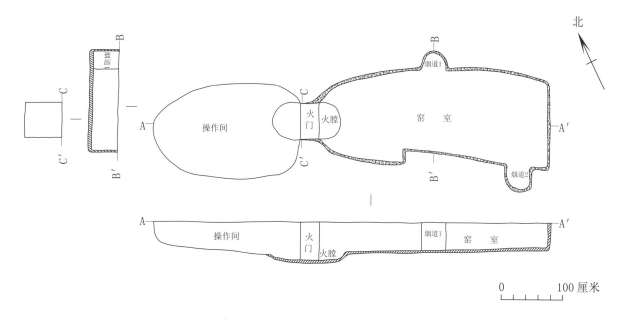

图七　Y4 平、剖面图

操作间位于该窑的西部，平面呈椭圆形，东西长 2.48 米、南北宽 1.56 米，开口距地表深 1.7 米，底距地表深 2.2 ~ 2.3 米，填土花杂，土质较松软，包含少量烧土块。

火门位于操作间的东侧，火膛的西部，平面呈长方形，上部已被破坏，残留底部。东西宽 0.32 米、残高 0.6 米、进深 0.58 米。底部残留有火烧痕迹，较硬。火门内填土花杂，包含烧结块、炭灰颗粒及残砖块等。残砖尺寸：? ×0.16 米 ×0.06 米（长度已不可知），单面饰细绳纹。

火膛位于火门的东侧，窑室的西部，平面呈半圆形。直径 0.6 米、深 0.62 米，底部有 0.08 ~ 0.1

米厚的黑灰色烧结块。

窑室位于火膛的东侧，平面近长方形，顶部已坍塌，仅残留底部，东西长 3.8 米、南北宽 1.3 ~ 1.5 米，填土花杂，含有烧结块、木炭颗粒等。窑床平面呈长方形，深 0.48 ~ 0.5 米、长 3.44 米、宽 1.3 ~ 1.5 米，窑床面经火烧呈青灰色，较硬。

该窑存在两处烟道。烟道 1 位于窑室的北壁中部，宽 0.38 米、残高 0.44 米、进深 0.3 米。烟道 2 位于窑室的东南角，平面近似圆形，直径 0.38 米、残高 0.4 米、进深 0.4 米。

Y6 平面近长方形，东西向，顶部及窑门已被破坏。该窑开口距地表深 1.7 米、通长 8.6 米、宽 1.6 ~ 1.7 米，底部距地表 2.1 米，由操作间、火门、火膛、窑室及烟道五部分组成（图八；彩版一七，2）。

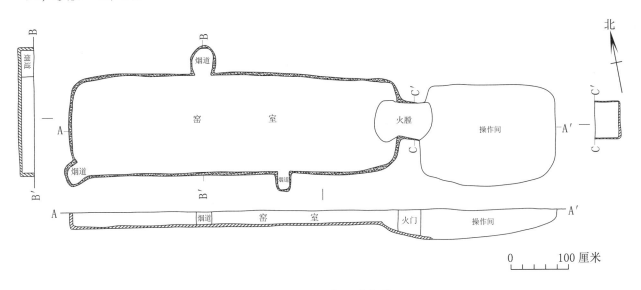

图八　Y6 平、剖面图

操作间位于该窑的东部，平面呈椭圆形，长 2.4 米、宽 1.74 米，开口距地表深 1.7 米，底部距地表深 2.1 米，填土花杂，土质疏松，包含少量烧土块、炭灰颗粒。

火门位于操作间的西侧，火膛的东部，平面呈长方形，上部已被破坏，残留底部。宽 0.4 米、残高 0.4 米、进深 0.6 米。底部有火烧痕迹，并存有踩踏面，较硬。火门内填土花杂，含烧结块、炭灰颗粒及残砖块。残砖规格：? × 0.16 米 × 0.06 米（长度已不可知），单面饰细绳纹。

火膛位于火门的西侧，窑室的东部，平面呈半圆形。长 1 米、宽 0.7 米、深 0.4 米，底部有 0.08 ~ 0.1 米厚的黑灰色烧结面，底部距地表深 2.1 米。

窑室位于火膛的西侧，平面近长方形，顶部已坍塌，仅残留底部。窑室长 5.8 米、宽 1.7 米、深 0.4 米。窑室填土花杂，含有烧结块、木炭颗粒等。窑床平面呈长方形，深 0.2 米、长 5.4 米、宽 1.7 米，窑床面经火烧呈青灰色，较硬。

烟道共有 3 条，皆为近半圆形。南壁上有 2 条烟道，北壁上有 1 条。烟道 1，位于南壁距火门

1.9 米处，直径 0.2 米、进深 0.36 米、残高 0.2 米。烟道 2，与烟道 1 相隔 3.3 米，位于南壁的西南角上，直径 0.3 米、进深 0.3 米、残高 0.2 米。烟道 3，位于北壁距火门 3.2 米处，直径 0.28 米、进深 0.46 米、残高 0.2 米。

Y7 平面近长方形，南北向，顶部及窑门已被破坏。该窑开口于④层下，开口距地表深 1.2 米，通长 13.1 米、宽 1.3 ~ 1.5 米，底部距地表深 1.8 米，由操作间、火门、火膛、窑室及烟道五部分组成（图九；彩版一八，1）。

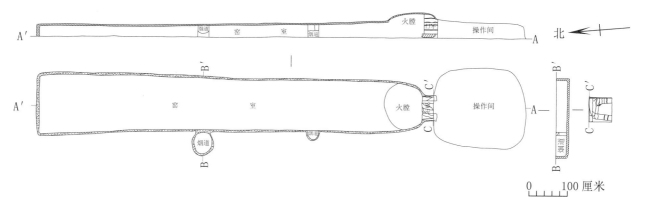

图九　Y7 平、剖面图

操作间位于该窑的南部，平面呈椭圆形，长 2.48 米、宽 2.28 米，开口距地表 1.2 米，底部距地表深 1.8 米。填土花杂，土质疏松，包含少量烧土块、炭灰颗粒。

火门位于操作间的北侧，火膛的南部，平面呈长方形，上部已被破坏，残留底部。宽 0.4 米、残高 0.6 米、进深 0.66 米。火门上部平铺一块不规则的石板，火门内填土花杂，含烧结块、炭灰颗粒及残砖块等。残砖规格：? × 0.16 米 × 0.06 米（长度已不可知），单面饰细绳纹。

火膛位于火门的北侧，窑室的南部，平面呈半圆形。长 1.2 米、宽 1 米、深 0.6 米，带有斜坡状。底部有 0.08 ~ 0.1 米的黑灰色烧结面，底部距地表深 1.8 米。

窑室位于火膛的北侧，平面近长方形，顶部已坍塌，仅残留底部。窑室长 10.3 米、宽 1.3 ~ 1.5 米、深 0.4 米。窑室填土花杂，含有烧结块、木炭颗粒等。窑床平面呈长方形，长 9.4 米、宽 1.3 ~ 1.5 米、深 0.4 米，略带斜坡状，窑床面经火烧呈青灰色，较硬。

烟道共有 2 处，均位于窑室的西壁上。烟道 1，半圆形，位于窑室西壁距火门 2.76 米处，宽 0.3 米、残高 0.3 米、进深 0.26 米。烟道 2，位于烟道 1 北侧 2.6 米处，圆形，内径 0.6 米、残高 0.3 米。

Y8 平面近长方形，东西向，顶部及窑门已被破坏。该窑开口距地表深 2 米，通长 13.3 米、宽 1.26 ~ 1.84 米，底部距地表深 2.6 米，由操作间、火门、火膛、窑室及烟道五部分组成（图一〇；彩版一八，2）。

操作间位于该窑的东部，平面呈椭圆形，长 2.3 米、宽 1.84 米，开口距地表深 2 米，底部距地表深 2.6 米，填土花杂，土质疏松，包含少量烧土块、炭灰颗粒和残砖块。

火门位于操作间的西侧，火膛的东部，平面呈长方形，上部已被破坏，残留底部，宽 0.34 米、残高 0.3 米、进深 0.44 米。火门两侧用不规则石块砌制而成，上部平铺一平砖。火门内填土花杂，包含烧结块、炭灰颗粒及残砖块等。残砖的尺寸：？×0.16 米×0.06 米（长度已不可知），单面饰细绳纹。

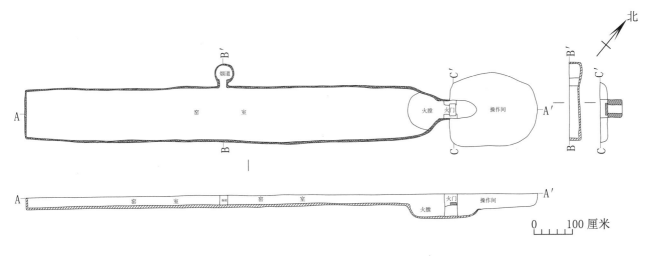

图一〇　Y8 平、剖面图

火膛位于火门的西侧，窑室的东部，平面呈半圆形，长 1.8 米、宽 0.44～0.9 米、深 0.58 米，底部距地表深 2.6 米。

窑室位于火膛的西侧，平面近长方形，顶部已坍塌，仅残留底部。窑室长 9.9 米、宽 1.26～1.38米、深 0.24～0.26 米。窑室填土花杂，包含有红烧结块、木炭颗粒。窑床平面呈长方形，长 9.9 米、宽 1.36 米、深 0.24～0.26 米，略呈斜坡状，窑床面经火烧呈青灰色，较硬。

烟道位于窑室西壁中部，平面呈近圆形，进深 0.56 米、口宽 0.18 米、内径 0.44 米、残高0.44 米。

Y9 位于发掘区南部，东北—西南向，平面近长方形。顶部及窑门已被破坏，其他部分保存较完整。该窑窑口距地表深 1.5 米，通长约 10.14 米、宽约 1.86～1.98 米，由操作间、火门、火膛、窑室及烟道五部分组成（图一一；彩版一九，1）。

操作间位于窑室的东北部，窑口距地表深 1.5 米，平面呈椭圆形，长 1.82 米、宽 1.96 米、坑深0.2～0.34 米。操作间内填土花杂，土质疏松，包含少量烧土块、炭灰颗粒。

火门位于操作间西南侧、火膛东北侧，与火膛相连，剖面呈长方形，门高 0.4 米、宽 0.4 米、进深 0.5 米，底部残留火烧痕迹，厚 0.03～0.05 米。火门两壁烧结面厚 0.1～0.15 米，壁面较粗糙，较致密。其内填土呈黄褐色，土质疏松，包含烧结块、炭灰颗粒及残砖块。砖的尺寸：？×0.18 米×0.06 米（长度已不可知），单面饰细绳纹（图一六，2）。

窑室平面近长方形，由火膛、窑床、烟道组成。自窑门外至窑室后壁全长 7.8 米。窑室顶部已不存，仅残留底部，四周壁面残存高度为 0.32～0.36 米，壁面自下而上逐渐内收，略呈弧形，分为火膛与窑床两部分。窑室内填土呈灰褐色，较致密，含有烧结块、炭灰颗粒等。

火膛位于窑室东北部，东北与窑门相接，西南与窑床相接。平面呈半圆形，进深 1.52 米、最宽 0.68 米。火膛底面低于窑门底面与窑床面约 0.1 米。底部有 0.08 ~ 0.1 米厚的黑灰色烧结块。火膛内填灰褐色土，质地较硬，含有烧结块、炭灰颗粒。

窑床位于火膛西南侧、烟道东侧，平面呈长方形，长 6.9 米、宽 1.3 ~ 1.36 米。窑壁因烧烤而形成厚薄不均的红烧土层。床面略带斜坡状，经火烧呈青灰色，较硬。顶部破坏无存。窑床内填灰褐色土，质地较硬，含有烧结块、炭块等。

烟道位于窑室的西部，平面呈椭圆形，烟道四周烧结面厚 0.04 ~ 0.06 米，较坚硬，进深 0.66 米、口宽 0.3 米、口径 0.42 ~ 0.52 米、残高 0.32 米。烟道口横置残青砖一块，砖下残留有宽 0.3 米、高 0.09 米的出烟口。

Y10 平面近长方形，南北向，顶部及窑门已被破坏。该窑开口距地表深 1.7 米，通长 13.6 米、宽 1.18 ~ 1.8 米，底部距地表深 2.9 米，由操作间、火门、火膛、窑室及烟道五部分组成（图一二；彩版一九，2）。

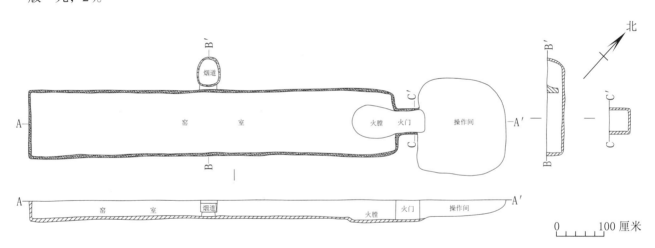

图一一 Y9 平、剖面图

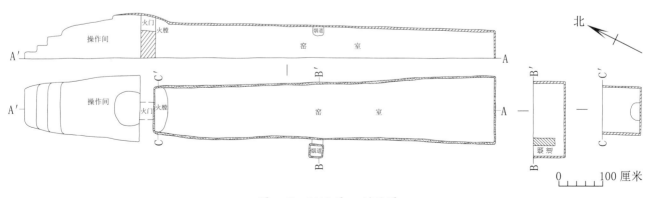

图一二 Y10 平、剖面图

操作间位于该窑的北部，平面呈近椭圆形，长 3.52 米、宽 1.18 ~ 1.8 米，开口距地表深 1.7 米，底部距地表深 1.72 ~ 2.9 米，由北向南分为三步台阶。第一阶下深 0.2 米、宽 0.36 米；第二阶下深 0.16 米、宽 0.3 米；第三阶下深 0.24 米、宽 0.4 米；三阶下呈斜坡状，坡长 1.66 米，底部距地表深 2.9 米。其内填土花杂，土质松软，包含少量烧土块、炭灰颗粒。

火门位于操作间的南侧、火膛的北侧，上部已被破坏，残留底部。宽 0.48 米、高 0.4 米、进深 0.44 米。火门内填土花杂，含烧结块、炭灰颗粒及残砖块。残砖规格：? ×0.16 米 ×0.06 米（长度已不可知），单面饰细绳纹。

火膛位于操作间的南侧、窑室的北侧，平面近半圆形，长 1.66 米、宽 0.96 ~ 1.2 米、深 1.2 米。底部距地表深 2.9 米，底部残存 0.08 ~ 0.1 米厚的黑灰色烧结块。

窑室位于火膛的南侧，平面近长方形，顶部已坍塌，仅残留底部。窑室长 9.6 米、宽 1.36 ~ 1.68 米、深 0.7 ~ 0.94 米。窑室内填土花杂，包含烧结块、木炭颗粒等。窑床位于窑室的南部，平面呈长方形，长 9.6 米、宽 1.36 ~ 1.68 米、深 0.7 ~ 0.94 米，略带斜坡状，窑床面经火烧呈青灰色，较硬。

烟道位于窑室西壁距火门 4.72 米处，平面呈椭圆形，进深 0.2 米、口宽 0.3 米、口径 0.32 ~ 0.84 米。

Y11 平面近长方形，东西向，顶部及窑门已被破坏。该窑开口于④层下，开口距地表深 1.1 米，通长 12.5 米、宽 1.62 ~ 1.78 米，底部距地表 1.68 米，由操作间、火门、火膛、窑室及烟道五部分组成（图一三；彩版二〇，1）。

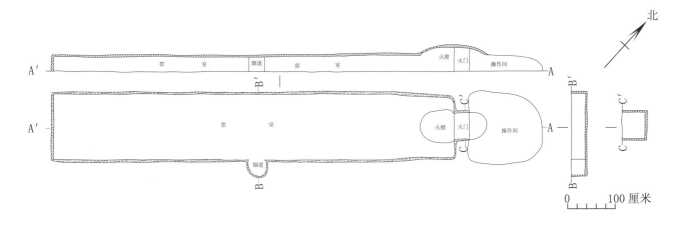

图一三　Y11 平、剖面图

操作间位于该窑的东部，平面呈椭圆形，长 1.9 米、宽 1.78 米，开口部距地表深 1.1 米，底部距地表深 1.4 ~ 1.5 米。其内填土花杂，土质疏松，包含少量烧土块、炭灰颗粒。

火门位于操作间的西侧、火膛的东侧，平面呈长方形，上部已被破坏，残留底部。宽 0.4 米、残高 0.58 米、进深 0.66 米。火门内填土花杂，包含烧结块、炭灰颗粒及残砖块。残砖尺寸：? × 0.16 米 ×0.06 米（长度已不可知），单面饰细绳纹。

火膛位于操作间的西侧、窑室的东侧，平面呈半圆形，长0.7米、宽0.8米、深0.58米。底部距地表深1.68米，底部残存0.08～0.1米厚的黑灰烧结面。

窑室位于火膛的西侧，平面近长方形，顶部已坍塌，仅残留底部。窑室长10.2米、宽1.62米、深0.36～0.38米。窑室填土花杂，包含烧结块、木炭颗粒。窑床平面呈长方形，长10.2米、宽1.62米、深0.36～0.38米，略呈斜坡状，窑床面经火烧呈青灰色，较硬。

烟道位于窑室南壁距火门4.74米处，平面呈椭圆形，进深0.4米、口宽0.4米、口径0.4米。

三、灰坑

共发现两座灰坑H1、H2，位于发掘区北部，皆开口于④层下。

H1平面近圆形，弧壁，底部略有起伏，壁面未发现明显人工修造痕迹，东西长9.2米、南北宽8.6米、深0.4～0.56米，底部距地表深2.9～3.06米（图一四）。该坑填土为灰褐色，较疏松，仅包含少量烧土颗粒、草木灰。

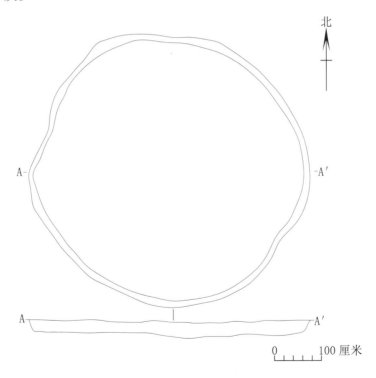

图一四　H1平、剖面图

H2平面呈不规则形，壁面略呈斜坡状，平底，壁面未发现明显人工修造痕迹，东西长7.34米、南北宽6.66米、深0.3～0.74米，底部距地表深2.8～3.24米（图一五）。该坑填土为灰褐色，较疏松，仅包含少量烧土颗粒、草木灰。

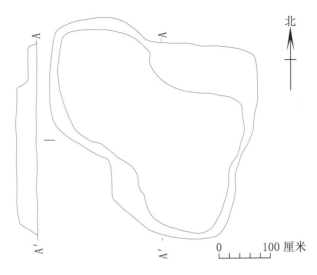

图一五　H2 平、剖面图

四、出土遗物

本次发掘仅发现绳纹砖块和炭块。

砖块呈青灰色。一面为素面，另一面施有顺向绳纹。一般用于砌筑烟道口，一端或一侧面长时间被火烧而变形收缩。标本 Y5：1，残长 18.1 厘米、宽 18 厘米、厚 6 厘米（图一六，1）。标本 Y9：1，残长 22.1 厘米、宽 18 厘米、厚 6 厘米（图一六，2）。

出土炭块多位于窑室内，长 5 ~ 10 厘米（彩版二〇，2）。

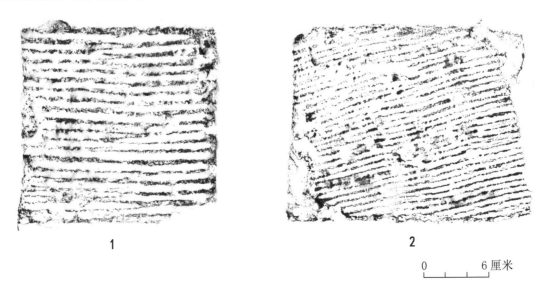

图一六　窑址出土砖块标本
1、2.砖块（Y5：1、Y9：1）

五、结语

本次发掘了 11 座窑址，根据形制分为 A、B 两型，A 型为圆形窑室的单室窑址，B 型为长方形窑室的单室窑址，两类窑址均由操作间、火门、火膛、窑室及烟道组成。根据窑址的形状结构，及窑室内包含有较多炭屑、木炭块，判断这批窑为烧炭所用。窑址内出土青砖皆为绳纹砖，具有唐代青砖的特征，因此它们的年代不早于唐代。天津市蓟州区东后子峪发现与 A、B 型窑址形制相似的辽代烧炭窑①，因此可初步推断这批遗存的年代为唐至辽时期，但其准确年代需要更多资料进行判定。虽然本次发掘的窑址出土遗物并不丰富，但形制功能很有特点，为北京地区烧炭窑址的研究提供了难得的材料。

发掘：孙勐　孙浩然　张晓丽

绘图：张晓丽　韩志超

摄影：韩志超　张晓丽

执笔：孙浩然　曹孟昕

参考文献

① 中国考古学会编著：《中国考古学年鉴 2020》，中国社会科学出版社，2021 年。

石景山区鲁谷路辽金、明清墓葬发掘报告

为配合石景山银河商务 E 地块项目的建设，2011 年 11 月 28 日至 12 月 19 日，北京市考古研究院（原北京市文物研究所）对其项目占地范围内考古勘探发现的地下古代遗存进行了发掘。发掘区位于石景山区鲁谷路北侧，西邻银河大街，北邻政达路（图一）。此次考古发掘，清理辽金时期墓葬 4 座，明清时期墓葬 19 座，发掘面积共计 810 平方米（图二）。

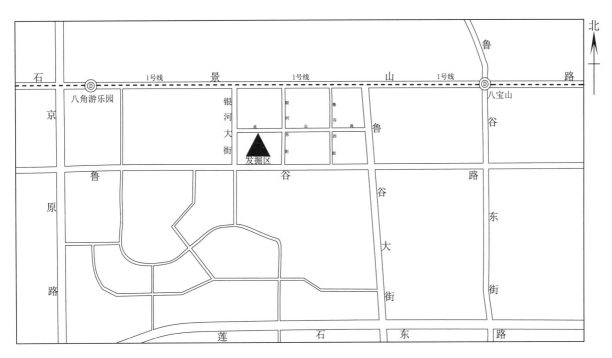

图一　发掘区位置示意图

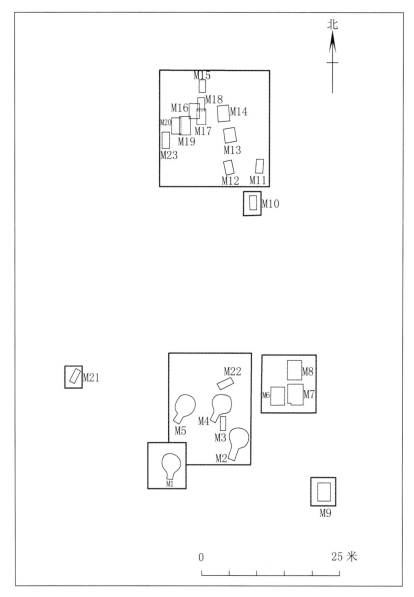

图二　发掘区总平面

一、辽金时期墓葬和随葬器物

辽金时期墓葬 4 座。

（一）墓葬形制

M1 位于发掘区的西南部，北邻 M5、东邻 M2，方向 195°。开口于②层下，墓口距地表深 1.8 米，为单室砖墓。墓室平面为椭圆形。由于已遭晚期严重破坏，该墓仅残留少量青砖。M1 为南北方向，土圹南北总长 4.6 米、东西宽 1.16 ~ 3.26 米，墓底距地表深 2.72 米。该墓主要由墓道和墓室两部分组成（图三；彩版二一，1）。

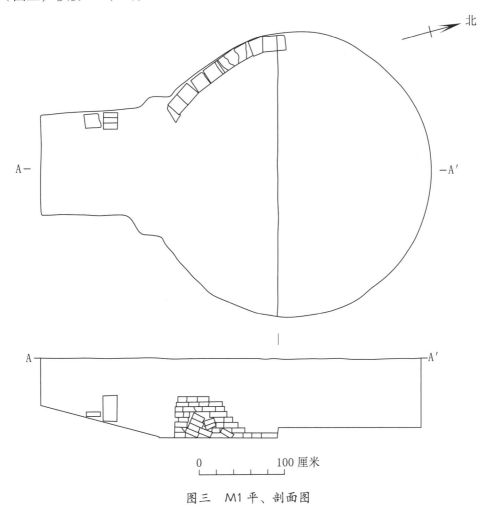

图三　M1 平、剖面图

墓道位于墓室的南侧，平面呈近长方形，底为斜坡状。墓道南北长 1.2 米、东西宽 1.16 ~ 1.24 米、深 0.54 ~ 0.9 米，底坡长 1.46 米。西壁残留三块立砌青砖。墓道内填花土，土质疏松。墓门或封门已被破坏，具体形制不详。

墓室位于墓道的北侧，平面呈椭圆形。由于破坏严重，仅在西南部残留少量青砖。土圹东西长 3.26 米、南北宽 3.1 米。西南壁残留有 8 层砌砖，残留高度 0.06 ~ 0.48 米，用青砖错缝平砌。在墓室的北部有一半圆状棺床，棺床北部与墓圹相连，东西长 3.26 米、南北宽 1.82 米、残存高度 0.12 米。墓室内未发现葬具、人骨和随葬器物等。墓室内填花土，含有白灰颗粒、青砖残块等，土质疏松。

M2 位于发掘区的南部，西邻 M1、北邻 M3，方向 220°。开口于②层下，墓口距地表深 1.8 米，为单室砖墓。墓室平面为椭圆形。由于已遭晚期严重破坏，该墓没有青砖存留，为南北方向，土圹南北总长 6 米、东西宽 0.6 ~ 3.33 米，墓底距地表深 3.2 米。该墓主要由墓道和墓室两部分组成（图四；彩版二一，2）。

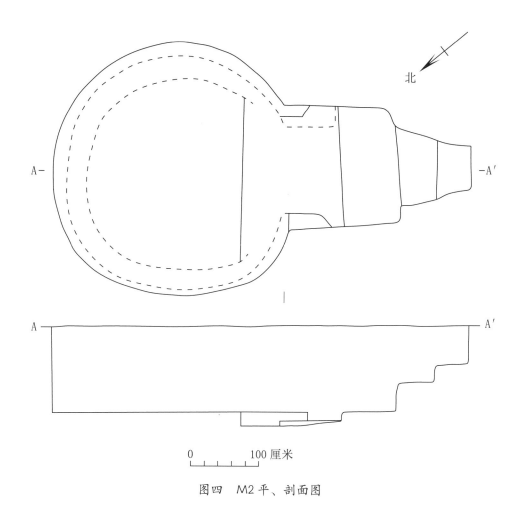

北

A-

-A'

A ——————————————————————— A'

0   100 厘米

图四 M2平、剖面图

墓道位于墓室的南侧，平面呈近长方形，底部为台阶状。长2.7米、宽0.6～1.7米、深0.52～1.4米。在墓道南部置有三步台阶，第一步台阶东西长0.6～0.8米、南北宽0.48米、高0.2米；第二步台阶东西长0.8～1.1米、南北宽0.52米、高0.4米；第三步台阶东西长1.56～1.68米、南北宽0.76米、高0.14米。在墓道北端的东、西两壁下部，残存有青砖砌筑痕迹。墓道内填花土，含少量青砖碎块，土质疏松。墓门或封门已被破坏，具体形制不详。

墓室位于墓道的北侧，平面呈椭圆形，由于破坏严重，仅残留土圹。土圹东西长3.55米、南北宽3.3米、深1.2～1.4米。在墓室周壁的土圹上残留有青砖砌筑痕迹。墓室内北部有一半圆状棺床，东西长2.66米、南北宽2.22米、残存高度0.2米，占据了墓室内的大部分面积。墓室内未发现葬具、人骨和随葬器物等。墓室内填花土，含有大量青砖碎块及白灰颗粒，土质疏松。

M4位于发掘区的南部，南邻M3、西邻M5，方向210°。开口于②层下，墓口距地表深1.8米，为单室砖墓。墓室平面呈椭圆形。由于已遭晚期严重破坏，该墓仅残留少量青砖，为南北方向，土圹南北总长4.26米、东西宽0.76～2.7米，墓底距地表深2.74米。该墓主要由墓道和墓室两部分组成（图五；彩版二二，1）。

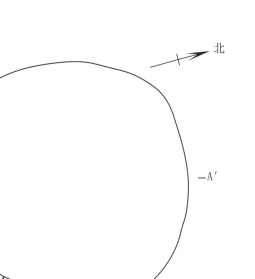

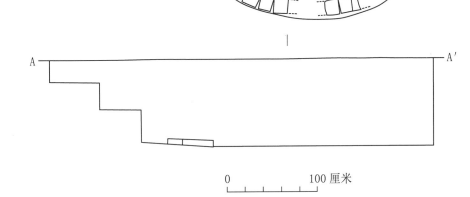

0　　　　　　100 厘米

图五　M4 平、剖面图

墓道位于墓室的南侧，平面呈近长方形，底部为台阶状。长 1.7 米、宽 0.76 ~ 1.36 米、深 0.24 ~ 0.94 米。在墓道南部置有两步台阶。第一步台阶东西长 0.76 ~ 0.85 米、南北宽 0.56 米、高 0.3 米；第二步台阶东西长 0.85 ~ 1.34 米、南北宽 0.46 米、高 0.4 米；以下为平底。墓道内填花土，含有少量青砖残块，土质疏松。

墓室位于墓道的北侧，平面呈椭圆形，由于破坏严重，仅残留土圹。土圹东西长 2.7 米、南北宽 2.54 米、深 0.94 米。东壁南侧底部仅残留一至两层青砖，残存高度 0.06 ~ 0.12 米，青砖残块错缝平砌，外壁上抹有一层白灰。用砖规格为 0.35 米 ×0.16 米 ×0.06 米。墓室内未发现葬具、人骨和随葬器物等。墓室内填花土，含有大量青砖碎块及白灰颗粒，土质疏松。

M5 位于发掘区的西南部，南邻 M1、东邻 M4，方向 200°。开口于②层下，墓口距地表深 1.8 米，为单室砖墓。墓室平面为椭圆形。由于已遭晚期严重破坏，该墓没有青砖存留，为南北方向。土圹南北总长 5.2 米、东西宽 0.92 ~ 3.52 米，墓底距地表深 3.02 米。该墓主要由墓道和墓室两部分组成（图六；彩版二二，2）。

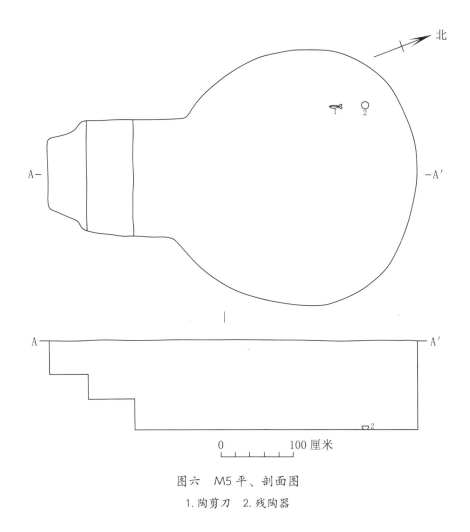

图六 M5 平、剖面图
1.陶剪刀 2.残陶器

墓道位于墓室的南侧，平面呈近长方形，底部为台阶状。长 1.86 米、宽 0.92 ~ 1.62 米、深 0.46 ~ 1.22 米。在墓道南部设有两步台阶。第一步台阶东西长 0.92 ~ 1.52 米、南北宽 0.54 米、高 0.34 米；第二步台阶东西长 1.52 ~ 1.6 米、南北宽 0.65 米、高 0.42 米。墓道内填花土，土质疏松。

墓室位于墓道的北侧，平面呈椭圆形。由于破坏严重，仅残留土圹。土圹东西长 3.52 米、南北宽 3.4 米、深 1.22 米。墓室内未发现葬具、人骨和随葬器物等。墓室内填花土，含有大量青砖碎块及白灰颗粒，土质疏松。

墓室内出土陶剪刀和残陶器各 1 件。

（二）随葬器物

由于遭到晚期严重破坏，这 4 座墓葬中仅有 M5 残存两件陶器。

陶剪刀 1 件，M5 : 1。泥质灰陶，制作规整。首部为近似圆环状，器体上部有一穿孔，下部分为两股。剪刀的正面中间高、两侧低，背面较平。局部留有红色遗痕。模制而成。宽 3.3 ~ 4.5 厘米、厚 0.9 ~ 1.3 厘米、通长 15.4 厘米（图二六，1；彩版二三，2）。

残陶器 1 件，M5：2。口沿至腹部的一侧残缺。泥质灰陶。侈口，圆唇，浅腹，腹壁斜直向下内收，平底。局部留有红色遗痕。轮制而成。口径 13.2 厘米、底径 7.9 厘米、通高 4 厘米（图二六，2；彩版二三，1）。

二、明清时期墓葬

明清时期墓葬共计 19 座。

（一）墓葬形制

M3 位于发掘区的南部，南邻 M2、北邻 M4，方向 20°，开口于②层下，墓口距地表深 1.8 米。该墓为平面呈长方形的竖穴土圹单棺墓，南北方向，南北长 2.1 米、东西宽 1.2 米，墓底距地表深 2.5 米。墓坑内填花土，土质疏松。内葬单棺，棺木已朽，棺长 1.54 米、宽 0.4 ~ 0.5 米、残存高度 0.08 米。棺内人骨架保存较完整，头向北，面向西，葬式为仰身直肢葬。随葬器物为银戒指 1 件（图七；彩版二四，1）。

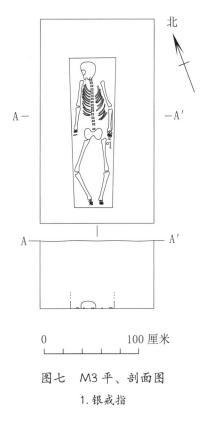

图七　M3 平、剖面图

1. 银戒指

M6 位于发掘区的东南部，东邻 M7，西邻 M4，方向 10°。开口于②层下，墓口距地表深 1.8 米。该墓为平面呈长方形的竖穴土圹合葬墓，南北方向，南北长 3.1 ~ 3.4 米、东西宽 1.54 ~ 1.94 米，墓底距地表深 2.5 米。墓坑内填花土，土质疏松。内葬双棺，棺木已朽，西棺长 1.86 米、宽 0.45 ~ 0.54 米、残存高度 0.2 米。棺内人骨架保存较完整，头向北，面向上，葬式为仰身直肢葬。东棺长 1.84 米、宽 0.48 ~ 0.5 米、残存高度 0.2 米。棺内人骨架保存较完整，头向北，面向东，葬式为仰身直肢葬。随葬器物为釉陶罐 1 件和铜钱 2 枚（图八；彩版二四，2）。

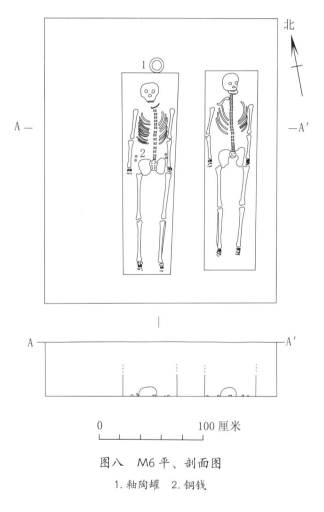

图八 M6 平、剖面图

1. 釉陶罐 2. 铜钱

M7 位于发掘区的东南部，西邻 M6、北邻 M8，方向 5°。开口于②层下，墓口距地表深 1.8 米。该墓为平面呈长方形的竖穴土圹合葬墓，南北方向，南北长 2.4 ~ 2.8 米、东西宽 1.8 ~ 2 米，墓底距地表深 2.2 米。墓坑内填花土，土质疏松。内葬双棺，棺木已朽，西棺长 1.76 米、宽 0.45 ~ 0.62 米、残存高度 0.08 米。棺内人骨架保存较完整，头向北，面向不明，葬式为仰身直肢葬。东棺长 1.79 米、宽 0.44 ~ 0.46 米、残存高度 0.08 米。棺内人骨架保存较完整，头向北，面向东，葬式为仰身直肢葬。随葬器物为釉陶罐 1 件和铜钱 2 枚（图九；彩版二五，1）。

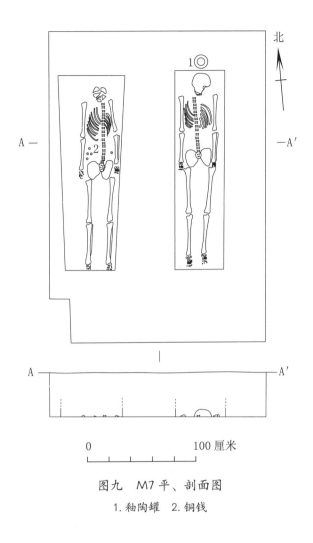

图九　M7平、剖面图

1.釉陶罐　2.铜钱

　　M8 位于发掘区的东南部，南邻 M7，方向 5°。开口于②层下，墓口距地表深 1.8 米。该墓为平面呈长方形的竖穴土圹合葬墓，南北方向，南北长 3.2 米、东西宽 2.4 ~ 2.54 米，墓底距地表深 2.55 米。墓坑内填花土，土质疏松。内葬双棺，棺木已朽，西棺长 1.7 米、宽 0.46 ~ 0.68 米、残存高度 0.15 米。棺内人骨架保存较完整，头向北，面向上，葬式为仰身直肢葬。东棺长 1.94 米、宽 0.48 ~ 0.58 米、残存高度 0.15 米。棺内人骨架保存较完整，头向北，面向上，葬式为仰身直肢葬。该棺内有一层白灰，厚约 0.02 米（图一〇；彩版二五，2）。

　　M9 位于发掘区的东南部，西北邻 M2，方向 20°。开口于②层下，墓口距地表深 1.8 米。该墓为平面呈长方形的竖穴土圹合葬墓，南北方向，南北长 3.1 ~ 3.4 米、东西宽 1.54 ~ 1.94 米，墓底距地表深 2.5 米。墓坑内填花土，土质疏松。内葬双棺，棺木已朽，西棺长 1.88 米、宽 0.52 米、残存高度 0.1 米。棺内人骨架保存较零乱，未见头骨，仅见少量肢骨，葬式为仰身直肢葬。东棺长 1.8 米、宽 0.54 ~ 0.58 米、残存高度 0.08 米。棺内人骨架保存较完整，头向北，面向上，葬式为仰身直肢葬。该棺内有一层白灰，厚约 0.02 米。随葬器物为釉陶罐 1 件和铜钱 2 枚（图一一；彩版二六，1）。

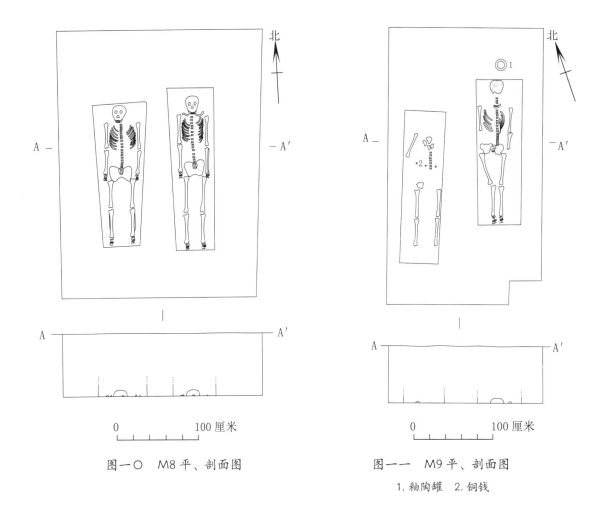

图一〇 M8 平、剖面图   图一一 M9 平、剖面图

1. 釉陶罐 2. 铜钱

M10 位于发掘区的北部，北邻 M11，方向 10°。开口于②层下，墓口距地表深 1.8 米。该墓为平面呈长方形的竖穴土圹单棺墓，南北方向，南北长 2.2 米、东西宽 1 ～ 1.04 米，墓底距地表深 2.1 米。墓坑内填花土，土质疏松。内葬单棺，棺木已朽，棺长 1.75 米、宽 0.56 ～ 0.6 米、残存高度 0.08 米。棺内人骨架保存较完整，头向北，面向西，葬式为仰身直肢葬。随葬器物为陶锅 1 件（图一二）。

M11 位于发掘区的北部，东邻 M12、南邻 M10，方向 10°。开口于②层下，墓口距地表深 1.8 米。该墓为平面呈长方形的竖穴土圹单棺墓，南北方向，南北长 2.4 米、东西宽 0.86 ～ 1 米，墓底距地表深 2.1 米。墓坑内填花土，土质疏松。内葬单棺，棺木已朽，棺长 1.62 米、宽 0.42 ～ 0.54 米、残存高度 0.1 米。棺内人骨架保存较完整，头向北，面向南，葬式为仰身直肢葬。头骨下放置板瓦。随葬器物为陶罐 1 件（图一三；彩版二六，2）。

M12 位于发掘区的北部，北邻 M13、东邻 M11，方向 5°。开口于②层下，墓口距地表深 1.8 米。该墓为平面呈长方形的竖穴土圹单棺墓，南北方向，南北长 2.3 米、东西宽 1.4 ～ 1.55 米，墓底距地表深 2.2 米。墓坑内填花土，土质疏松。内葬单棺，棺木已朽，棺长 1.89 米、宽 0.45 ～ 0.56 米、残存高度 0.1 米。棺内人骨架保存较完整，头向北，面向不明，葬式为仰身直肢葬。未发现随葬器物

（图一四；彩版二七，1）。

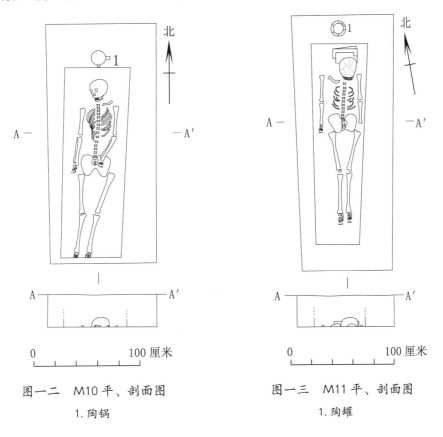

图一二　M10平、剖面图

1.陶锅

图一三　M11平、剖面图

1.陶罐

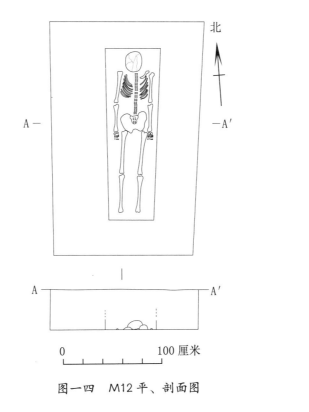

图一四　M12平、剖面图

M13 位于发掘区的北部，南邻 M12、北邻 M14，方向 5°。开口于②层下，墓口距地表深 1.8 米。该墓为平面呈长方形的竖穴土圹合葬墓，南北方向，南北长 2.6 米、东西宽 1.7 米，墓底距地表深 2.3 米。墓坑内填花土，土质疏松。内葬双棺，棺木已朽，西棺长 1.9 米、宽 0.5 米、残存高度 0.1 米。棺内人骨架保存较完整，头向北，面向南，葬式为仰身直肢葬，头骨下放置板瓦。东棺长 2 米、宽 0.4 米、残存高度 0.1 米。棺内人骨架保存较完整，头向北，面向上，葬式为仰身直肢葬。随葬器物为釉陶罐 1 件（图一五；彩版二七，2）。

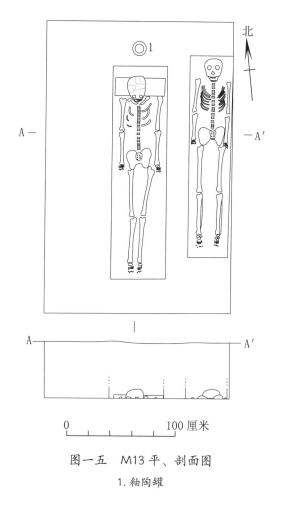

图一五 M13 平、剖面图

1. 釉陶罐

M14 位于发掘区的北部，南邻 M13、西邻 M17，方向 355°。开口于②层下，墓口距地表深 1.8 米。该墓为平面呈长方形的竖穴土圹合葬墓，南北方向，南北长 2.2 米、东西宽 1.8～2 米，墓底距地表深 2.7 米。墓坑内填花土，土质疏松。内葬双棺，棺木已朽，西棺长 1.7 米、宽 0.44～0.5 米、残存高度 0.1 米。棺内人骨架保存较完整，头向北，面向南，葬式为仰身直肢葬。东棺长 1.7 米、宽 0.46～0.5 米、残存高度 0.1 米。棺内人骨架保存较完整，头向北，面向东，葬式为仰身直肢葬。未发现随葬器物（图一六；彩版二八，1）。

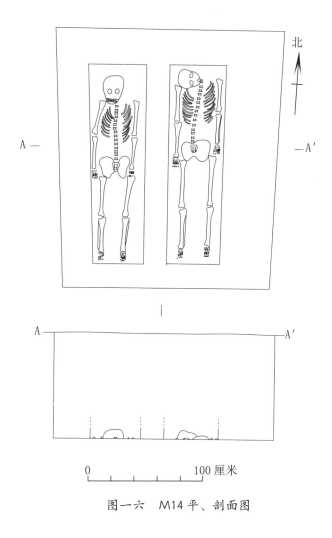

北

A —
— A′

A
A′

0   100 厘米

图一六　M14 平、剖面图

M15 位于发掘区的北部，南邻 M18，方向 10°。开口于②层下，墓口距地表深 1.8 米。该墓为平面呈长方形的竖穴土圹单棺墓，南北方向，南北长 2.2 米、东西宽 1.2 米，墓底距地表深 3.4 米。墓坑内填花土，土质疏松。内葬单棺，棺木已朽，棺长 1.77 米、宽 0.48 ~ 0.54 米、残存高度 0.1 米。棺内放置人骨架 2 具，上部人骨架较凌乱，头向北，面向西，葬式不明。下部人骨架保存较完整，头向北，面向东，葬式为仰身直肢葬。随葬器物为釉陶罐 1 件（图一七）。

M16 位于发掘区的北部，南邻 M19、东邻 M14，方向 10°。开口于②层下，墓口距地表深 1.8 米，打破 M19。该墓为平面呈长方形的竖穴土圹合葬墓，南北方向，南北长 2.3 米、东西宽 1.8 米，墓底距地表深 2.3 米。墓坑内填花土，土质疏松。内葬双棺，棺木已朽，西棺长 1.84 米、宽 0.42 ~ 0.54 米、残存高度 0.1 米。棺内人骨架保存较完整，头向北，面向东，葬式为仰身直肢葬。东棺长 1.76 米、宽 0.46 ~ 0.54 米、残存高度 0.1 米。棺内人骨架保存较完整，头向北，面向西，葬式为仰身直肢葬。未发现随葬器物（图一八）。

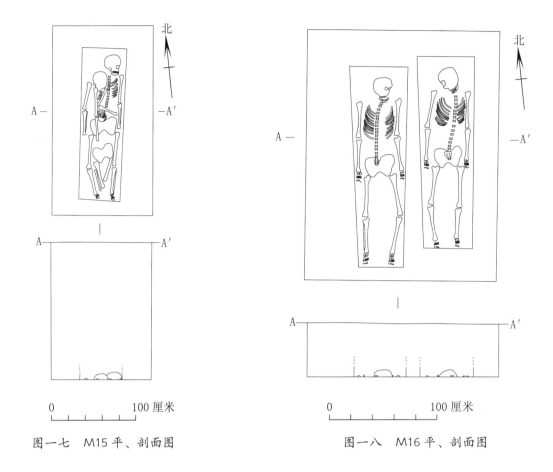

图一七 M15 平、剖面图　　　　　图一八 M16 平、剖面图

M17 位于发掘区的北部，东邻 M14、北邻 M18，方向 5°。开口于②层下，墓口距地表深 1.8 米，打破 M18。该墓为平面呈长方形的竖穴土圹单棺墓，南北方向，南北长 2.1 米、东西宽 1.2 米，墓底距地表深 3.4 米。墓坑内填花土，土质疏松。墓室内未见人骨架和葬具。未发现随葬器物（图一九）。

M18 位于发掘区的北部，北邻 M15、南邻 M17，方向 5°。开口于②层下，墓口距地表深 1.8 米，被 M17 打破。该墓为平面呈长方形的竖穴土圹单棺墓，南北方向，南北长 1.8 米，东西宽 1.1 米，墓底距地表深 3.4 米。墓坑内填花土，土质疏松。墓室内未见人骨架和葬具。出土器物为釉陶罐 1 件（图二〇）。

M19 位于发掘区的北部，北邻 M16、西邻 M20，方向 10°。开口于②层下，墓口距地表深 1.8 米，被 M16 打破，并打破 M20。该墓为平面呈长方形的竖穴土圹合葬墓，南北方向，南北长 2.9 米、东西宽 1.74 ~ 2.02 米，墓底距地表深 2.1 米。墓坑内填花土，土质疏松。内葬双棺，棺木已朽，西棺长 1.8 米、宽 0.4 ~ 0.6 米、残存高度 0.1 米。棺内人骨架保存较完整，头向北，面向东，葬式为仰身直肢葬。东棺长 1.84 米、宽 0.56 ~ 0.6 米、残存高度 0.1 米。棺内人骨架保存较完整，头向北，面向西，葬式为仰身直肢葬。未发现随葬器物。随葬器物有釉陶罐 1 件和铜钱 6 枚（图二一；彩版二八，2）。

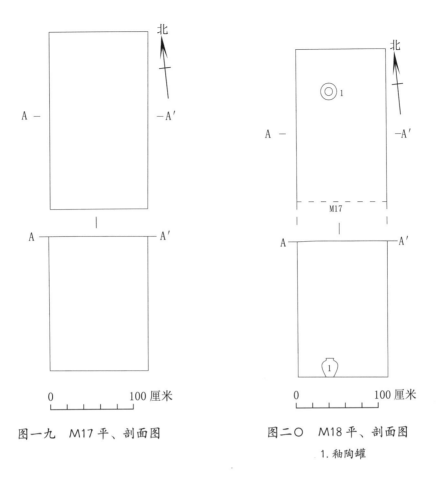

北
A
A′
0
100 厘米

图一九　M17 平、剖面图

北
1
A
A′
M17
0
100 厘米

图二〇　M18 平、剖面图

1. 釉陶罐

北
M16
1
2
A
A′
0
100 厘米

图二一　M19 平、剖面图

1. 釉陶罐　2. 铜钱

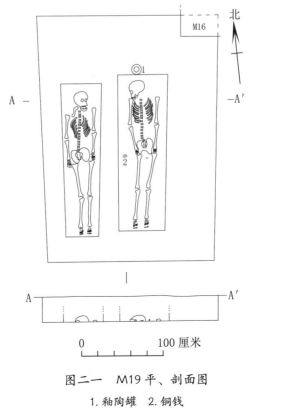

M20 位于发掘区的北部，东邻 M19，方向 0°。开口于②层下，墓口距地表深 1.8 米，被 M19 打破。该墓为平面呈长方形的竖穴土圹单棺墓，南北方向，南北长 2.5 米、东西宽 0.76 ~ 0.88 米，墓底距地表深 2 米。墓坑内填花土，土质疏松。内葬单棺，棺木已朽，棺长 1.7 米、宽 0.44 ~ 0.58 米、残存高度 0.08 米。棺内人骨架保存较完整，头向北，面向下，葬式为仰身屈肢葬。头骨下放置板瓦。未发现随葬器物（图二二）。

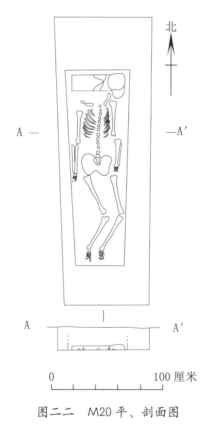

北

A —　—A′

A　　A′

0　　　　　　100 厘米

图二二　M20 平、剖面图

M21 位于发掘区的西南部，东南邻 M5，方向 45°。开口于②层下，墓口距地表深 1.8 米。该墓为平面呈长方形的竖穴土圹单棺墓，南北方向，南北长 3 米、东西宽 1.2 米，墓底距地表深 2.9 米。墓坑内填花土，土质疏松。内葬单棺，棺木已朽，棺长 2.12 米、宽 0.7 米、残存高度 0.1 米。棺内人骨架保存较完整，头向北，面向西，葬式为仰身直肢葬。未发现随葬器物（图二三；彩版二九，1）。

M22 位于发掘区的西南部，南邻 M4，东邻 M6，方向 5°。开口于②层下，墓口距地表深 1.8 米。该墓为平面呈长方形的竖穴土圹单棺墓，南北方向，南北长 2.4 米、东西宽 0.86 米，墓底距地表深 2.5 米。墓坑内填花土，土质疏松。内葬单棺，棺木已朽，棺长 1.9 米、宽 0.58 ~ 0.7 米、残存高度 0.1 米。棺内人骨架保存较完整，头向北，面向东，葬式为仰身直肢葬。未发现随葬器物（图二四；彩版二九，2）。

M23 位于发掘区的北部，东北邻 M20，方向 5°。开口于②层下，墓口距地表深 1.8 米。该墓为平面呈长方形的竖穴土圹单棺墓，南北方向，南北长 2.5 米、东西宽 1.6 米，墓底距地表深 2.4 米。墓坑内填花土，土质疏松。内葬单棺，棺木已朽，棺长 1.9 米、宽 0.52 ~ 0.64 米、残存高度 0.1 米。棺内人骨架保存较完整，头向北，面向南，葬式为仰身直肢葬。未发现随葬器物（图二五；彩版二九，3）。

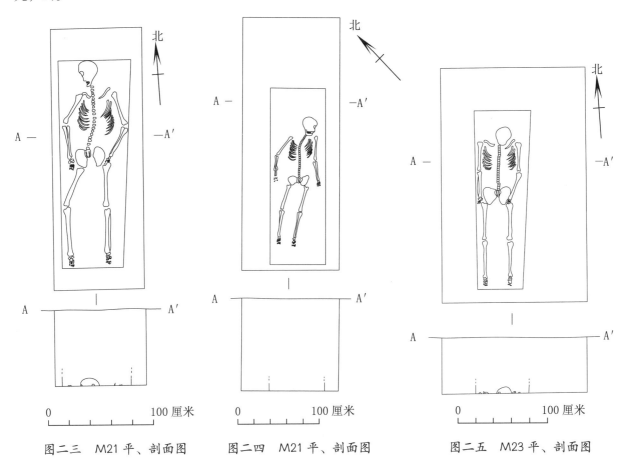

图二三　M21 平、剖面图　　　　图二四　M21 平、剖面图　　　　图二五　M23 平、剖面图

（二）随葬器物

明清墓葬中出土的随葬器物主要是陶器或釉陶器，另外有 1 件银戒指和少量铜钱。

黑陶罐 1 件。M11：1，泥质黑陶。直口，圆唇，短直颈，圆肩，鼓腹，腹最大径偏于中上部，平底。肩和上腹部石一周花叶纹。口径 8.6 厘米、腹径 15.4 厘米、底径 7.4 厘米、通高 10.7 厘米（图二七，1；彩版三〇，2）。

陶锅 1 件。M10：1。夹砂灰陶。直口，平沿，短直颈，溜肩，腹微鼓，大平底。腹上部有一圆柱状斜直的流，中空，与内壁相连通。流的旁边有一圆柱状斜直的柄，中空，与内壁不相连通。素面，无纹饰。口径 11.8 厘米、腹径 15.4 厘米、底径 12 厘米、通高 12.9 厘米（图二七，9；彩版三〇，3）。

釉陶双系罐 2 件。M15：1。泥质红陶。直口微侈，平沿，短直颈，溜肩，鼓腹，腹最大径偏于中上部，矮圈足。口沿至肩部有对称的双系。系的上部略窄，下部略宽。素面，无纹饰。仅在口沿和颈部残留有部分酱釉。釉薄，剥落严重。口径 15.5 厘米、最大腹径 21.5 厘米、圈足直径 10 厘米、通高 22 厘米（图二七，2；彩版三一，1）。M18：1。泥质红陶。侈口，圆唇，短直颈，溜肩鼓腹，腹最大径偏于中上部，矮圈足。口沿至肩部有对称的双系。系的上部略宽，下部略窄。素面，无纹饰。仅在口沿和颈部残留有部分酱釉。釉薄，剥落严重。口径 14 厘米、最大腹径 19 厘米、圈足直径 10.6 厘米、通高 19.2 厘米（图二七，3；彩版三一，2）。

釉陶罐 5 件。依据腹部形态的不同，大体可以分为两型。A 型：折腹罐，1 件。M9：1，直口微侈，平沿，短直颈，斜肩，折腹，腹最大径偏于中上部，下腹部向下斜直内收，平底。素面，无纹饰。口沿至肩部的外壁施绿釉，口沿处内壁上部有一周绿釉。釉薄，有剥落现象。口径 9 厘米、最大腹径 11.6 厘米、底径 7.5 厘米、通高 11.8 厘米（图二七，5；彩版三〇，6）。B 型：鼓腹罐，4 件。M19：1，直口微侈，圆唇，短直颈，圆肩，鼓腹，腹最大径偏于中上部，矮圈足。素面，无纹饰。口沿至腹部的外壁施黑釉，内壁施黑釉到底。釉薄，有剥落现象。口径 8.1 厘米、最大腹径 14.2 厘米、圈足直径 8.4 厘米、通高 13.4 厘米（图二七，8；彩版三〇，8）。M6：1，直口微敛，圆唇，短直颈，圆肩，鼓腹，腹最大径偏于中上部，矮圈足。素面，无纹饰。口沿部略有变形。口沿至腹上部的外壁施酱釉，内壁施酱釉到底。釉薄，有剥落现象。在下腹部的外壁上，有"二斤口"三字，竖行，字迹模糊，似是用釉书写而成。口径 8.5 厘米、最大腹径 14.2 厘米、圈足直径 7.4 厘米、通高 13.5 厘米（图二七，4；彩版三〇，4）。M7：1，直口微敛，圆唇，短直颈，圆肩，鼓腹，腹最大径偏于中上部，矮圈足。素面，无纹饰。口沿至腹上部的外壁施酱釉，内壁施黑釉到底。釉薄，有剥落现象。口径 8.9 厘米、最大腹径 16 厘米、圈足直径 8 厘米、通高 14.8 厘米（图二七，6；彩版三〇，5）。M13：1，直口微敛，圆唇，短直颈，圆肩，鼓腹，腹最大径偏于中上部，矮圈足。素面，无纹饰。口沿至腹上部的外壁施酱釉，内壁施黑釉到底。釉薄，有剥落现象。口径 9.2 厘米、最大腹径 16 厘米、圈足直径 8.1 厘米、通高 14.8 厘米（图二七，7；彩版三〇，7）。

残铁器 1 件。M23：1，铁质。残损且锈蚀严重，仅存一部分口沿。侈口，尖唇，口沿以下向下作弧状内收。素面，无纹饰。铁器内外壁粘有 3 枚铜钱，锈蚀严重，无法分离。复原口径 37.5 厘米、残存高度 10.5 厘米（图二六，4；彩版三〇，1）。

戒指 1 件。M3：1，银质。圆环状。正面为近似圆形，饰花叶纹，正中为六瓣花朵，四周为枝叶。戒指的环体分为双股，末端为尖状。宽 0.66 ~ 1.85 厘米、直径 1.8 厘米、展开长度 9 厘米、重 3.7 克（图二六，3；彩版三一，3）。

铜钱 12 枚。M6：2，共 2 枚，锈蚀、磨损较严重，仅有 1 枚钱文可辨识。标本 M6：2-1，残，皇宋通宝。小平钱，圆形，方穿，光背，有内、外郭，外郭宽、内郭窄。钱文为"皇宋通宝"，真书，上下右左对读。钱径 2.48 厘米、穿径 0.74 厘米、外郭厚 0.08 厘米，重 2.5 克（图二六，5；彩版三一，4）。M7：2，共 2 枚，锈蚀、磨损较严重，仅有 1 枚钱文可辨识。标本 M7：2-1，残，元丰通宝。小平钱，圆形，方穿，光背，有内、外郭，外郭宽、内郭窄。钱文为"元丰通宝"，行书，上右下左旋读。钱径 2.46 厘米、穿径 0.72 厘米、外郭厚 0.09 厘米，重 2.6 克（图二六，6；彩版三一，5）。M9：2，共 2 枚，锈蚀较严重。标本 M9：2-1，天启通宝。小平钱，圆形，方穿，光背，有内、外郭，外郭宽、内郭窄。钱文为“天启通宝”，真书，上下右左对读。钱径 2.61 厘米、穿径 0.51 厘米、外郭厚 0.14 厘米，重 4.1 克（图二六，7）。标本 M9：2-2，崇祯通宝。小平钱，圆形，方穿，光背，有内、外郭，外郭宽、内郭窄。钱文为“崇祯通宝”，真书，上下右左对读。钱径 2.67 厘米、穿径 0.58 厘米、外郭厚 0.13 厘米，重 3.4 克（图二六，8；彩版三一，6）。M19：2，共 6 枚，锈蚀、残损较严重，仅有 1 枚钱文可辨识。标本 M19：2-1，残，祥符元宝。小平钱，圆形，方穿，光背，有内、外郭，外郭宽、内郭窄。钱文为“祥符元宝”，真书，上右下左旋读。钱径 2.47 厘米、穿径 0.62 厘米、外郭厚 0.13 厘米，重 3.2 克（图二六，9；彩版三一，7）。

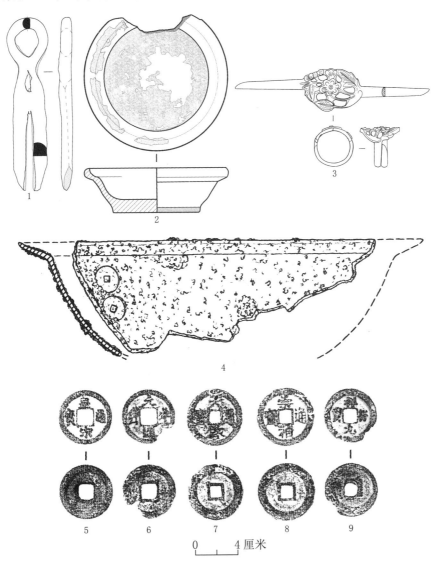

图二六　出土器物、铜钱

1. 陶剪（M5：1）　2. 残陶器（M5：2）　3. 戒指（M3：1）　4. 残铁器（M23：1）　5. 皇宋通宝（M6：2-1）
6. 元丰通宝（M7：2-1）　7. 天启通宝（M9：2-1）　8. 崇祯通宝（M9：2-2）　9. 祥符元宝（M19：2-1）

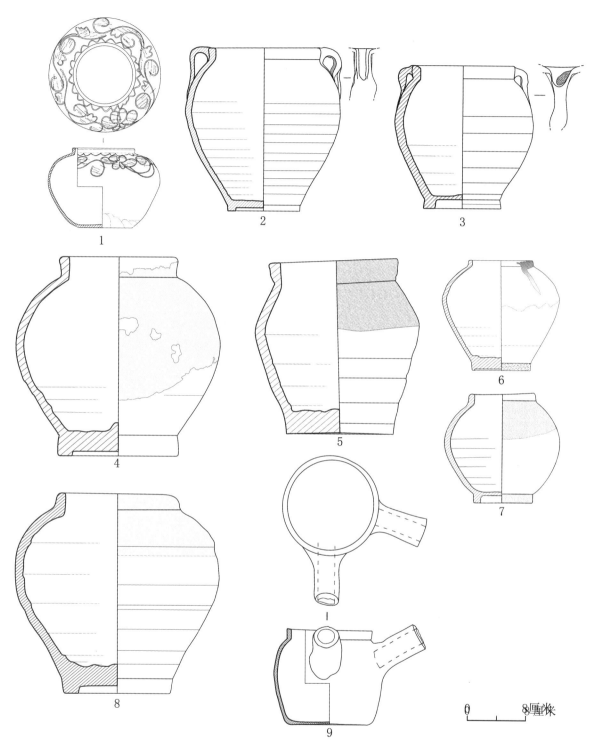

图二七 出土器物

1.黑陶罐（M11∶1） 2、3.釉陶双系罐（M15∶1、M18∶1）

4~8.釉陶罐（M6∶1、M9∶1、M7∶1、M13∶1、M19∶1） 9.陶锅（M10∶1）

（三）金属器物的合金成分检测

此次发掘出土了银戒指和铜钱，选择其中保存状况较好、形制相对完整、字体可辨识的器物，对其仅作除锈处理后，在确保不会对其造成进一步损坏的前提下了解和认识其合金成分，使用美国NITON公司的便携式 X 射线荧光能谱仪 XL3T950 以常见金属模式对银戒指和铜钱标本进行了检测（详见表一、二）。为确保数据的准确性，尽量保证样品表面有一个相对较大面积的光滑平面[①]，因此选择对铜钱的背面进行检测。

表一　银戒指常见金属检测数据（wt%）

编号	Cu（铜）	Pb（铅）	Cr（铬）	Fe（铁）	P（磷）	Au（金）	V（钒）	Ag（银）	Zn（锌）	Si（硅）
M3：1	5.30	0.707	0.219	0.167	0.050	0.130	0.062	92.56	0.165	0.529

根据检测结果，可知银戒指并非纯银制品，而应为银－铜合金器物。纯银为软质金属，强度与硬度均较低。采用合金的目的有二：一是增加器物的强度，不易变形；二是合金熔点低于纯银，便于加工。[②]一定量的铁、铬、镍、锌、金等杂质元素，应该与银矿的矿源有关。

表二　铜钱常见金属检测数据（wt%）

编号	Cu（铜）	Pb（铅）	Sn（锡）	Fe（铁）	Zn（锌）
M6：2-1 皇宋通宝	55.75	24.28	15.94	0.218	0.165
M7：2-1 元丰通宝	37.66	37.49	22.23	0.455	0.073
M9：2-1 天启通宝	66.10	4.55	0.020	2.65	0.071
M9：2-2 崇祯通宝	29.79	30.51	0.099	2.12	23.08
M19：2-1 祥符元宝	40.49	38.78	12.28	1.52	0.302

皇宋通宝、元丰通宝和祥符元宝均是北宋时期铜钱，为铜－铅－锡合金。其中，锡元素的含量在三者中最低。铅元素的含量高于锡而低于铜。不过，元丰通宝和祥符元宝铜元素的含量并不高，在 37% ~ 41% 之间，与铅元素的含量接近。皇宋通宝中的铜元素，在这 3 枚北宋铜钱中含量是最高的。其他地区北宋铜钱的合金成分检测，祥符元宝铜元素的含量为 65% ~ 70%，皇宋通宝铜元素的含量 65% ~ 75%，元丰通宝铜元素的含量为 60% ~ 70%，并认为"北宋铜钱的金属成份为高锡铅青铜。它们的主要成份平均含量是：铜 62% ~ 68%，铅 20% ~ 25%，锡 6% ~ 9.5%……我国北宋时期，铜钱的熔铸技术已经积累了丰富的经验，达到了相当高的水平……北宋在铜钱金属成份的选择上已有一定的标准。这个标准，不仅注意了合金的强度，而且注意了合金的熔点"[③]。相比较而言，这 3 枚铜钱的铜元素含量低，而锡、铅元素的含量高。

明代官方铸造的方孔圆钱统称为"制钱"。从汉唐至宋元，再到明初，铜钱绝大多数都为铜－

铅 – 锡合金，而含锌量超过百分之一的钱仍属极少数，并且有关文献记载中也不见有用黄铜铸钱的迹象。结合实物资料分析与历史文献记载，我国自明嘉靖三十二年（1553）开始用黄铜铸钱④。自此，明代铜钱多为黄铜制造。这是明代铜钱的一大特点，比较之前铜钱的铸造也是一大转变。早期黄铜钱币的铸造是无意识的，黄铜由红铜与含锌矿（炉甘石）合炼而成，自天启年起，金属锌以单质形态用于铸钱。天启通宝铸造于明熹宗天启年间，崇祯通宝铸造于明思宗崇祯年间，由于社会、政治、经济等综合原因，这两种铜钱的数量众多，版别复杂，并且恶钱泛滥。此次发掘出土的天启通宝，铜元素的含量约66%，相对较高，但锌元素的含量不到1%，虽不属于恶钱，但也不是黄铜铸币。而崇祯通宝，铜元素的含量仅约30%，较低，可能属于恶钱；但锌元素的含量达到23%，相对较高，应是黄铜钱币。

三、相关认识

M1、M2、M4和M5均为带墓道的单室砖墓，墓室平面均为椭圆形。这四座墓已遭晚期严重破坏，随葬器物很少，仅从其形制、结构与残存的青砖来看，应属于辽金时期。M5出土的陶剪刀，与大兴区青云店辽墓M1和M2⑤，杨各庄辽墓⑥，北程庄辽墓M17、M18、M21、M26和M44⑦出土的陶剪刀，东白塔辽墓墓壁上的砖雕剪刀⑧等形制基本相同。陶剪刀作为随葬器物，在北京地区最早出现在辽墓之中，延续至金代，可以说是北京辽金墓葬中较为典型的器物。M5出土的残陶器，从其现存的器物形制看，与先农坛辽墓⑨、石景山区韩佚墓⑩出土的陶熨斗基本相同，因此推测很有可能是陶熨斗。在发掘区范围内，仅发现这4座辽金时期墓葬，从其形制、方向和空间相对位置等来看，应为一处家族墓。从这4座墓葬的空间分布情况来看，M1位于西南部，M2～M4位于东北部，推测其是从西南向东北发展。M1墓道内残留的青砖遗存较为特殊，其具体的功能因遭到晚期严重破坏而无法推断，但是仍值得加以注意。

明清时期墓葬均为土坑墓，从葬具的数量来看，主要可分为单棺墓和双棺墓；从墓主人的数量来看，主要可分为单人墓和双人合葬墓。其中，M15为单棺墓，棺内有人骨架2具，上下各1具，叠压放置，这种埋葬方式并不多见，需要今后加以注意。墓葬内用瓦的情况基本一致，均置于头骨下，枕瓦而葬应是当地的一种葬俗。在发掘区范围内，清理明清时期墓葬19座，从空间分布的情况看，大体可以分为南、北两大部分，其中位于南部的7座墓葬，即M3、M6～M9、M21、M22，距离北部的墓葬距离较远且较为分散。位于北部的12座墓葬空间较为密集且规整，呈"人"字形分布、排列，很可能是一处家族墓地。

发掘：孙勐

绘图：黄星　翟建锋

摄影、拓片：黄星

执笔：孙勐　李澍洋　黄星

参考文献

① 毛振伟：《X射线荧光光谱单标样无损法测定古钱主要成分》，《中国钱币》1989年第4期。

② 李虎候、魏成连等：《几种古代银器的X射线荧光分析》，《考古》1988年第1期。

③ 戴志强、王体鸿：《北宋铜钱金属成份试析》，《中国钱币》1985年第3期。

④ 周卫荣：《我国古代黄铜铸钱考略》，《中国钱币》1992年第2期。

⑤ 北京市文物研究所：《北京大兴区青云店辽墓》，《考古》2004年第2期。

⑥ 北京市文物研究所：《北京大兴区杨各庄墓地发掘简报》，《文物春秋》2010年第3期。

⑦ 北京市文物研究所编著：《大兴北程庄墓地——北魏、唐、辽、金、清代墓葬发掘报告》，科学出版社，2010年，第30、41、55、68、117页。

⑧ 北京市文物研究所：《北京东白塔辽墓发掘简报》，《文物春秋》2011年第6期。

⑨ 马希桂：《北京先农坛辽墓》，《文物》1977年第11期。

⑩ 北京市文物工作队：《辽韩佚墓发掘报告》，《考古学报》1984年第3期。

石景山区中关村科技园区石景山园金元遗迹发掘报告

为配合中关村科技园区石景山园北Ⅰ区土地一级开发项目1605–L17地块的建设，北京市考古研究院于自2015年4月25日至5月7日，对项目占地范围内的古代遗迹进行了考古发掘。发掘区位于石景山区实兴北街西侧约250米处，南邻永引渠北路、北距北山约300米，GPS坐标N39°56′32.77″，E116°10′46.08″，海拔高度167米（图一）。实际发掘面积共计200平方米，发掘出灰坑、灶址、沟、墙基等遗迹。

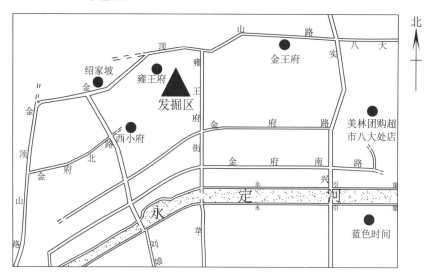

图一　发掘区位置示意图

一、地层堆积

发掘区内地层堆积较为简单，主要可以分为三层：

第①层：表土层，厚2～2.2米，为现代建筑及生活垃圾堆积。

第②层：浅黄褐色土层，厚0.4～0.85米，较致密，含有少量青砖残块、灰瓦片、灰陶片、铜钱、青花瓷片、酱釉瓷片、白釉瓷片和黑釉瓷片等。

第③层：浅灰黑色土层，厚0.5～0.7米，较致密，较纯净，未见包含物。

③层以下为浅红褐色原生土。

二、古代遗迹

此次发掘，布设5米×5米的探方8个，编号分别为2015ZSBⅠT1～2015ZSBⅠT8（以下简称T1～T8）。共清理灰坑18座、灶址2座、沟1条和墙基1处等（图二）。考古发掘的具体情况如下。

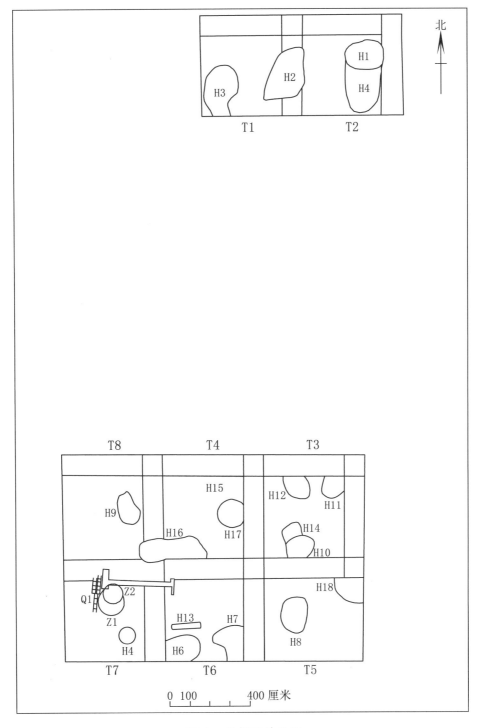

图二　发掘区总平面

（一）灰坑

共发掘灰坑 18 座。

H1 位于 T2 东北部，开口于②层下，距现地表深 2.6 米。平面呈不规则形状，长 1.9 米、宽 1.4 米、深 1.25 米。坑壁斜直，坑底较平，内填较松软浅灰黑色土（图三；彩版三六，1）。坑内出土沟纹砖残块、铜钗等。

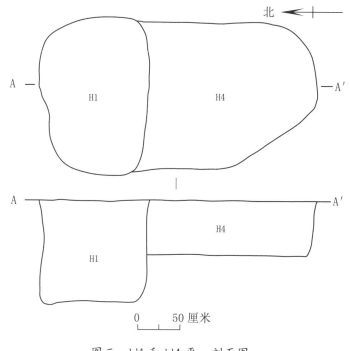

图三　H1 和 H4 平、剖面图

H2 位于发掘区 T1 东部，开口于②层下，距现地表深 2.65 米。H2 平面呈不规则形，长 3.1 米、宽 0.5 ~ 1.8 米、深 0.8 米。坑壁斜直，坑底较平，内填较松软浅灰黑色土，含大量白灰颗粒（图四；彩版三六，2）。坑内出土沟纹砖残块等。

H3 位于 T1 西南部，开口于②层下，距现地表深 2.7 米。平面呈不规则形，长 2.5 米、宽 1.2 ~ 1.6 米、深 0.5 ~ 0.66 米。坑壁斜直，坑底北高南低，内填较松软浅灰黑色土，含大量白灰颗粒（彩版三六，3）。坑内出土沟纹砖残块、钧窑瓷碗等。

H4 位于 T2 东南部，被 H1 打破，开口于②层下，距现地表深 2.60 米。平面呈不规则形，长 2.1 米、宽 1.75 米、深 0.65 米。坑壁略斜直，坑底较平，内填较松软浅灰色土，含大量白灰颗粒、瓦灰残块等。

H5 位于 T7 东南部，开口于②层下，距现地表深 2.6 米。平面呈圆形，直径 0.92 米、深 0.46 米。坑壁略斜直，坑底较平，内填较松散浅灰色土（彩版三六，4）。坑内出土沟纹砖、灰瓦残块、铜簪等。

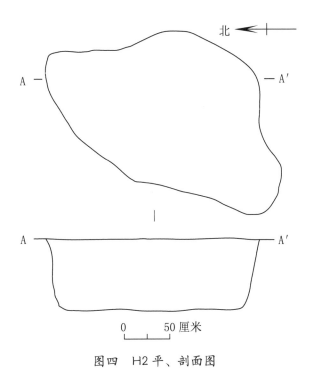

图四　H2 平、剖面图

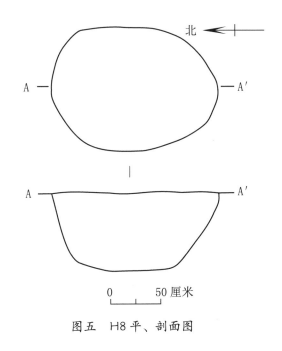

图五　H8 平、剖面图

H6 位于 T6 西南部，开口于②层下，距现地表深 2.55 米。平面呈不规则形，长 1.4 ~ 1.7 米、宽 0.92 米、深 0.2 ~ 0.24 米。坑壁略斜直，坑底较平，内填较松散浅灰色土（彩版三六，5）。坑内出土沟纹砖、灰瓦残块、动物骨骼等。

H7 位于 T6 东南部，西距 H6 约 0.7 米，开口于②层下，距现地表深 2.6 米。平面呈不规则形，长 1.75 米、宽 0.9 ~ 1.62 米、深 0.24 ~ 0.3 米。坑壁略斜直，坑底北高南低，内填较松散浅灰黑色土。坑内出土沟纹砖、灰瓦残块、动物骨骼等。

　　H8 位于 T5 西部。开口于②层下，距现地表深 2.6 米。平面呈椭圆形，长 1.75 米、宽 1.26 米、深 0.8 米。坑壁略斜直，坑底较平，内填较松散浅灰黑色土（图五）。坑内出土沟纹砖、灰瓦残块、动物骨骼等。

　　H9 位于 T8 东北部。开口于②层下，距现地表深 2.6 米。平面呈不规则形，长 1.5 米、宽 0.9 ~ 1.08 米、深 0.26 米。坑壁略斜直，坑底较平，内填较松散浅灰色土（彩版三六，6）。坑内出土沟纹砖、灰瓦残块等。

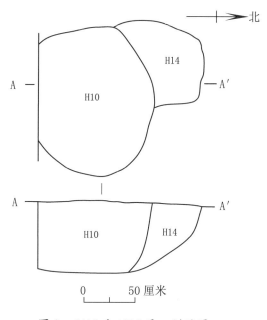

图六　H10 和 H14 平、剖面图

　　H10 位于 T3 南部，打破 H14，部分延伸至 T3 外，开口于①层下，距现地表深 2.2 米。H10 平面呈不规则形，长 1.5 米、宽 1.24 米、深 0.7 米。坑壁略斜直，坑底较平，内填较松散浅灰色土（图六）。坑内出土沟纹砖、灰瓦残块等。

　　H11 位于 T3 东北部，部分被 T3 北隔梁、东隔梁叠压，开口于②层下，距现地表深 2.6 米。平面呈不规则形，长 1.1 米、宽 1.06 米、深 0.3 ~ 0.34 米。坑壁斜直，坑底西高东低，内填较松散浅灰黑色土（彩版三七，1）。坑内出土沟纹砖、灰瓦残块等。

　　H12 位于 T3 北部，东距 H11 约 0.6 米，开口于②层下，距现地表深 2.5 米。平面呈不规则形，长 1.3 米、宽 1.18 米、深 0.68 米。坑壁斜直，坑底较平，内填较松散浅灰色土。灰坑内没有遗物。

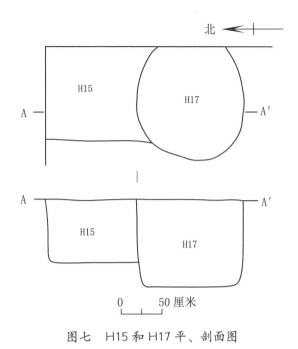

图七 H15 和 H17 平、剖面图

H13 位于 T6 南部偏西处，南距 H6 约 0.3 米。开口于②层下，距现地表深 2.5 米。平面呈长条形，长 1.52 米、宽 0.24～0.4 米、深 0.1 米。坑壁斜直，坑底较平，内填较松散浅灰色土（彩版三七，2）。灰坑内没有遗物。

H14 位于 T3 南部，被 H10 打破。开口于②层下，距现地表深 2.6 米。平面呈不规则形，长 0.9 米、宽 0.7 米、深 0.3～0.66 米。坑壁斜直，坑底较平，内填较松散浅灰色土。坑内出土沟纹砖、灰瓦残块等。

H15 位于 T4 东北部，被 H17 打破，开口于②层下，距现地表深 2.5 米。平面呈不规则形，长 1.2 米、宽 0.9 米、深 0.75 米。直壁平底，内填较松散浅灰色土（图七；彩版三七，3）。坑内出土沟纹砖、灰瓦残块等。

H16 位于 T4 西南部，开口于②层下，距现地表深 2.2 米。平面呈不规则形，长 3.36 米、宽 1.06 米、深 0.2 米。坑壁略斜直，坑底较平，内填较松散浅灰黑色土（彩版三七，4）。坑内出土沟纹砖、灰瓦残块等。

H17 位于 T4 东部，开口于②层下，距现地表深 2.6 米。平面呈圆形，直径 1.36 米、深 1.05 米。坑壁略斜直，坑底较平，内填较松散浅灰色土（彩版三七，5）。坑内出土沟纹砖、灰瓦残块等。

H18 位于 T5 东北部，开口于②层下，距现地表深 3.05 米。平面呈不规则形，长 1.5 米、宽 1.26 米、深 0.45 米。坑壁斜直，坑底较平，内填较松散浅灰黄色土。坑内出土沟纹砖、灰瓦残块等。

（二）灶址

共发掘灶址2座（图八）。

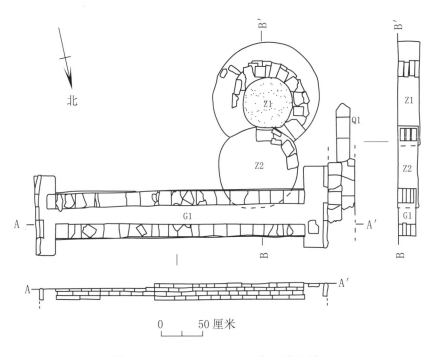

图八　Z1、Z2、G1、Q1平、剖面图

Z1位于T7北部，南距H5约1.3米，北部被Z2打破，开口于②层下，距现地表深2.55米。Z1平面呈圆形，直径1.3米、深0.26米。灶壁以长条形青砖错缝平砌而成，底部较平坦，见红色烧结面，厚约0.03米。同时底部见一层草木灰，厚0.05米，内填较松散浅灰色土（彩版三八，1）。

Z2位于T7北部，北部被G1打破，开口于②层下，距现地表深2.55米。Z2平面呈圆形，直径0.98米、深0.24米。四壁较直，灶壁以长条形青砖错缝平砌而成，底部较平坦，内填较松散浅灰色土，底部见厚0.03米草木灰堆积（彩版三八，2）。

（三）沟

G1位于Z2北侧，开口于②层下，距现地表深2.6米。平面呈"L"形，由东段、中段、西段三部分组成。东段长0.75米、宽1米；中段长3.1米、宽0.22米；西段长0.95米、宽0.3米；深0.22～0.24米。内侧四壁用长条形青砖错缝平砌而成，现存青砖有3～4层。东西侧两壁用长条形青砖横向立砌而成，青砖规格0.35米×0.16米×0.05米。内填较松软浅灰色土，底部见一层草木灰，厚0.02米，含有零星碎瓦块等（彩版三五）。

（四）墙基

Q1 位于 T7 北部，东邻 Z1、Z2、G1，开口于②层下，距现地表深 2.55 米。Q1 平面呈长方形，南北向，长 1.45 米、宽 0.16 ~ 0.32 米，以长条形青砖横向错缝平砌而成。北部现存青砖 3 层，高 0.15 ~ 0.22 米，南部现存青砖 1 层，高 0.05 ~ 0.07 米。

三、出土遗物

出土的器物主要为陶器、瓷器和铜器等，多为残件。

（一）器物形制

瓦当 2 件，均为泥质灰陶，形制和纹饰基本相同。圆形。正面中部为一周连珠纹，其内为团凤纹。模印。H18：1，残，直径 11.8 厘米、厚 1 厘米（图九，1；彩版三四，1）。H18：2，较完整，直径 11.8 厘米、厚 1.1 厘米（图九，2；彩版三四，2）。

青釉瓷碗 1 件，H3：1，大口微敛，圆唇，腹较深，腹壁微弧向下内收，圈足，足底面斜直，外底有一小乳突。内壁施釉到底，外壁施釉至下腹部，圈足和外底无釉。素面，无纹饰。釉为青黄色，胎较厚，呈火红色。口径 18.4 厘米、圈足直径 6.6 厘米、通高 8.1 厘米（图九，3；彩版三三，4）。

瓷片 7 件。T4②：3，器物底部。白釉黑花，内壁为花叶纹，外壁上部有白釉，下部和圈足未施釉。黄色胎，胎体较厚。残长 11.2 厘米、残存高度 1.6 ~ 5.5 厘米（彩版三二，1）。T4②：4，器物底部。白釉黑花，内壁为草书文字，外壁和圈足未施釉。外底有一小乳突。黄色胎，胎体较厚。残长 1.02 ~ 11.9 厘米、残存高度 2.5 ~ 3.7 厘米（彩版三二，3、4）。T4②：5，器物底部。白釉黑花，内壁为草叶和鱼纹，外壁和底未施釉。卧足，较浅。黄色胎，胎体厚重。残长 17.2 厘米、残存高度 1.9 ~ 6.8 厘米（彩版三二，5、6）。T4②：6，器物底部。白釉黑花，内壁为草书文字，外壁和圈足未施釉。外底有一小乳突。黄色胎，胎体较厚。残长 12.3 厘米、残存高度 1.3 ~ 5.1 厘米（彩版三二，2）。T4②：7，器物底部。青白釉。内壁正中为花卉纹。圈足和外底无釉。矮圈足。胎质白细，胎体较薄。残存直径 7.4 ~ 9.2 厘米，圈足直径 7.3 厘米、残存高度 1.2 ~ 1.6 厘米（彩版三二，7、8）。T4②：8，器物底部。青白釉。内壁正中为莲花纹。圈足和外底无釉。圈足较高。外底有一小乳突。胎质白细，胎体较厚。残长 10.2 厘米、圈足直径 6.5 厘米、残存高度 2.4 ~ 4.2 厘米（彩版三三，1、2）。T7②：1，器物口部。白釉黑花，侈口，圆唇。内外壁均施釉。黄色胎，胎体较厚。残长 4.3 ~ 8.6 厘米、残存高度 9.2 厘米（彩版三三，3）。

铜钗 2 件。T4②：2，残。铜质。大体呈"U"形，钗体的一股残缺。钗首略宽，末端为尖状。

钗体的横截面为长方形。素面。钗体宽 0.3 ～ 0.6 厘米、残长 12.6 厘米（图九，5；彩版三三，6）。H1：1，较为完整。铜质。略有变形。大体呈"U"形。钗首略粗，钗体分为两股，末端尖细。钗体的横截面为长方形。素面。钗首宽 0.8 厘米，残长 12.8 ～ 13.1 厘米（图九，6；彩版三三，5）。

铜簪 1 件，H5：1，簪首为椭圆形耳挖，颈部细短，簪体上部略宽，向下收窄，末端呈尖状。宽 0.2 ～ 0.6 厘米、残长 14.2 厘米（图九，7；彩版三三，8）。

铜钱 1 枚，T4②：1，五铢。圆形，方穿。外郭狭窄，背面有内郭。面文"五铢"，右左横读，小篆书体，规范秀丽，"五"字中间交笔弯曲，"铢"字的金字头为"△"形，朱字头圆折。钱径 2.4 厘米、穿径 0.98 厘米、外郭厚 0.08 厘米，重 2.3 克（图九，4；彩版三三，7）。

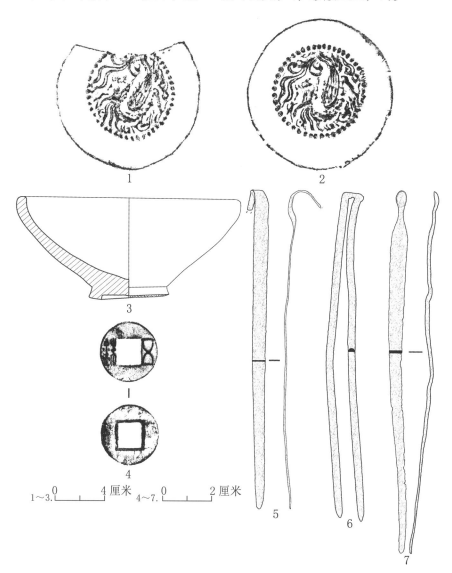

图九　出土器物

1、2.瓦当（H18：1、H18：2）3.青釉瓷碗（H3：1）

4.铜钱（T4②：1）5、6.铜钗（T4②：2、H1：1）7.铜簪（H5：1）

（二）金属器物的合金成分检测

选择本次出土器物中保存状况较好、形制相对完整、字体可辨识的铜簪和铜钱，对其仅作除锈处理后，在确保不会对其造成进一步损坏的前提下，了解和认识其合金成分，使用美国 NITON 公司的便携式 X 射线荧光能谱仪 XL3T950 以常见金属模式对银戒指和铜钱标本进行了检测（详见表一）。为确保数据的准确性，尽量保证样品表面有一个相对较大面积的光滑平面①，因此选择对铜钱的背面进行检测。

表一　常见金属检测数据（wt%）

编号	Cu（铜）	Pb（铅）	Sn（锡）	Fe（铁）	Zn（锌）
铜钗 T4 ②：2	75.43	2.78	0.748	0.226	12.06
铜簪 H5：1	70.21	8.18	0.493	0.932	5.15
铜钗 H1：1	82.64	3.11	0.619	0.927	4.73
铜钱 T4 ②：1	59.79	17.05	8.03	1.07	0.416

根据检测结果，可知铜钗和铜簪中铜元素的含量较高，均在 70% 以上，且明显高于铅、锡元素的含量。铜钗和铜簪均有铁元素，平均值未超过 1%，相对而言含量较低。铁元素属于青铜器中的杂质，应存在于铸造的铜原料之中，其含量的多少取决于冶炼技术的高低。由此而言，这 3 件器物中的铁元素含量反映出其铸造过程中获取铜的冶炼技术具有较高水平。这 3 件器物中的锡元素含量低，而锌元素的含量相对较高。

T4 ②出土的五铢铜钱为铜－铅－锡合金。其中，锡元素的含量在三者中最低。铅元素的含量高于锡而低于铜。铜元素的含量相对较高，接近于 60%。

四、相关认识

灰坑、灶址、沟、墙基等遗迹，均开口于②层下。H3 中出土的青釉瓷碗与平谷河北村元墓中随葬的钧釉碗②形制基本相同。"U" 形铜钗也叫折股钗，是北京唐代至金元时期常见的一类发饰或首饰，即为简单地对弯而成，H1 和 T4 ②中出土的铜钗是金元时期流行的样式。T4 ②内出土的五铢铜钱，从其大小、重量和钱文字体特点来看，应是东汉时期钱币。综合而言，依据遗迹的开口层位和地层、遗迹中的出土遗物和遗迹的建筑构件，可初步推断这些遗迹应同属于金元时期。

此次发掘面积有限，仅从遗迹的性质、用途与构成来看，应属于一处金元时期的小型建筑遗址区。

发掘：孙勐

绘图：黄星

摄影：黄星

执笔：孙勐　王祯哲　黄星

参考文献

① 毛振伟：《X 射线荧光光谱单标样无损法测定古钱主要成分》，《中国钱币》1989 年第 4 期。

② 北京市文物研究所：《北京平谷河北村元墓发掘简报》，《文物》2012 年第 7 期。

海淀区田村路元、清墓葬发掘报告

海淀田村路元、清墓发掘区位于海淀区旱河路以东、田村路北侧（图一）。中心区域 GPS 数据为北纬 39° 55′ 45″，东经 116° 14′ 57″。为配合海淀区田村路 43 号棚改定向安置房项目工程建设，北京市考古研究院（原北京市文物研究所）于 2017 年 2 月至 5 月对该地块进行了阶段性考古勘探与发掘工作。

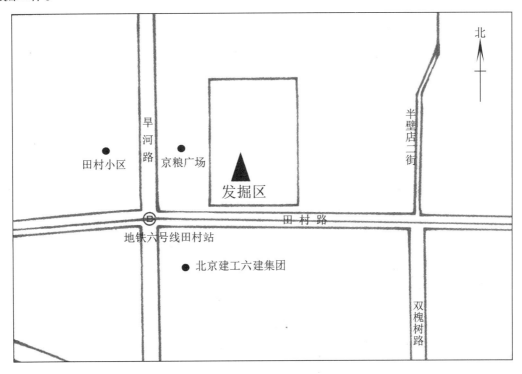

图一　发掘区位置示意图

发掘区域地势较平坦，地层堆积较简单，分为两层：

第①层：渣土层，厚约 0.8 ~ 1.5 米，含建筑垃圾及回填土。

第②层：生土层，厚约 2.5 米，土质疏松，粉砂质浅黄褐色。

以下为生土层。

此次发掘共发现 3 座残墓于①层下（图二）。

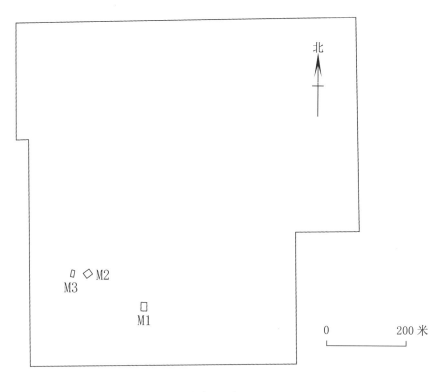

图二 发掘区总平面图

一、墓葬形制

1.M1

位于发掘区西南部，为竖穴砖圹墓。墓平面呈梯形，南北向，方向 345°。扰乱严重，顶部已无存，现存墓口距地表深 1 米。砖圹外长 2.8 米、宽 1.6 米、残深 0.4 米。砖圹内长 2.34 米、北宽 0.9 米、南宽 0.72 米。墓四壁保存状况一般，用糙砖顺砌错缝单摆，残存 4 ~ 5 层，残高 0.24 ~ 0.3 米。墓底用同形制条砖一顺一横平墁一层。棺木无存，仅存棺痕，墓内北、中、南部有残铁箍三段。少量残碎人骨散置于内，性别、葬式等不详（图三）。

墓砖 M1 : 2，长 30.7 厘米、宽 14.7 厘米、厚 4.5 厘米。砖糙面未经砍磨，正面均戳印有同一纹饰符号（图四，彩版三九，1）。

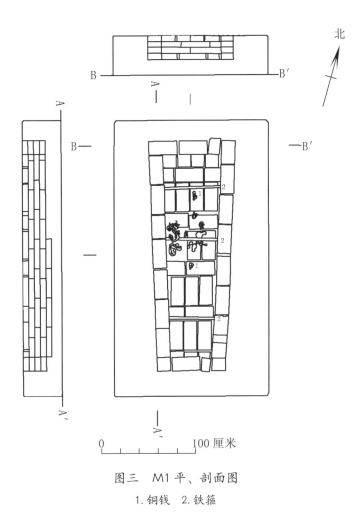

图三　M1 平、剖面图

1.铜钱　2.铁箍

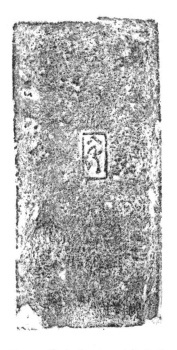

图四　墓砖（M1：2）拓片

墓内三段铁箍紧贴砖面，北、南部两铁箍残段仅留存墓底段，中部铁箍残段保留墓左壁及墓底段，残长度与墓底宽相等。北部铁箍残长60厘米、宽2.4厘米，南部铁箍残长48厘米、宽3厘米，中部铁箍左壁及墓底段总残长77厘米、宽2.5厘米（彩版三九，2、3；彩版四〇，1）。

2.M2

位于发掘区西南部，为竖穴土圹双棺合葬墓。墓室平面形状不规则，东壁略向外凸，南北向，方向10°。土圹长2.4～2.55米，宽1.3～1.6米。现存墓口距地表深1米，墓底距墓口0.3米，四壁较规整，内填黄褐色花土，东、西两棺间相距0.2米。

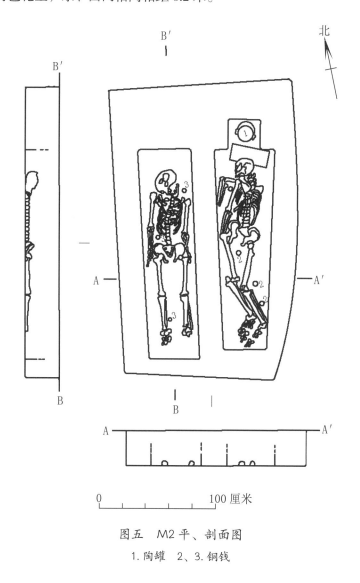

图五 M2平、剖面图
1. 陶罐 2、3. 铜钱

西棺棺木已无存，仅存棺痕，残长1.8米、宽0.44～0.48米、残深0.1米。棺内有人骨一具，女性，保存较差，手部移位、足部缺失，头北面上，为仰身直肢葬式，身长约1.5米。东棺棺木已无存，仅存棺痕，残长1.7米、宽0.4～0.52米、残深0.1米。棺内有人骨一具，男性，保存较差，部分已缺失移位，头北面西，枕一青砖，为侧身曲肢葬式，身长约1.64米。棺外北壁中有一小龛正对头部，宽 0.2 米、进深 0.2 米、残高 0.1 米，内出土酱釉双耳陶罐 1 件（残）（图五）。

3.M3

位于发掘区西南部，为竖穴土圹墓。墓室平面呈梯形，南北向，方向 25°。土圹长 2 米，宽 1.4 米。现存墓口距地表 1 米，墓底距墓口 0.2 米，四壁较规整，内填黄褐色花土。墓内棺木已无存，仅存棺痕，残长 1.9 米、宽 0.7 ~ 0.8 米、残深 0.2 米。人骨保存差，仅存少量碎骨散置于棺内，葬式、性别等不详。棺内无出土物（图六）。

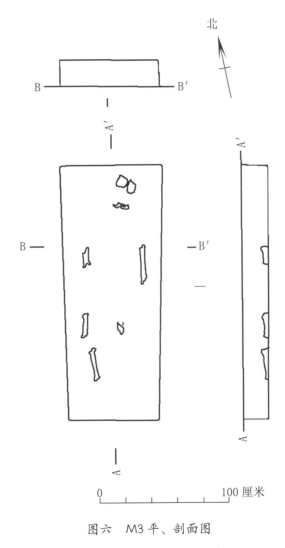

图六　M3 平、剖面图

二、随葬器物

随葬器物共计陶罐 1 件、铜钱 47 件。

1.陶罐

1 件。M2：1，低温素面釉陶，敛口，折肩，斜腹，圈足，折肩处对称附加双耳一对，口沿处施白釉，主体及器物内壁施黑釉。可见泥条盘筑并轮制修整痕迹（图七；彩版四〇，2）。口径9厘米、腹最大内径9.6厘米、底径6.3厘米、壁厚0.7厘米。

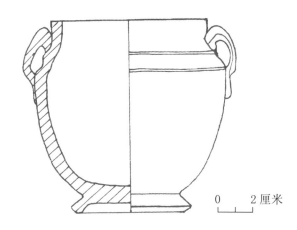

0   2厘米

图七　M2出土陶罐（M2：1）

2. 铜钱

共出土铜钱47枚，表面较为腐蚀严重。M1出土铜钱42枚，可辨28枚钱币均为宋代铜钱。M2出土铜钱15枚，其中西棺5枚、东棺10枚，可辨5枚均为康熙通宝，部分粘有织物碎片。

祥符元宝1枚。M1：1-1，平钱，圆形，方穿，正面钱文"祥符元宝"，楷书，旋读，光背。钱径2.5厘米、穿径0.6厘米、外郭厚0.3厘米（图八，1）。

皇宋通宝1枚。M1：1-2，平钱，圆形，方穿，正面钱文"皇宋通宝"，篆书，直读，光背。钱径2.5厘米、穿径0.7厘米、外郭厚0.3厘米（图八，2）。

治平元宝1枚。M1：1-3，平钱，圆形，方穿，正面钱文"治平元宝"，隶书，旋读，光背。钱径2.5厘米、穿径0.6厘米、外郭厚0.2厘米（图八，3）。

熙宁元宝3枚。平钱，圆形，方穿，正面钱文"熙宁元宝"，旋读，光背。其中两枚钱文篆书，标本M1：1-4，钱径2.4厘米、穿径0.6厘米、外郭厚0.2厘米（图八，4）。另外一枚钱文楷书，标本M1：1-5，钱径2.4厘米、穿径0.7厘米、外郭厚0.2厘米（图八，5）。

熙宁重宝5枚。折三钱，圆形，方穿，正面钱文"熙宁重宝"，隶书，旋读，光背。标本M1：1-6，钱径3.2厘米、穿径0.8厘米、外郭厚0.4厘米（图八，18）。

元丰通宝1枚。M1：1-7，平钱，圆形，方穿，正面钱文"元丰通宝"，篆书，旋读，光背。钱径2.4厘米、穿径0.7厘米、外郭厚0.25厘米（图八，6）。

元祐通宝1枚。M1：1-8，折三钱，圆形，方穿，正面钱文"元祐通宝"，行书，旋读，光背。钱径3厘米、穿径0.7厘米、外郭厚0.3厘米（图八，12）。

绍圣元宝1枚。M1：1-9，折三钱，圆形，方穿，正面钱文"绍圣元宝"，行书，旋读，光背。钱径3.1厘米、穿径0.7厘米、外郭厚0.4厘米（图八，19）。

元符通宝2枚。平钱，圆形，方穿，正面钱文"元符通宝"，行书，旋读，光背。标本M1：1–10，钱径2.5厘米、穿径0.5厘米、外郭厚0.3厘米（图八，7）。

圣宋元宝1枚。M1：1–11，折三钱，圆形，方穿，正面钱文"圣宋元宝"，篆书，旋读，光背。钱径3厘米、穿径0.7厘米、外郭厚0.4厘米（图八，15）。

政和通宝1枚。M1：1–19，折二钱，圆形，方穿，正面钱文"政和通宝"，楷书，直读，光背。钱径2.7厘米、穿径0.5厘米、外郭厚0.2厘米。

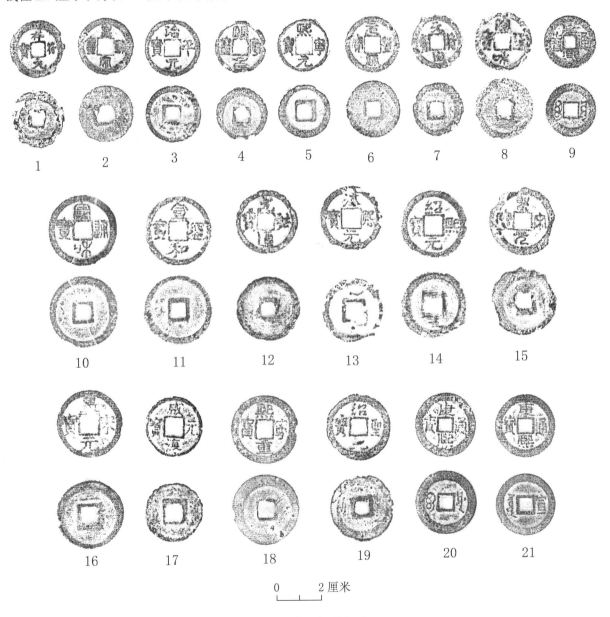

图八　出土铜钱拓片

1.祥符元宝（M1：1–1）2.皇宋通宝（M1：1–2）3.治平元宝（M1：1–3）4、5.熙宁元宝（M1：1–4、M1：1–5）

6.元丰通宝（M1：1–7）7.元符通宝（M1：1–10）8、10、11.宣和通宝（Ml：1–12、M1：1–13、M1：1–14）

9、20、21.康熙通宝（M2：3、M2：2–1、M2：2–2）12.元祐通宝（M1：1–8）13.淳熙元宝（M1：1–15）

14.绍熙元宝（Ml：1–16）15.圣宋元宝（M1：1–11）16.皇宋元宝（M1：1–17）17.咸淳元宝（M1：1–18）

18.熙宁重宝（M1：1–6）19.绍圣元宝（M1：1–9）

宣和通宝 4 枚。折二钱 2 枚，圆形，方穿，正面钱文"宣和通宝"，直读，篆书、楷书各一，光背。标本 M1：1–12，钱文篆书，钱径 2.7 厘米、穿径 0.7 厘米、外郭厚 0.3 厘米（图八，8）。折三钱 2 枚，圆形，方穿，正面钱文直读，篆书、楷书各一，光背。标本 M1：1–13，钱文篆书，钱径 3.2 厘米、穿径 0.7 厘米、外郭厚 0.4 厘米（图八，10）。标本 M1：1–14，钱文楷书，钱径 3.1 厘米、穿径 0.8 厘米、外郭厚 0.3 厘米（图八，11）。

绍兴通宝 1 枚。M1：1–20，折二钱，圆形，方穿，正面钱文"绍兴通宝"，楷书，直读，光背。钱径 2.9 厘米、穿径 0.8 厘米、外郭厚 0.2 厘米。

淳熙元宝 2 枚。M1：1–15，折二钱，圆形，方穿，正面钱文"淳熙元宝"，楷书，旋读，背穿上饰月、穿下饰星纹。钱径 2.95 厘米、穿径 0.8 厘米、外郭厚 0.4 厘米（图八，13）。

绍熙元宝 1 枚。M1：1–16，折二钱，圆形，方穿，正面钱文"绍熙元宝"，楷书，旋读，背穿下"五"字。钱径 2.9 厘米、穿径 0.8 厘米、外郭厚 0.3 厘米（图八，14）。

皇宋元宝 1 枚。M1：1–17，折三钱，圆形，方穿，正面钱文"皇宋元宝"，楷书，旋读，光背。钱径 3 厘米、穿径 0.7 厘米、外郭厚 0.3 厘米（图八，16）。

咸淳元宝 1 枚。M1：1–18，折二钱，圆形，方穿，正面钱文"咸淳元宝"，楷书，直读，光背。钱径 2.7 厘米、穿径 0.8 厘米、郭厚 0.2 厘米（图八，17）。

康熙通宝 5 枚。折二钱 4 枚，标本 M2：2–1，正面钱文"康熙通宝"，楷书，直读，背穿左右满文"宝源"，纪北京工部宝源局（图八，20），钱径 2.8 厘米、穿径 0.5 厘米、外郭厚 0.5 厘米。标本 M2：2–2，正面钱文"康熙通宝"，楷书，直读，背穿左右满、汉文"宣"字，纪直隶宣府局，钱径 2.8 厘米，穿径 0.5 厘米，外郭后 0.4 厘米（图八，21）。平钱 1 枚，标本 M2：3，正面钱文"康熙通宝"，楷书，直读，背穿左右满文"宝源"，纪北京工部宝源局，直径 2.4 厘米、穿径 0.5 厘米、外郭厚 0.4 厘米（图八，9）。

三、结语

本次发掘墓葬破坏均较为严重，墓葬形制不完整、随葬器物较少。

根据 M1 出土铜钱中铸造年代最晚的咸淳元宝判断，M1 埋葬时间不早于 1265 年。墓中铁箍加棺的丧葬习俗多见于元代墓葬，与元铁可墓[①]、多伦县砧子山西区墓地 M77[②]、一棵树墓地 M1[③] 等相类似。墓地所处距元大都西城墙 8.5 千米，墓砖尺寸接近元代用砖，推测墓主人或为参与元大都建造的匠人。墓砖戳印有待进一步考证，或为金元明建筑用砖烧造发展演变提供实物资料。

根据 M2 出土康熙通宝判断，M2 年代不早于 1662 年。葬地所处清北京城西郊宛平县，距离西直门 8.6 千米，砖枕、随葬陶罐为北京地区清代墓中常见。

无论元大都抑或清京城，当时在北京地区生活的民族杂居而处，此次墓葬的发掘清理工作，为本地区元、清时期民族文化交融与丧葬习俗研究填充了基础资料。

发掘：张智勇　张弥　霍建平
绘图：贺　蕾　张弥
摄影：张弥
拓片：王技凡
执笔：贺蕾

参考文献

① 北京市文物研究所：《元铁可父子墓和张弘纲墓》，《考古学报》1986 年第 1 期。
②③ 魏坚：《元上都的考古学研究》，吉林大学博士学位论文，2004 年。

朝阳区后街村与东风村清代墓葬发掘简报

一、工作概况及地层堆积

2020年7月至12月，为配合朝阳区东坝乡后街村及东风村基本建设工程的开展，北京市考古研究院（原北京市文物研究所）对该区域进行了考古勘探，发现墓葬88座，随后进行了考古发掘。发掘区位于朝阳区东坝乡东北部，南邻坝河、东紧邻北小河。中心区域GPS数据为北纬39°58′26.1″，东经116°33′51.3″（图一）。

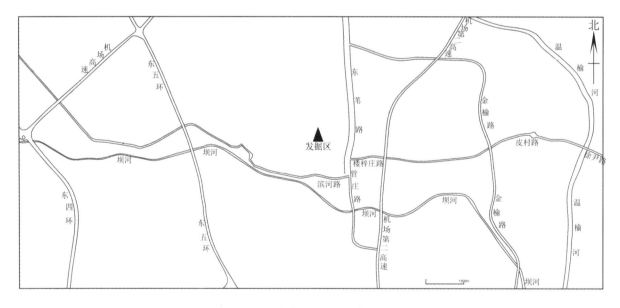

图一　发掘区位置示意图

此次发掘的墓葬根据分布可划分为三个区域（图二~图五），三个区域内地层堆积相同，自上而下分为两层。

第①层：现代垫土层。土质稍硬，厚约0.8~1.3米。含有残砖、石块、水泥块及大量植物根系。整个探区均有分布。

第②层：浅褐色土层。土质疏松，厚薄不均，厚0.3~0.7米。较纯净，无包含物。整个探区均有分布。此次发现的墓葬均开口于②层下。

第②层下为生土。

此次共发掘墓葬88座，均为竖穴土坑墓，以单棺墓和双棺合葬墓为主，另有少量三棺合葬墓。共出土器物100余件，按质地可分为陶器、银器、铜器，以银器和铜器较多，陶器以罐为主，银器有手镯、耳环、戒指、簪，铜器有戒指、簪、铜钱。

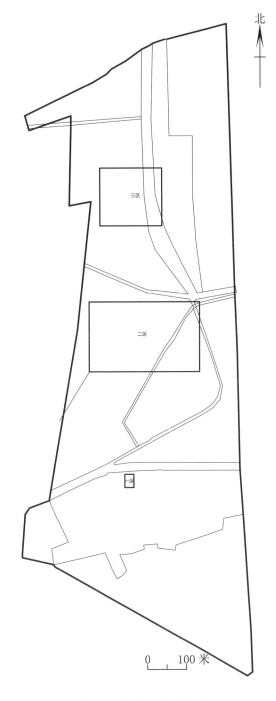

图二　发掘区总平面图

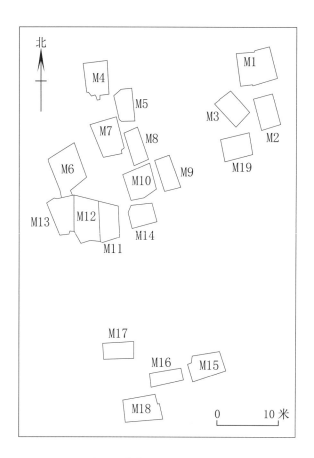

图三　发掘区一区平面图

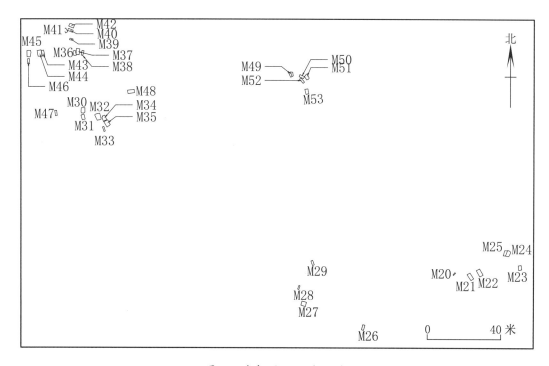

图四　发掘区二区平面图

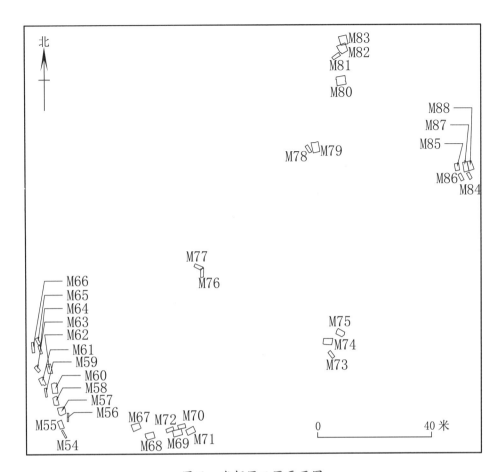

图五 发掘区三区平面图

二、墓葬形制与随葬器物

（一）单棺墓

单棺墓共 43 座。形制相同，以 M8、M59、M65 为例予以介绍。

1. M8

位于一区的西北部，为长方形竖穴土坑单棺墓，墓向 345°。开口于②层下，打破生土。

墓室南北长 2.6 米、东西宽 1.2～1.3 米。墓口距地表深 1.6 米，墓底距墓口深 0.90 米。墓室四壁较平整，内填花土，土质疏松。

内葬单棺，棺木已朽，仅存棺痕。棺长 1.9 米、宽 0.4～0.5 米、残高 0.2 米，棺内骨架保存较差，头北足南，面向东，仰身直肢。男性，35 岁左右，肌肉发达（图六；彩版四七，2）。

出土陶罐 1 件、铜钱 1 枚。

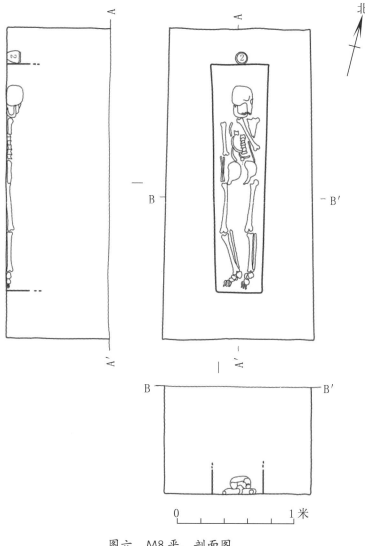

图六 M8 平、剖面图

1. 铜钱 2. 陶罐

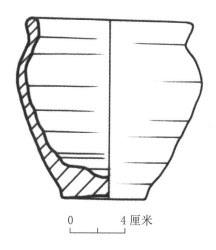

图七 M8 出土陶罐（M8：2）

陶罐，M8：2，随葬于棺北侧。厚圆唇，直口，矮颈，溜肩，斜腹，平底。肩部以上及口沿内壁施黄绿釉，釉已脱落，其余露灰胎。外壁有轮制抹痕，底部有偏心旋纹。口径 12.3 厘米、肩径 13.5 厘米、底径 6.2 厘米、通高 12.8 厘米（图七，1；彩版四四，3）。

铜钱，M8：1，随葬于棺内，盆骨附近。平钱、圆形，方穿。钱面文为"万历通宝"四字，上下右左对读，背为光背。钱径 2.4 厘米、穿边长 0.6 厘米、厚 0.1 厘米（图一二，2）。

2. M59

位于三区的西南部，为长方形竖穴土坑单棺墓，墓向 345°。开口于②层下，打破生土。

墓室南北长 2.4 米、东西宽 0.9 米。墓口距地表深 1.6 米，墓底距墓口深 0.59 米。墓壁加工较平整。内填花土，土质疏松。

内葬单棺，棺木已朽，仅存棺痕。棺长 1.98 米、宽 0.58 ~ 0.72 米、残高 0.34 米、板厚 0.04 米，棺底铺厚约 0.01 米的草木灰。棺内骨架保存较差，头北足南，面向不详，仰身直肢。女性，30 ~ 35 岁，本地人，有牙结石（图八；彩版四七，3）。

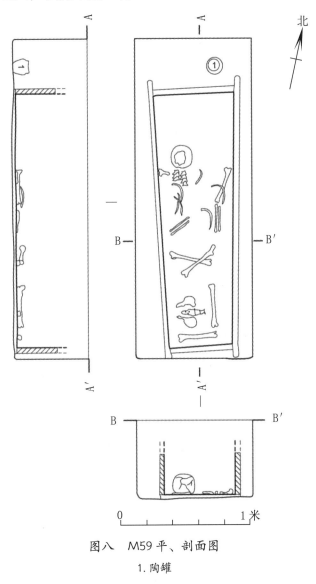

图八　M59 平、剖面图

1. 陶罐

出土陶罐 1 件。

陶罐，M59：1，随葬于棺北侧。泥质灰陶，外壁有轮制抹痕。方唇，敞口，平卷沿，矮颈，圆折肩，斜腹，平底。口径 11 厘米、肩径 11.5 厘米、底径 6.4 厘米、通高 10.6 厘米（图九；彩版四四，4）。

3. M65

位于三区的西南部，为长方形竖穴土坑单棺墓，墓向 350°，开口于②层下，打破生土。

墓室南北长 2.3 米、东西宽 0.9 ~ 1.1 米。墓口距地表深 1.6 米，墓底距墓口深 0.25 米。墓室四壁较平整，内填花土，土质疏松。

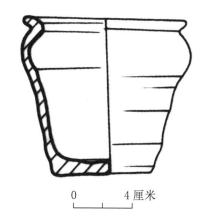

0　　　4 厘米

图九　M59 出土陶罐（M59：1）

内葬单棺，棺木已朽，仅存棺痕。棺长 1.86 米、宽 0.6 ~ 0.82 米、残高 0.2 米、板厚 0.04 米。棺内骨架保存较差，头北足南，面向下，仰身直肢。女性，60 岁左右，北方人，骨质疏松，腰椎增生，有牙周炎（图一〇；彩版四七，4）。

出土半釉罐 1 件、铜钱 2 件。

半釉陶罐，M65：2，随葬于棺北侧。厚方唇，侈口，卷沿，矮颈，溜肩，斜腹，平底。肩部以上及口沿内壁施黄酱釉，以下露灰胎，外壁有轮制抹痕。口径 11.2 厘米、肩径 11.8 厘米、底径 7.7 厘米、通高 12 厘米（图一一，1；彩版四四，5）。

铜钱均随葬于棺内，头骨、肱骨、肋骨附近。标本 M65：1-1，平钱、圆形，方穿。钱面文为"康熙通宝"四字，上下右左对读，背穿左右为满文"宝泉"局文。钱径 2.4 厘米、穿边长 0.63 厘米、厚 0.11 厘米（图一二，7）。标本 M65：1-2，平钱、圆形，方穿。钱面文为"顺治通宝"四字，上下右左对读，背穿左右为满文"宝泉"局文。钱径 2.6 厘米、穿边长 0.62 厘米、厚 0.1 厘米（图一二，8）。

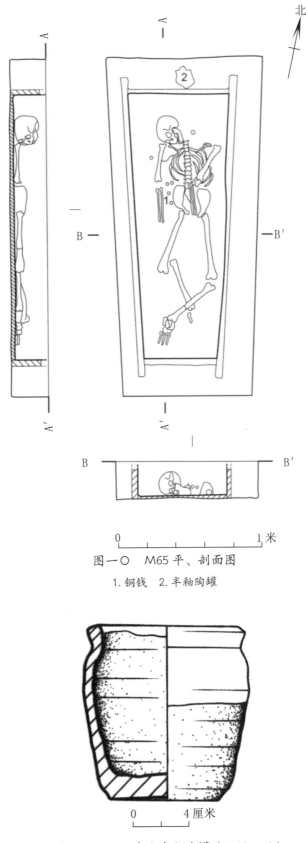

图一〇　M65 平、剖面图

1. 铜钱　2. 半釉陶罐

图一一　M65 出土半釉陶罐（M65：2）

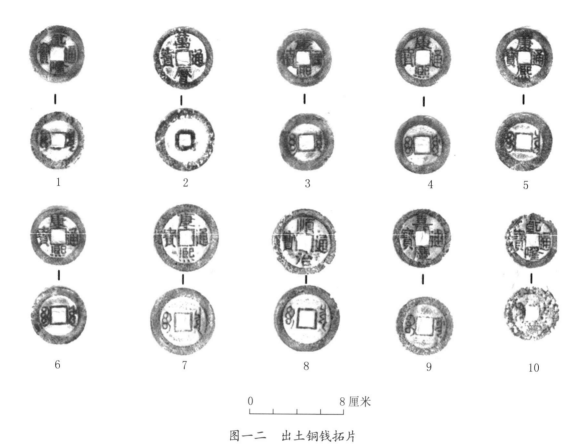

图一二 出土铜钱拓片

1. 乾隆通宝（M1：1） 2. 万历通宝（M8：1） 3. 康熙通宝（M31：1-1） 4. 康熙通宝（M31：1-2）

5. 康熙通宝（M32：3） 6. 康熙通宝（M32：3） 7. 康熙通宝（M65：1-1） 8. 顺治通宝（M65：1-2）

9. 嘉庆通宝（M82：1） 10. 乾隆通宝（M82：5）

（二）双棺墓

双棺墓共 39 座。形制相同，以 M3、M15、M31 为例予以介绍。

1. M3

位于一区的东北部，为长方形竖穴土坑双棺墓，墓向 355°。开口于②层下，打破生土，西棺打破东棺。

墓室南北长 2.15 ～ 2.24 米、东西宽 1.6 米，墓口距地表深 1.6 米，墓底距墓口深 0.6 ～ 0.7 米。墓室四壁较平整，内填花土，土质疏松。

内葬双棺，棺木已朽，仅存棺痕。西棺长 1.68 米、宽 0.43 ～ 0.45 米、残高 0.25 米，棺内骨架保存较差，头北足南，面向北，仰身直肢。男性，45 岁左右，东北人，变形颅，肌肉发达，腰椎增生、骶脊增生，患 DISH（弥漫性特发性骨肥厚症）。东棺长 1.62 米、宽 0.45 ～ 0.5 米、残高 0.25 米，棺内骨架保存差，头北足南，面向南，仰身直肢。女性，45 岁左右，北方人，轻度腰椎增生，有牙结石（图一三；彩版四六，2）。

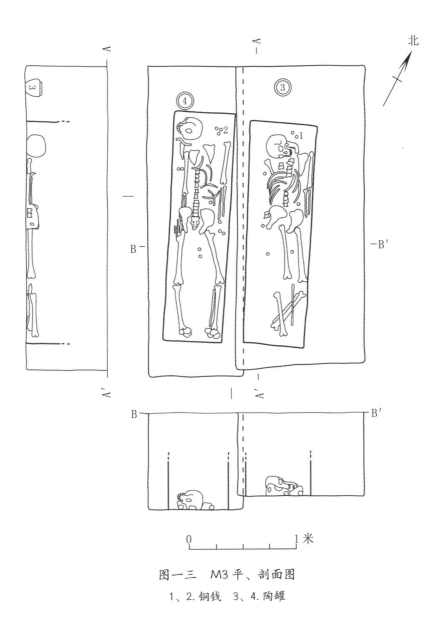

图一三　M3 平、剖面图

1、2. 铜钱　3、4. 陶罐

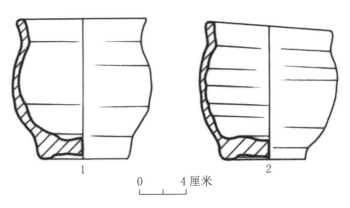

图一四　M3 出土器物

1、2. 陶罐（M3：3、M3：4）

出土陶罐 2 件、铜钱 5 枚。

陶罐，M3：3，随葬于东棺北侧。圆唇，敞口，溜肩，斜腹以下内收微弧，圈足，内微凹，红褐胎未施釉，外壁有轮制抹痕。口径 11 厘米、腹径 11.9 厘米、底径 7.4 厘米、通高 11.7 厘米（图一四，1；彩版四三，5）。标本 M3：4。随葬于西棺北侧。圆唇，敞口，溜肩，斜腹以下内收微弧，圈足，内微凹，红褐胎未施釉，外壁有轮制抹痕。口径 11 厘米、腹径 12 厘米、底径 7.1 厘米、通高 11 厘米（图一四，2；彩版四三，6）。

铜钱随葬于东棺、西棺内，头骨附近。皆平钱，圆形，方穿，锈蚀较甚，字迹模糊不清。

2. M15

位于一区的东南部，为长方形竖穴土坑双棺墓，墓向 280°。开口于②层下，打破生土，北棺打破南棺。

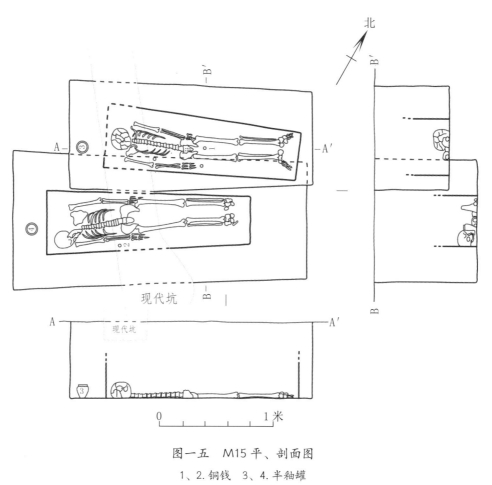

图一五　M15 平、剖面图

1、2. 铜钱　3、4. 半釉罐

墓室东西长 2.15 ～ 2.6 米、南北宽 1.6 ～ 1.78 米。墓口距地表深 1.8 米，墓底距墓口深 0.65 ～ 0.9 米。墓室四壁较平整，内填花土，土质疏松。

内葬双棺，棺木已朽，仅存棺痕。南棺长 1.8 米、宽 0.4 ～ 0.55 米、残高 0.3 米，棺内骨架保存较差，头西足东，面向南，仰身直肢。男性，45 岁左右，肌肉发达，轻度腰椎增生，有牙结石。棺底铺厚约 0.01 米的草木灰。北棺长 1.7 米、宽 0.4 ~ 0.55 米、残高 0.3 米，棺内骨架保存差，头西足东，面向不详，仰身直肢。女性，45 岁左右，先天椎柱裂，腰椎增生，有严重牙周炎。棺底铺厚约 0.01 米的草木灰（图一五；彩版四六，3）。

出土半釉陶罐 2 件、铜钱 3 枚。

半釉陶罐，M15 : 3，随葬于北棺北侧。圆唇，敞口，卷沿，溜肩，斜腹，平底。肩部以上及口沿内壁施绿釉，其余露灰胎。外壁有轮制抹痕。口径 8.2 厘米、肩径 12.4 厘米、底径 6 厘米、通高 11.9 厘米（图一六，1；彩版四三，7）。M15 : 4，随葬于南棺北侧。陶质，方唇，直口微敛，溜肩，斜腹，平底。肩部以上及口沿内壁施绿釉，其余露灰胎。外壁有轮制抹痕。口径 8.4 厘米、肩径 13 厘米、底径 7.5 厘米、通高 12.5 厘米（图一六，2；彩版四三，8）。

铜钱均随葬于东棺、西棺内，盆骨附近。皆平钱，圆形，方穿，锈蚀较甚，字迹模糊不清。

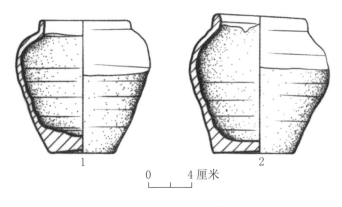

图一六　M15 出土器物

1、2. 半釉罐（M15 : 3、M15 : 4）

3. M31

位于二区的西北部，为长方形竖穴土坑双棺墓，墓向 325°。开口于②层下，打破生土，西棺打破东棺。

墓室南北长 2.3 ~ 2.35 米、东西宽 1.5 ~ 1.7 米。墓口距地表深 1.7 米，墓底距墓口深 0.86 ~ 0.9 米。墓室四壁较平整，内填花土，土质疏松。

内葬双棺，棺木已朽，仅存棺痕。西棺长 1.66 米、宽 0.38 ~ 0.42 米、残高 0.26 米，棺内骨架保存较差，头北足南，面向上，仰身直肢。女性，50 ~ 60 岁，北方人，骨质疏松，有严重牙周炎。东棺长 1.74 米、宽 0.36 ~ 0.48 米、残高 0.3 米，棺内骨架保存差，头北足南，面向不详，仰身直肢。男性，45 岁左右，北方人，肌肉发达，腰椎增生，患牙周炎、齿根脓肿、龋齿，有骑马痕迹（图一七；彩版四七，1）。

出土半釉陶罐 1 件、陶罐 1 件、铜钱 2 枚。

半釉陶罐，M31 : 2，随葬于西棺北侧。方唇，侈口，颈微束，肩部略圆折，斜腹，平底。肩部以上及口沿内壁施酱釉，其余露灰胎。外壁有轮制抹痕。口径 11.3 厘米、肩径 11.6 厘米、底径 7.4

厘米、通高 11.6 厘米（图一八，1；彩版四四，1）。

陶罐，M31：3，随葬于东棺北侧。方唇，直口，颈微束，肩部软折，斜腹，平底。肩部以上及口沿内壁施绿釉，釉色脱落，其余露灰胎。外壁有轮制抹痕。口径 8.3 厘米、肩径 11.7 厘米、底径 7.4 厘米、通高 11.7 厘米（图一八，2；彩版四四，2）。

铜钱均随葬于东棺内，盆骨附近。标本 M31：1-1、M31：1-2，平钱、圆形，方穿。钱面文为"康熙通宝"四字，上下右左对读，背穿左右为满文"宝泉"局文。钱径 2.4 厘米、穿边长 0.62 厘米、厚 0.12 厘米（图一二，3、4）。

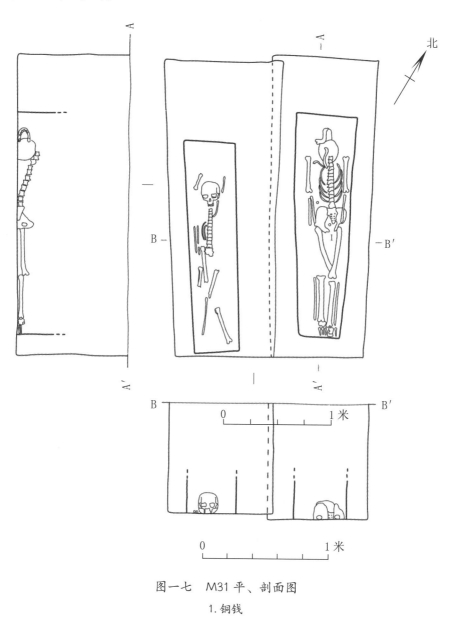

图一七　M31 平、剖面图

1. 铜钱

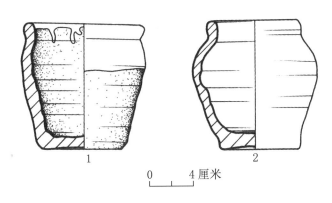

图一八　M31 出土陶罐

1. 半釉陶罐（M31：2）　2. 陶罐（M31：3）

（三）三棺墓

三棺墓共 6 座。形制相同，以 M1、M32、M82 为例予以介绍。

1. M1

位于一区的东北部，为长方形竖穴土坑三棺墓。墓向 350°，开口于②层下，打破生土，西棺、东棺打破中棺。

墓室南北长 2.6 米、东西宽 2.8 ~ 2.9 米。墓口距地表深 1.55 米，墓底距墓口深 0.8 ~ 0.95 米。墓室四壁较平整，内填花土，土质疏松。

内葬三棺，棺木已朽，仅存棺痕。西棺长 1.7 米、宽 0.4 ~ 0.5 米、残高 0.3 米，棺内骨架保存较差，头北足南，面向上，仰身直肢。男性，40 ~ 45 岁，本地人，左右小腿有严重的骨膜炎，患腰椎增生、牙结石。棺底铺厚约 0.01 米的草木灰。中棺长 1.77 米、宽 0.4 ~ 0.45 米、残高 0.25 米，棺内骨架保存较差，头北足南，面向南，仰身直肢。女性，35 岁左右。东棺长 1.63 米、宽 0.35 ~ 0.45 米、残高 0.25 米，棺内骨架保存差，头北足南，面向东，仰身直肢。女性。45 岁左右，本地人，患腰椎增生，有龋齿。棺底铺厚约 0.01 米的草木灰（图一九；彩版四五，1）。

出土陶罐 2 件、铜钱 4 枚。

陶罐 M1：3，随葬于东棺北侧。圆唇，敞口，溜肩，斜腹以下内收微弧，圈足，红褐胎未施釉，外壁有轮制抹痕。口径 10.4 厘米、腹径 11.5 厘米、底径 6.6 厘米、通高 10.6 厘米（图七，1；彩版四一，1）。M1：4，随葬于中棺北侧。圆唇，直口，圆溜肩，鼓腹，圈足，红褐胎未施釉，外壁有轮制抹痕。口径 11.2 厘米、腹径 13.5 厘米、底径 6.4 厘米、通高 12.6 厘米（图二〇，2；彩版四一，2）。

铜钱均随葬于中棺内，腿骨附近。标本 M1：1，平钱，圆形，方穿。钱面文为“乾隆通宝”四字，上下右左对读，背穿左右为满文“宝泉”局文。钱径 2.6 厘米、穿径 0.6 厘米、厚 0.1 厘米（图一二，1）。其余 3 枚皆平钱，圆形，方穿，锈蚀较甚，字迹模糊不清。

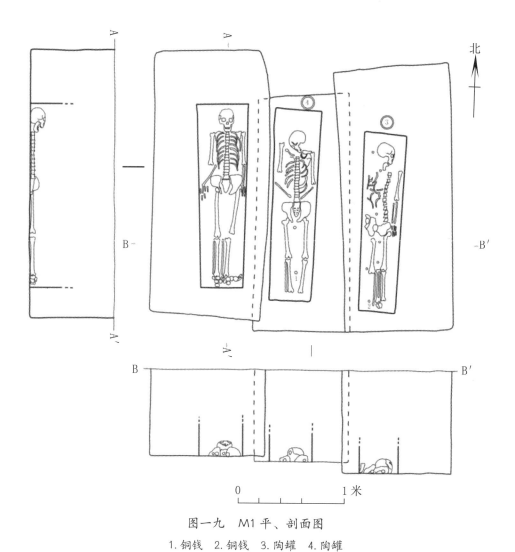

图一九　M1 平、剖面图

1. 铜钱　2. 铜钱　3. 陶罐　4. 陶罐

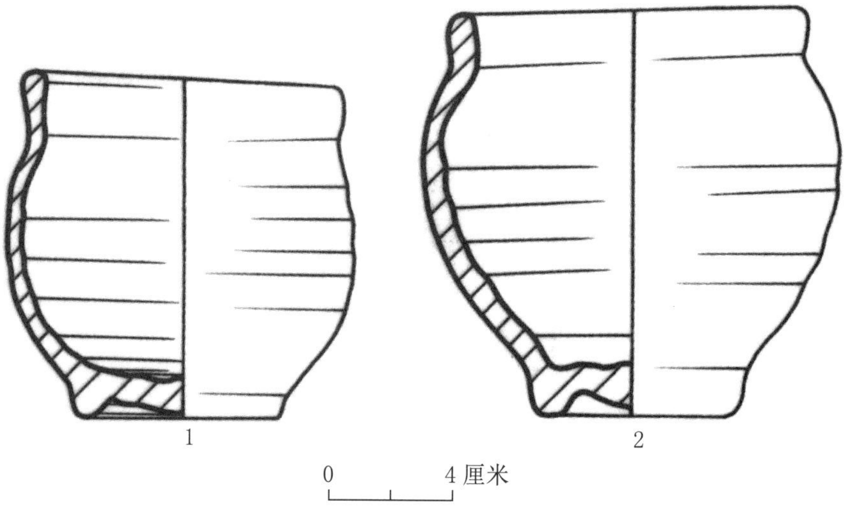

图二〇　M1 出土器物

1. 陶罐（M1：3）　2. 陶罐（M1：4）

2. M32

位于二区的西北部，为长方形竖穴土坑三棺墓，墓向330°。开口于②层下，打破生土，其南部、西部被现代坑打破，西棺打破中棺、中棺打破东棺。

墓室南北长2.6～3.1米、东西宽2.2～2.76米。墓口距地表深1.6米，墓底距墓口深0.9～1.1米。墓室四壁较平整，内填花土，土质疏松。

内葬三棺，棺木已朽，仅存棺痕。西棺长1.9米、宽0.46～0.54米、残高0.2米，棺内骨架保存较差，头北足南，面向上，仰身直肢。女性，50～60岁，北方人，患腰椎增生，骨质疏松，有牙周炎。中棺长2米、宽0.4～0.5米、残高0.4米，棺内骨架保存较差，头北足南，面向西，仰身直肢，女性，20～25岁。东棺长1.75米、宽0.4～0.44米、残高0.3米，棺内骨架保存差，头北足南，面向西，仰身直肢。男性，45岁左右，本地人，左右侧大腿骨、小腿骨有骨膜炎，患腰椎增生，有龋齿（图二一；彩版四五，2）。

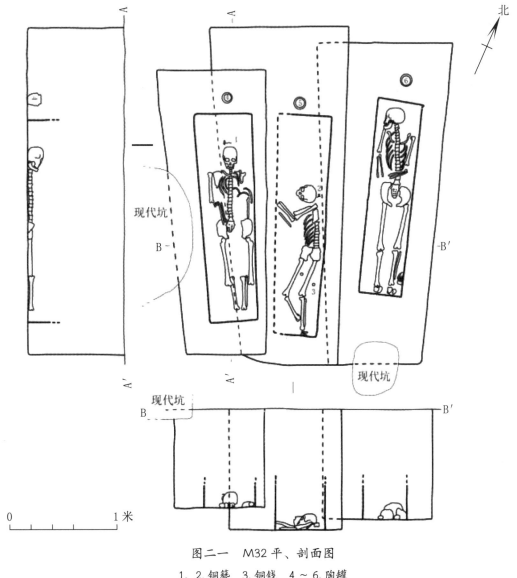

图二一　M32平、剖面图

1、2.铜簪　3.铜钱　4～6.陶罐

出土陶罐3件、铜簪2件、铜钱2枚。

陶罐，M32：4，随葬于西棺北侧。方圆唇，口部微侈，颈微束，弧腹，平底略内凹。肩部以上及口沿内壁施酱釉，以下露褐胎，外壁有轮制抹痕。口径11厘米、肩径10.3厘米、底径7.5厘米、通高10.8厘米（图二二，1；彩版四一，3）。M32：5，随葬于中棺北侧。圆唇，侈口，矮短颈，圆折肩，斜直腹，平底。褐胎未施釉，外壁有轮制抹痕。口径10厘米、肩径10.6厘米、底径6.6厘米、通高10.3厘米（图二二，2；彩版四一，4）。M32：6，随葬于东棺北侧。圆唇，口部微侈，颈微束，弧腹，平底略内凹。肩部以上及口沿内壁施酱釉，以下露褐胎，外壁有轮制抹痕。口径11.2厘米、肩径10.9厘米、底径7.7厘米、通高11厘米（图二二，3；彩版四一，5）。

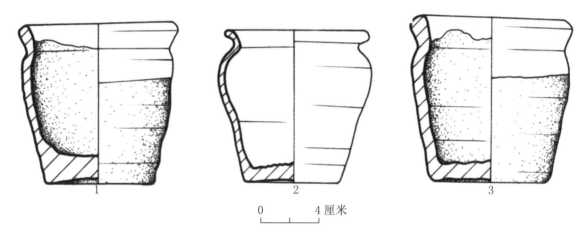

0　　　　4厘米

图二二　M32出土陶罐

1～3.陶罐（M32：4、M32：5、M32：6）

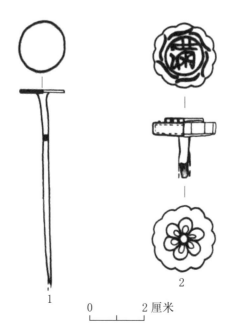

0　　　　2厘米

图二三　M32出土器物

1、2.铜簪（M32：1、M32：2）

铜簪，M32：1，随葬于西棺内，头骨北侧。锈蚀较严重，簪首平面呈近圆形，已残，簪首下粘接圆锥形簪体，簪体较细。簪首直径 1.7 厘米、残长 6.9 厘米（图二三，1；彩版四一，6）。M32：2，随葬于中棺内，头骨东侧。锈蚀较严重，簪首平面呈近圆形，截面呈近"凸"字形，中间为圆环状凸起，已残，圆环内镶嵌"满"字，底托为连弧"花瓣"形纹，共分十二瓣，簪首下粘接圆锥形簪体，簪体较细。簪首直径 2.3 厘米、厚 0.65 厘米、残长 2.15 厘米（图二三，2；彩版四二，1）。

铜钱均随葬于中棺内，腿骨附近。标本 M32：3，平钱、圆形，方穿。钱面文为"康熙通宝"四字，上下右左对读，背穿左右为满文"宝泉"局文。钱径 2.4 厘米、穿边长 0.6 厘米、厚 0.12 厘米（图一二，5、6）。

3. M82

位于三区的东北部，为长方形竖穴土坑三棺墓，墓向 240°。开口于②层下，打破生土，南棺打破中棺、中棺打破北棺。

墓室东西长 2.22 ~ 3.02 米，南北宽 2.54 ~ 3 米。墓口距地表深 1.6 米，墓底距墓口深 1.04 ~ 1.2 米。墓室四壁较平整，内填花土，土质疏松。

内葬三棺，棺木已朽，仅存棺痕。南棺长 1.8 米，宽 0.66 ~ 0.72 米，残高 0.16 米，棺内骨架保存较差，头西足东，面向南，仰身直肢。女性，60 岁左右，骨质疏松，有严重牙周炎。中棺长 2.2 米，宽 0.8 ~ 0.86 米，残高 0.4 米，板厚 0.06 ~ 0.1 米，棺内骨架保存较差，头西足东，面向不详，仰身直肢。女性，40 岁左右，有牙周炎、牙结石。北棺长 1.94 米，宽 0.66 ~ 0.82 米，残高 0.34 米，板厚 0.08 ~ 0.1 米，棺内骨架保存差，头西足东，面向不详，仰身直肢。男性，50 ~ 60 岁（图二四；彩版四六，1）。

出土铜钱 3 枚、银簪 6 件、银发饰 2 件、银手镯 2 件。

铜钱，标本 M82：1，随葬南棺内，左侧肱骨附近。平钱、圆形，方穿。钱面文为"嘉庆通宝"四字，上下右左对读，背穿左右为满文"宝泉"局文。钱径 2.5 厘米、穿边长 0.6 厘米、厚 0.11 厘米（图一二，9）。标本 M82：5，随葬于中棺内，左侧肱骨附近。平钱、圆形，方穿。钱面文为"乾隆通宝"四字，上下右左对读，背穿左右为满文"宝泉"局文。钱径 2.4 厘米、穿边长 0.6 厘米、厚 0.12 厘米（图一二，10）。另 1 枚为平钱，圆形，方穿，锈蚀较甚，字迹模糊不清。

银簪均随葬于中棺内，头骨附近。其中 M82：2-1、M82：2-2、M82：2-3、M82：2-4 形制相同，簪首平面呈长方形，扁条状，顶部稍弯曲。簪体双股，弯曲呈锥状。标本 M82：2-1，簪首镂铸满小圆柱；标本 M82：2-2，簪首镂铸四瓣花瓣形，下为云纹，边缘镂空；标本 M82：2-3、标本 M82：2-4，簪首镂铸十四朵花纹，每朵由六瓣花瓣及中间小圆珠组成，下为如意纹，边缘镂空。标本 M82：2-1，簪首宽 1.4 厘米、长 4.4 厘米、通长 14.3 厘米（图二五，1 ~ 4；彩版四二，2、3、4、5）。标本 M82：3，簪首平面均呈葵圆形，截面呈近"凸"字形，花瓣以顺时针旋转，每瓣末端有小圆圈。簪首下粘接圆锥形簪体，簪体较细。标本 M82：3-1，圆环内镶嵌"福"字；标本 M82：3-2，圆环内镶嵌"寿"字，簪首直径 2.1 厘米、厚 0.35 厘米、长 12.15 厘米（图二五，7；彩版四二，6；彩版四三，1）。

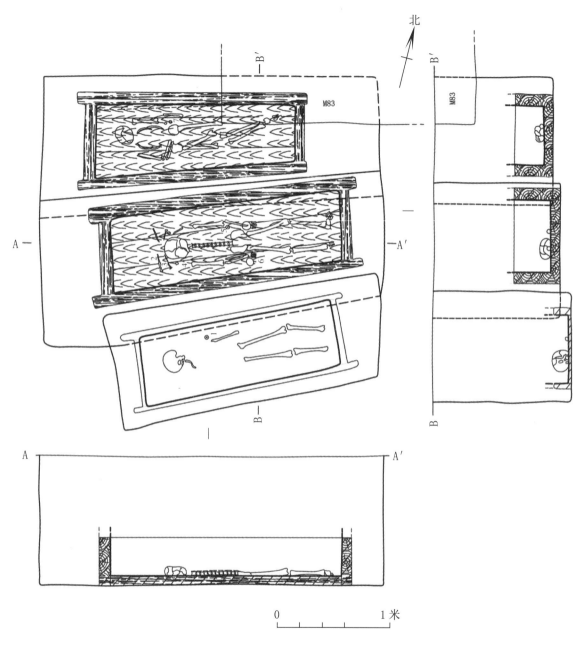

图二四　M82 平、剖面图

1、5、7. 铜钱　2、3. 银簪、　4. 银发饰、　6. 银手镯

　　银发饰，中棺出土。M82：4，首均为五瓣花瓣形，花瓣中空，中间为凸状圆形花蕊。首直径 3.4 厘米、厚 1.3 厘米（图二五，5；彩版四三，2）。

　　银手镯，中棺出土。首均为环形。标本 M82：6-1，长 7.3 厘米、厚 0.5 厘米。标本 M82：6-2，长 7.6 厘米、厚 0.5 厘米（图二五，6；彩版四三，3、4）。

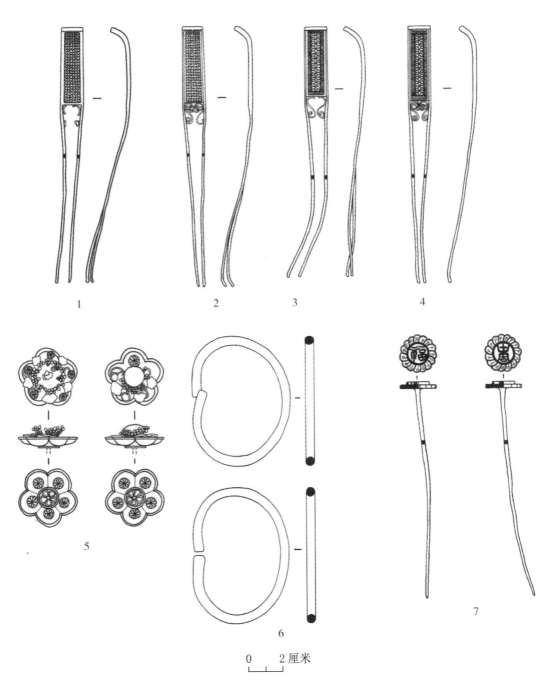

图二五　M82 出土器物

1~4、7.银簪（M82：2-1、M82：2-2、M82：2-3、M82：2-4、M82：3）

5.银发饰（M82：4）6.银手镯（M82：6）

三、结语

此次发掘墓葬共 88 座，均为竖穴土坑墓，多数为一次葬，部分存在二次迁葬。墓葬规模均不大。墓葬形制符合北京地区清代平民墓特征。出土随葬品较单一，均为明器或随身饰品，有陶罐、半釉罐、银簪、银手镯、银发饰、铜簪、铜钱等，属于北京地区清代墓葬常见器物。

此次发掘的墓葬随葬品与通州田家府村[①]、单店与黑庄户[②]等地清代墓葬出土器物有很强的相似性，例如 M1、M3 出土陶罐 M1∶3、M3∶4 与奥运村绿化隔离带工程清代墓葬出土陶罐 M5∶1[③]相近；M8 出土陶罐 M8∶2 与奥运村绿化隔离带工程清代墓葬出土陶罐 M12∶1[④]相近；M15 出土半釉陶罐 M15∶4 与北京鲜活农产品流通中心项目清代墓葬出土半釉陶罐 M9∶2[⑤]相近；M31、M32 出土半釉陶罐 M31∶2、M32∶4、M32∶6 与北京鲜活农产品流通中心项目清代墓葬出土半釉陶罐 M19∶6[⑥]相近，M65 出土陶罐 M65∶2 与北京鲜活农产品流通中心项目清代墓葬出土陶罐 M10∶2[⑦]相近。M32 出土 "满" 字铜簪 M32∶2 与 A8 地块清代墓葬出土铜簪 M13∶3[⑧]相近。M82 出土 "福"、"寿" 银簪 M82∶3-1、M82∶3-2，银手镯 M82∶6-1、M82∶6-2 与孙河组团土地储备项目 N 地块清代墓葬出土 M4∶1-1、M4∶1-5 及 M4∶5[⑨]相近。出土铜钱以清代铜钱为主，包括 "顺治通宝" "康熙通宝" "乾隆通宝" "嘉庆通宝" 等。综上推断此次发掘的墓葬年代为清代。

根据墓葬的形制、方向，以及出土随葬品，初步判断存在多处家族墓葬：M1、M2、M3、M19；M4 ~ M14；M15 ~ M18；M32 ~ M35；M49、M51、M52、M53；M54 ~ M66；M67 ~ M72；M7 ~ M75；M84 ~ M88。

对于此次发现的人类骸骨，进行了初步的人骨鉴定和体质人类学分析。这一人群寿命相对较高，平均死亡年龄在 44 岁左右。但从健康状况来看，只有少数人生前生活条件较好，骨质较高、骨密度较大、口腔健康状况良好。大多数个体身体健康情况较差，口腔卫生差，脊柱病变发病率高，生前可能从事繁重的体力劳动。

成年男性群体中，25% 的个体骸骨中发现长期骑马痕迹。北京旧城东北自元代就建有皇家养马场。至今还留下了 "驹子房" "驼房营" 等地名，这部分长期骑马的人群可能跟当地畜养马匹的生产模式有关。

综上，本次发掘的墓葬，根据墓葬形制及出土器物分析，其年代均为清代；墓葬均为小型墓葬，规格较低，应为一般平民墓；墓葬分布较为集中，并且排列规律，应存在多个家族墓地。此次发掘工作，为研究该地区清代墓葬的形制、葬俗及社会经济状况提供了新的实物资料。

发掘：张玉妍　张利芳

人骨鉴定：王明辉

绘图：畅玲君

摄影：王宇新

执笔：张玉妍　张利芳

参考文献

① 北京市考古研究院：《通州田家府——通州文化旅游区 A8、E1、E6 地块考古发掘报告》，上海古籍出版社，2020 年。

② 北京市考古研究院：《单店与黑庄户——朝阳区考古发掘报告集》，上海古籍出版社，2021 年。

③ 北京市考古研究院：《北京考古第二辑》，北京燕山出版社，2008 年。

④ 同③。

⑤ 同②。

⑥ 同②。

⑦ 同②。

⑧ 同①。

⑨ 同②。

朝阳区日坛公园西大门明清道路、墙基发掘报告

　　为配合日坛公园西大门改造项目，2013年3月30日至4月2日，北京市考古研究院（原北京市文物研究所）在其项目占地范围内进行了考古发掘。考古发掘区位于朝阳区的西南部，日坛公园内部的西侧偏南，其东距日坛公园内的西天门68米、南邻日坛公园西门、西邻日坛路、北侧为停车场所和树林（图一）。

　　由于发掘区内种植有较为密集的树木，无法移植或者砍伐，因而利用树木的间隙进行布方。共布探方4个，其中布5米×3米探方1个、12米×2米探方1个、13米×3米探方1个、5米×4.5米探方1个，发掘面积共计100平方米。

　　此次发掘，清理出道路遗迹2条、墙基1处等（图二）。

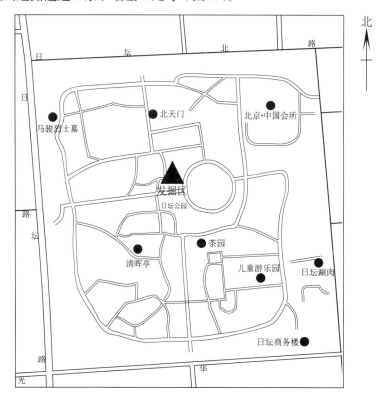

图一　发掘区位置示意图

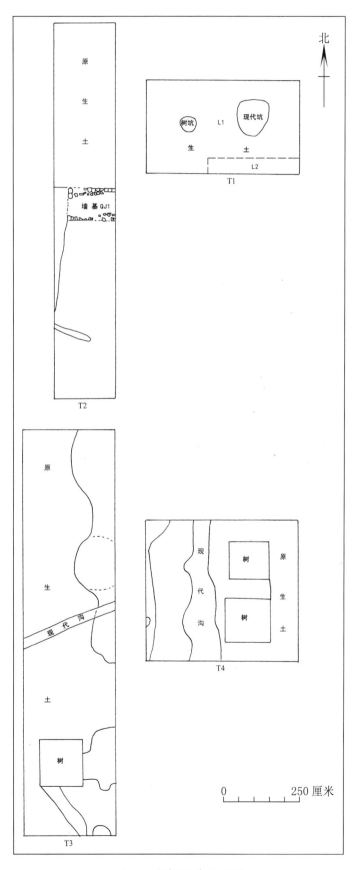

图二 发掘区总平面图

一、遗迹概况

L1 位于探方 T1 内，开口于②层下，发掘清理出南北长 3 米、东西宽 5 米，遍布全方，并向探方外部延伸。L1 应为南北走向。该路土呈灰褐色，土质坚硬，路面平整。经解剖沟，L1 厚 0.15 ~ 0.3 米，内含有较多的灰渣、陶器碎块等。在探方中部，有两个椭圆形的现代坑打破 L1。L1 下叠压着一层厚约 0.5 米的白灰渣垫层。

L2 位于 T1 探方内的南部，叠压于 L1 之下。L2 南北长 1 米、东西宽 3 米，土色呈灰褐色，土质坚硬、较净。L2 厚约 0.1 米，以下为原生土。L2 东部、南部应延伸出探方。

QJ1 位于 T2 探方内的中部，开口于②层下，呈东西走向，东西残长 1.55 米、南北残宽 1.05 米。QJ1 南、北两侧用青砖残块错缝砌成，砌砖内填黄土。砌砖残存两层，砌砖下为生土。青砖规格为 0.2 米 × 0.12 米 × 0.05 米，一面中间有一道纵向凹槽。

T3 和 T4 均已被晚期破坏，未发现古代遗存。此次发掘，未发现古代遗物。

二、初步认识

日坛，又名朝日坛，是明、清两代帝王专门祭祀大明之神（即太阳）的皇家祭祀场所。《天府广记》记载："朝日坛在朝阳门外，缭以垣墙。嘉靖九年建，西向，为制一成。春分之日，祭大明之神，神西向。祭用太牢、玉，礼三献，乐七奏，舞八佾。甲、丙、戊、庚、壬年，皇帝亲祭，祭服拜跪，饮福受胙。余年遣文大臣摄祭。坛方广五丈，高五尺九寸，坛面用红琉璃，阶九级，俱白石。棂星门西门外为燎炉瘗池，西南为具服殿，东北为神库、神厨、宰牲亭、灯库、钟楼，北为遣官房，外为天门二座，北天门外为礼神坊，西天门外迤南为陪祀斋宿房五十四间。护坛地一百亩。"[①] 根据日坛的建置沿革以及建筑布局，结合此次发掘的位置、地层，初步推断道路遗迹和墙基应为明清时期遗存。

发掘：孙勐

绘图：黄星

执笔：孙勐　王祯哲　黄星

参考文献

① ［清］孙承泽纂：《天府广记》卷八，北京古籍出版社，1982 年，第 84 页。

石景山区广宁明清墓葬发掘报告

2021 年 12 月，北京市考古研究院为配合基本建设，对石景山区广宁村通过考古勘探发现的明、清代墓葬进行了考古发掘。发掘区位于石景山区西部，北邻新立街、东邻复兴街、西南邻阜石路（图一）。发掘清理明、清代墓葬共 9 座（图二）。

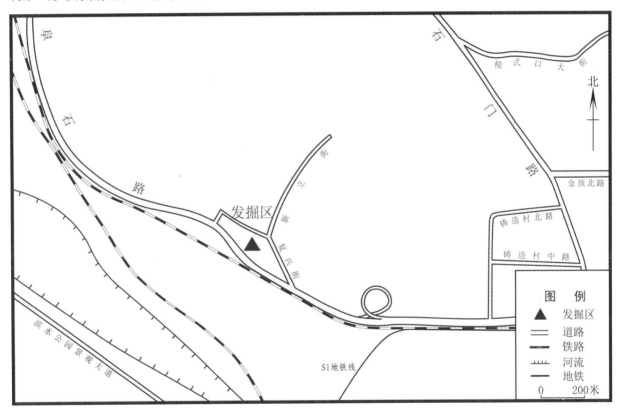

图一　发掘区位置示意图

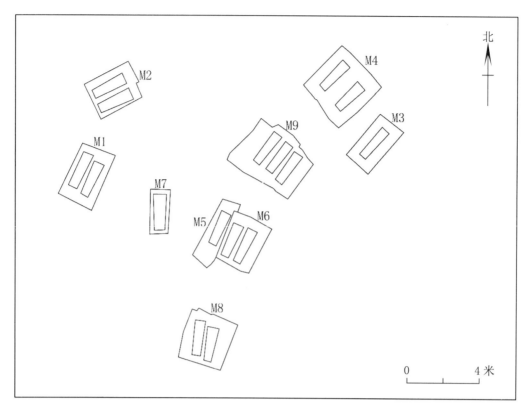

图二　发掘区总平面图

一、发掘区概况

发掘区原为石景山区广宁村所在地，发现的墓葬开口已被破坏，即墓葬的原始开口层位及深度已无法还原。

二、墓葬与遗物

本次共发掘墓葬 9 座，均为竖穴土圹墓，其中明代墓葬 6 座、清代墓葬 2 座、时代不明墓葬 1 座。出土陶器、瓷器、饰件 15 件，出土铜钱 88 枚。

（一）明代墓葬

本次发掘明代墓葬共 6 座，根据墓葬形制可分为单棺墓、双棺墓和三棺墓。其中单棺墓 2 座，分别为 M5、M7；双棺墓 3 座，分别为 M4、M6、M8；三棺墓 1 座，为 M9。

1. M7

位于发掘区中部，东邻 M5，西邻 M1，方向 10°，开口于①层下，向下打破生土。

该墓为平面呈长方形竖穴土圹墓，南北向，直壁平底。墓口距地表深 1 米，墓底距地表深 1.14 米。墓圹南北长 2.4 米、东西宽 1.06 ~ 1.12 米、深 0.14 米。内填黄褐色花土，土质疏松。

葬具为木棺，腐朽严重，仅存朽痕。棺长 1.92 米、宽 0.64 ~ 0.8 米、残高 0.1 米。棺内未见人骨，判断为迁葬墓（图三；彩版四九，2）。

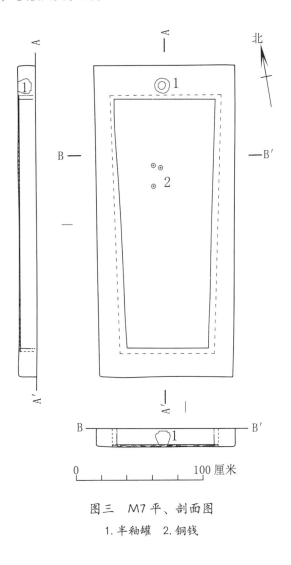

图三　M7 平、剖面图

1. 半釉罐　2. 铜钱

墓北部出土半釉陶罐 1 件，棺内中部出土铜钱 3 枚。

半釉陶罐 1 件。M7：1，近直口，圆唇，短束颈，溜肩，上腹圆鼓，下腹内弧收，平底略内凹，最大径在上腹部。灰胎，胎质较粗糙。口沿至上腹部施酱釉，其余部分露胎，施釉不均，有流釉现象。素面，器身有明显轮制旋痕。口径 8.8 厘米、最大腹径 12.5 厘米、底径 8 厘米、壁厚 0.8 厘米、高 12.3 厘米（图四，4；彩版五一，1）。

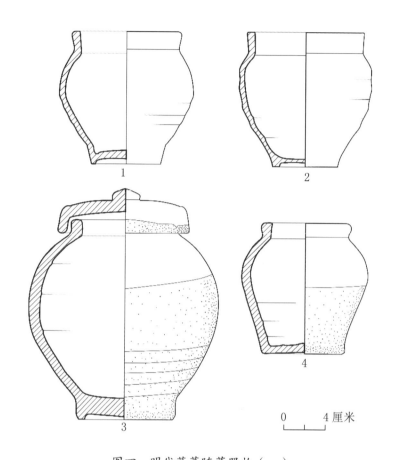

0   4 厘米

图四　明代墓葬随葬器物（一）

1、2.陶罐（M6：2、M6：3） 3.半釉盖罐（M9：5） 4.半釉陶罐（M7：1）

万历通宝 3 枚。均圆形、方穿，正、背面皆有内、外郭，正面书"万历通宝"，楷书，对读；光背。标本 M7：2-3，钱径 2.54 厘米、穿径 0.49 厘米、郭宽 0.3 厘米、郭厚 0.13 厘米，重 2.92 克（图一四，9）。

2. M4

位于发掘区北部，南邻 M3，方向 60°。开口于①层下，向下打破生土。

该墓为平面呈长方形竖穴土圹异穴合葬双棺墓，东北—西南向，直壁平底。墓口距地表深 1.2 米，墓底距地表深 1.9 米。墓圹东西长 3.08 ~ 3.16 米、南北宽 3.12 米、深 0.7 米。内填黄褐色花土，土质疏松。

葬具为木棺，腐朽严重，仅存朽痕，朽痕约 0.04 米，棺底铺灰，南棺打破北棺。

南棺长 1.88 米、宽 0.5 ~ 0.64 米、残高 0.4 米。棺内葬置人骨一具，保存一般，人骨残长 1.58 米，头向东，面向上，仰身直肢葬，性别为男性，年龄不详。

北棺长 1.94 米、宽 0.5 ~ 0.6 米、残高 0.4 米。棺内葬置人骨一具，保存差，仅存头骨，头向东，面向、葬式、年龄均不详，性别为女性（图五；彩版四八，1）。

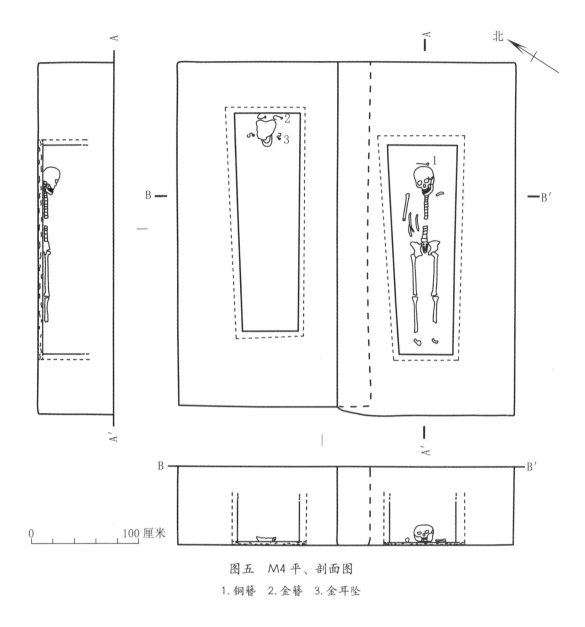

图五 M4 平、剖面图
1.铜簪 2.金簪 3.金耳坠

南棺出土铜簪 1 件，位于棺内墓主头部；北棺出土金簪 2 件、金耳坠 2 件，均位于棺内墓主头部。

铜簪 1 件。M4：1，簪首呈圆帽形，下接细柄与簪体相连，簪体呈圆锥形，尾部略弯曲。簪首宽 0.6 厘米、簪首高 1.4 厘米，通长 7.1 厘米，重 2.5 克（图六，3；彩版五一，2）。

金簪 2 件。大小相近，形制相同，簪首模印、錾刻成五瓣花形，簪体弯曲呈 "U" 字形，尾部尖细。M4：2-1，簪首宽 1.4 厘米、簪首高 0.7 厘米、通长 7 厘米，重 28.7 克。M4：2-2，簪首宽 1.5 厘米、簪首高 0.7 厘米、通长 8.2 厘米，重 29.3 克（图六，5；彩版五一，3）。

金耳坠 2 件。M4：3，大小相近，形制相同，均整体近似钩形，一端呈葫芦状，一端尖细呈圆锥状。环首宽 1.1 厘米、环首长 2.2 厘米。M4：3-1，通宽 3.6 厘米，重 8.56 克。M4：3-2，通宽 3.4 厘米，重 8.77 克（图六，4；彩版五一，4）。

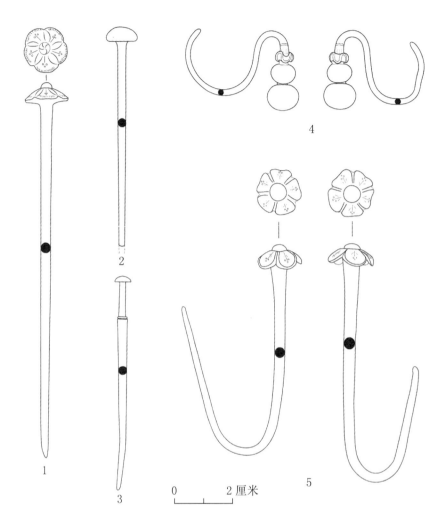

图六 明代墓葬随葬器物（二）

1.金头银簪（M9:3） 2.银簪（M9:4） 3.铜簪（M4:1） 4.金耳坠（M4:3） 5.金簪（M4:2）

3. M8

位于发掘区南部，北邻 M5、M6，方向 35°，开口于①层下，向下打破生土。

该墓为平面呈梯形竖穴土圹异穴合葬双棺墓，东北—西南向，直壁平底。墓口距地表深 0.8 米，墓底距地表深 1.1 米。墓圹南北长 2.68 ~ 2.76 米、东西宽 2.48 ~ 2.68 米、深 0.26 ~ 0.3 米。内填黄褐色花土，土质疏松。

葬具为木棺，腐朽严重，仅存朽痕，朽痕约 0.04 米，棺底铺灰，西棺打破东棺。

东棺长 1.78 米、宽 0.48 ~ 0.66 米、残高 0.16 米。棺内葬置人骨一具，保存较好，人骨残长 1.44 米，头向北，面向上，仰身直肢葬，性别为女性，年龄不详。

西棺长 1.9 米、宽 0.46 ~ 0.56 米、残高 0.2 米。棺内葬置人骨一具，保存差，头向北，面向、葬式、年龄均不详，性别为男性（图七；彩版五〇，1）。

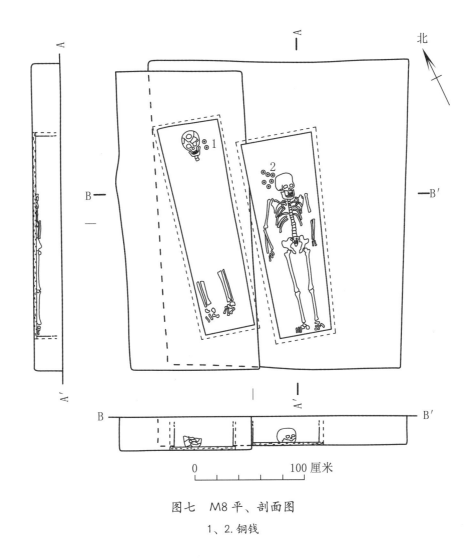

图七　M8 平、剖面图
1、2. 铜钱

东棺出土铜钱 6 枚，位于棺内墓主头部；西棺出土铜钱 2 枚，位于棺内墓主头部。

铜钱 8 枚。均圆形方穿，锈蚀较甚，字迹模糊不清。

4. M5

位于发掘区中部，北邻 M9、西邻 M7、南邻 M8、东侧被 M6 打破，方向 40°。开口于①层下，向下打破生土。

该墓应与 M6 为同一竖穴土圹异穴合葬三棺墓，平面呈长方形，东北—西南向，直壁平底。墓口距地表深 0.9 米，墓底距地表深 1.26 米。墓圹南北长 3.22 ~ 3.4 米、东西宽 0.98 ~ 1.18 米、深 0.36 米。内填黄褐色花土，土质疏松。

葬具为木棺，腐朽严重，仅存朽痕，朽痕约 0.05 米，棺底铺灰，棺长 1.88 米、宽 0.48 ~ 0.56 米、残高 0.28 米。棺内葬置人骨一具，保存较好，人骨残长 1.68 米，头向北，面向上，仰身直肢葬，性别为女性，年龄不详（图八；彩版四八，2）。

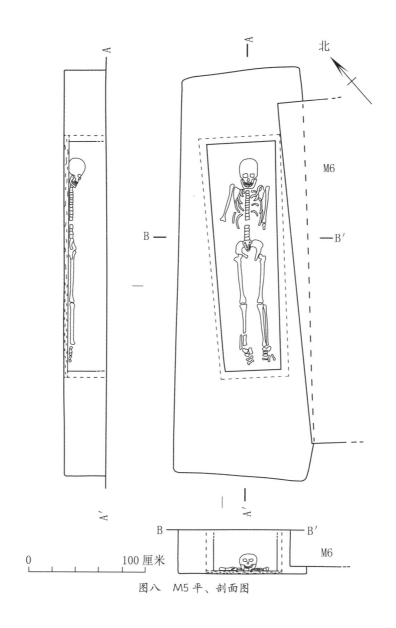

图八 M5 平、剖面图

无随葬品。

5. M6

位于发掘区中部，北邻 M9、南邻 M8、西侧打破 M5，方向 35°。开口于①层下，向下打破生土。

该墓应与 M5 为同一竖穴土圹异穴合葬三棺墓，平面呈长方形，东北—西南向，直壁平底。墓口距地表深 0.9 米，墓底距地表深 1.26 米。墓圹南北长 2.84 米、东西宽 2.36 ~ 2.44 米、深 0.3 ~ 0.36 米。内填黄褐色花土，土质疏松。

葬具为木棺，腐朽严重，仅存朽痕，朽痕约 0.05 米，棺底铺灰，东棺打破西棺。

东棺长 1.92 米、宽 0.48 ~ 0.6 米、残高 0.26 米。棺内葬置人骨一具，保存较好，人骨残长 1.6 米，头向北，面向上，仰身直肢葬，性别为女性，年龄不详。

西棺长 1.98 米、宽 0.52～0.62 米、残高 0.2 米。棺内葬置人骨一具，保存较好，人骨残长 1.62 米，头向北，面向西，仰身直肢葬，性别为男性，年龄不详（图九；彩版四九，1）。

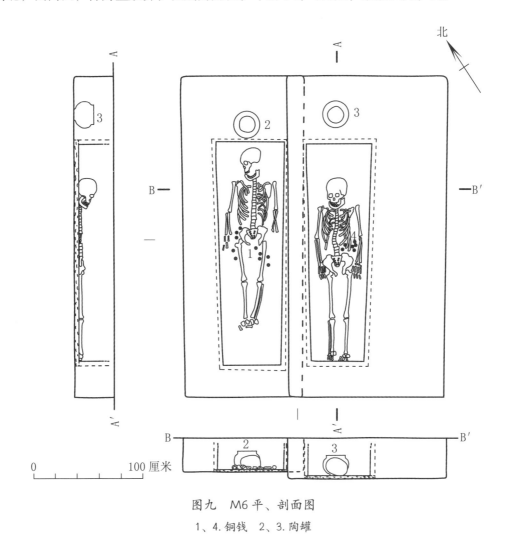

图九　M6 平、剖面图
1、4. 铜钱　2、3. 陶罐

东棺出土陶罐 1 件，位于棺外北部，铜钱 6 枚，位于棺内墓主腰部；西棺出土陶罐 1 件，位于棺外北部，铜钱 10 枚，位于棺内墓主大腿处及腰部右侧。

陶罐 2 件。M6：2，侈口，方圆唇，短束颈，溜肩，圆鼓腹，下腹斜收，圈足，最大径在腹部。红陶，胎质较粗糙。素面，器身有明显轮制旋痕。口径 10.8 厘米、最大腹径 12.8 厘米、底径 6.8 厘米、壁厚 0.6 厘米、高 12.5 厘米（图四，1；彩版五一，5）。M6：3，直口，方圆唇，短束颈，溜肩，弧腹，下腹内收，圈足，最大径在肩部。红陶，胎质较粗糙。素面，器身有明显轮制旋痕。口径 11.3 厘米、最大肩径 12.8 厘米、底径 6.3 厘米、壁厚 0.6 厘米、高 12.6 厘米（图四，2；彩版五一，6）。

开元通宝 1 枚。M6：1-6，圆形、方穿，正、背面皆有内、外郭，正面书"开元通宝"，楷书，对读；光背。钱径 2.33 厘米、穿径 0.67 厘米、郭宽 0.15 厘米、郭厚 0.07 厘米，重 1.5 克（图一一，1）。

咸平元宝 2枚。均圆形、方穿，正、背面皆有内、外郭，正面书"咸平元宝"，楷书，对读；光背。标本M6：1-8，钱径2.38厘米、穿径0.49厘米、郭宽0.3厘米、郭厚0.11厘米，重1.79克（图一一，8）。

皇宋通宝 2枚。均圆形、方穿，正、背面皆有内、外郭，正面书"皇宋通宝"；光背。M6：1-3，篆书，对读。钱径2.43厘米、穿径0.61厘米、郭宽0.31厘米、郭厚0.1厘米，重2.01克（图一二，3）。M6：4-5，楷书，对读。钱径2.45厘米、穿径0.74厘米、郭宽0.27厘米、郭厚0.09厘米，重2.23克（图一二，6）。

嘉祐通宝 1枚。M6：4-2，圆形、方穿，正、背面皆有内、外郭，正面书"嘉祐通宝"，楷书，对读；光背。钱径2.32厘米、穿径0.62厘米、郭宽0.24厘米、郭厚0.12厘米，重2.94克（图一二，10）。

治平元宝 1枚。M6：1-2，圆形、方穿，正、背面皆有内、外郭，正面书"治平元宝"，篆书，旋读；光背。钱径2.19厘米、穿径0.57厘米、郭宽0.24厘米、郭厚0.11厘米，重2.56克（图一二，12）。

熙宁元宝 1枚。M6：4-3，圆形、方穿，正、背面皆有内、外郭，正面书"熙宁元宝"，楷书，对读；光背。钱径2.21厘米、穿径0.59厘米、郭宽0.24厘米、郭厚0.09厘米，重2.21克（图一二，15）。

元丰通宝 1枚。M6：1-1，圆形、方穿，正、背面皆有内、外郭，正面书"元丰通宝"，行书，旋读；光背。钱径2.41厘米、穿径0.65厘米、郭宽0.19厘米、郭厚0.11厘米，重2.71克（图一三，5）。

绍圣元宝 1枚。M6：4-4，圆形、方穿，正、背面皆有内、外郭，正面书"绍圣元宝"，篆书，旋读；光背。钱径2.34厘米、穿径0.6厘米、郭宽0.27厘米、郭厚0.08厘米，重2.17克（图一三，11）。

宣和通宝 2枚。均圆形、方穿，正、背面皆有内、外郭，正面书"宣和通宝"；光背。M6：1-6，隶书，对读。钱径2.35厘米、穿径0.6厘米、郭宽0.19厘米、郭厚0.08厘米，重2.01克（图一三，15）。M6：1-7，篆书，对读。钱径2.29厘米、穿径0.59厘米、郭宽0.21厘米、郭厚0.08厘米，重2.01克（图一四，1）。

永乐通宝 1枚。M6：1-4，圆形、方穿，正、背面皆有内、外郭，正面书"永乐通宝"，楷书，对读；光背。钱径2.23厘米、穿径0.52厘米、郭宽0.18厘米、郭厚0.08厘米，重1.55克（图一四，6）。

其余3枚。均为圆形、方穿，锈蚀较甚，字迹模糊不清。

6. M9

位于发掘区中部，东北邻M4，南邻M5、M6，东邻M3，方向45°。开口于①层下，向下打破生土。

该墓为平面呈不规则形竖穴土圹异穴合葬三棺墓，东北—西南向，直壁平底。墓口距地表深1.1

米，墓底距地表深 1.5 ～ 1.6 米。墓圹南北长 2.76 ～ 3.16 米、东西宽 3.82 ～ 4.02 米、深 0.4 ～ 0.5 米。内填黄褐色花土，土质疏松。

葬具为三木棺，腐朽严重，东棺和中棺仅存朽痕，朽痕约 0.04 米，棺底铺灰，西棺残存部分棺木。西棺和东棺打破中棺。

东棺长 2.11 米、宽 0.48 ～ 0.62 米、残高 0.2 米。棺内葬置人骨一具，保存较差，人骨残长 1.62 米，头向北，面向上，仰身直肢葬，性别、年龄不详。

中棺长 2.02 米、宽 0.48 ～ 0.58 米、残高 0.26 米。棺内葬置人骨一具，保存差，仅存头骨及部分肢骨，头向北，面向不详，仰身直肢葬，性别、年龄不详。

西棺长 2.02 米、宽 0.46 ～ 0.58 米、残高 0.3 米、底板厚 0.02 米。棺内葬置人骨一具，保存差，仅存头骨和下肢骨，头向北，面向不详，仰身直肢葬，性别、年龄不详（图一〇；彩版五〇，2）。

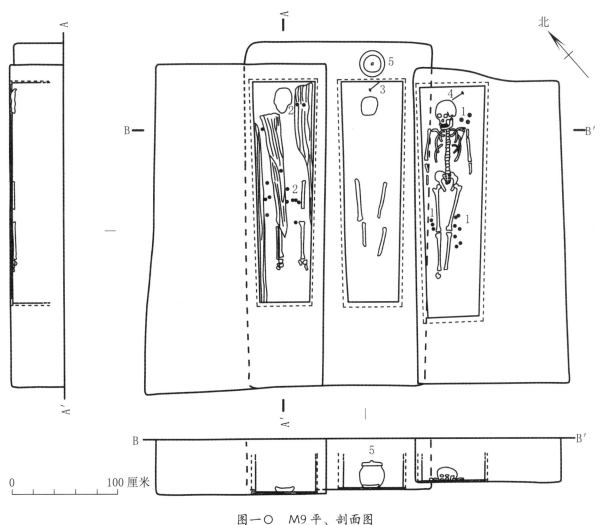

图一〇　M9 平、剖面图

1、2.铜钱　3.金头银簪　4.银簪　5.半釉盖罐

东棺出土铜钱 13 枚，位于棺内墓主头部及大腿处，银簪 1 件，位于棺内墓主头部；中棺出土金头银簪 1 件，位于棺内墓主头部，半釉盖罐 1 件，位于棺外北部；西棺出土铜钱 14 枚，位于棺内墓主头部及大腿处。中棺出土铜钱 15 枚，位于墓主头部及大腿处。

金头银簪 1 件。M9：3，簪首内为银质，外用金片包裹且模印、錾刻呈五瓣花形；簪体为银质，呈圆锥形，略弯曲，尾部尖细，通体磨光，素面。簪首宽 1.4 厘米、簪首高 0.7 厘米、通长 11.4 厘米，重 11.9 克（图六，1；彩版五四，2）。

银簪 1 件。M9：4，簪首呈圆帽形，簪体呈圆锥形，尾残。簪首宽 1.1 厘米、簪首高 0.5 厘米、残长 7.3 厘米，重 5.13 克（图六，2；彩版五四，3）。

半釉盖罐 1 件。标本 M9：5，泥质红陶，轮制。带盖，器盖为母口，圆盒形，盖呈弧形，正中带一圆钮。盖顶部施釉，局部剥落。器身直口，方圆唇，短束颈，圆肩，圆鼓腹，矮圈足，最大径在腹部。红陶，胎质较粗糙。口部及上腹部施酱釉，其余部分露胎，施釉不均匀。素面，器身有明显轮制旋痕。盖径 12.9 厘米、口径 10.2 厘米、最大腹径 18.5 厘米、底径 9.4 厘米、壁厚 0.6 厘米、高 21 厘米（图四，3；彩版五四，4）。

开元通宝 2 枚。均圆形、方穿，正、背面皆有内、外郭，正面书"开元通宝"，楷书，对读；光背。标本 M9：1–7，钱径 2.49 厘米、穿径 0.66 厘米、郭宽 0.22 厘米、郭厚 0.12 厘米，重 3.21 克（图一一，2）。

乾元重宝 1 枚。M9：6–4，圆形、方穿，正、背面皆有内、外郭，正面书"乾元重宝"，楷书，对读；光背。钱径 2.44 厘米、穿径 0.67 厘米、郭宽 0.26 厘米、郭厚 0.13 厘米，重 3.56 克（图一一，4）。

宋元通宝 1 枚。M9：1–4，圆形、方穿，正、背面皆有内、外郭，正面书"宋元通宝"，楷书，对读；光背。钱径 2.46 厘米、穿径 0.6 厘米、郭宽 0.31 厘米、郭厚 0.1 厘米，重 3.01 克（图一一，5）。

太平通宝 1 枚。M9：2–2，圆形、方穿，正、背面皆有内、外郭，正面书"太平通宝"，楷书，对读；光背。钱径 2.51 厘米、穿径 0.59 厘米、郭宽 0.3 厘米、郭厚 0.12 厘米，重 2.46 克（图一一，6）。

至道元宝 1 枚。M9：6–7，圆形、方穿，正、背面皆有内、外郭，正面书"至道元宝"，楷书，旋读；光背。钱径 2.46 厘米、穿径 0.53 厘米、郭宽 0.34 厘米、郭厚 0.09 厘米，重 3 克（图一一，7）。

咸平元宝 1 枚。M9：2–6，圆形、方穿，正、背面皆有内、外郭，正面书"咸平元宝"，楷书，旋读；光背。钱径 2.43 厘米、穿径 0.54 厘米、郭宽 0.28 厘米、郭厚 0.16 厘米，重 3.56 克（图一一，10）。

景德元宝 1 枚。M9：2–5，圆形、方穿，正、背面皆有内、外郭，正面书"景德元宝"，楷书，旋读；光背。钱径 2.43 厘米、穿径 0.61 厘米、郭宽 0.31 厘米、郭厚 0.1 厘米，重 2.8 克（图一一，11）。

祥符通宝2枚。均圆形、方穿，正、背面皆有内、外郭，正面书"祥符通宝"，楷书，旋读；光背。标本 M9：2-8，钱径 2.38 厘米、穿径 0.62 厘米、郭宽 0.29 厘米、郭厚 0.1 厘米，重 2.18 克（图一一，12）。

祥符元宝1枚。M9：6-13，圆形、方穿，正、背面皆有内、外郭，正面书"祥符元宝"，楷书，旋读；光背。钱径 2.41 厘米、穿径 0.59 厘米、郭宽 0.32 厘米、郭厚 0.11 厘米，重 2.15 克（图一一，14）。

天圣元宝2枚。M9：1-6，圆形、方穿，正、背面皆有内、外郭，正面书"天圣元宝"，楷书，对读；光背。钱径 2.5 厘米、穿径 0.69 厘米、郭宽 0.23 厘米、郭厚 0.09 厘米，重 3.07 克（图一二，1）。M9：2-7，篆书，旋读；光背。钱径 2.46 厘米、穿径 0.71 厘米、郭宽 0.27 厘米、郭厚 0.09 厘米，重 2.47 克（图一一，15）。

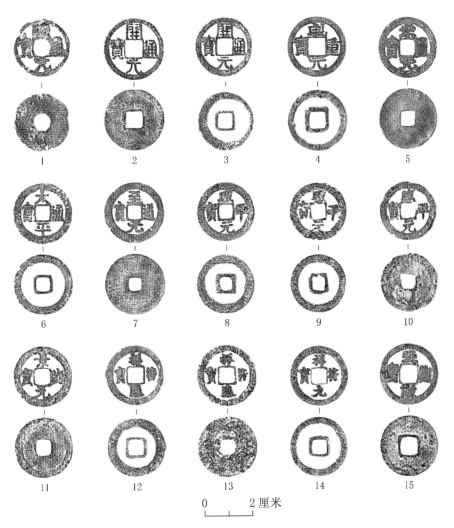

0   2厘米

图一一　明代墓葬随葬铜钱（一）

1 ～ 3. 开元通宝（M6：1-6、M9：1-7、M9：1-11）　4. 乾元重宝（M9：6-4）　5. 宋元通宝（M9：1-4）

6. 太平通宝（M9：2-2）　7. 至道元宝（M9：6-7）　8 ～ 10. 咸平元宝（M6：1-8、M6：4-1、M9：2-6）

11. 景德元宝（M9：2-5）　12、13. 祥符通宝（M9：2-8、M9：2-12）　14. 祥符元宝（M9：6-13）

15. 天圣元宝（M9：2-7）

明道元宝1枚。M9：1-2，圆形、方穿，正、背面皆有内、外郭，正面书"明道元宝"，篆书，旋读；光背。钱径2.56厘米、穿径0.6厘米、郭宽0.28厘米、郭厚0.13厘米，重3.44克（图一二，2）。

皇宋通宝4枚。均圆形、方穿，正、背面皆有内、外郭，正面书"皇宋通宝"；光背。标本M9：2-4，篆书，对读。钱径2.45厘米、穿径0.73厘米、郭宽0.23厘米、郭厚0.1厘米，重2.6克（图一二，4）。标本M9：2-11，隶书，对读。钱径2.46厘米、穿径0.7厘米、郭宽0.24厘米、郭厚0.12厘米，重3.17克（图一二，5）。标本M9：6-5，楷书，对读。钱径2.47厘米、穿径0.67厘米、郭宽0.31厘米、郭厚0.11厘米，重3克（图一二，7）。

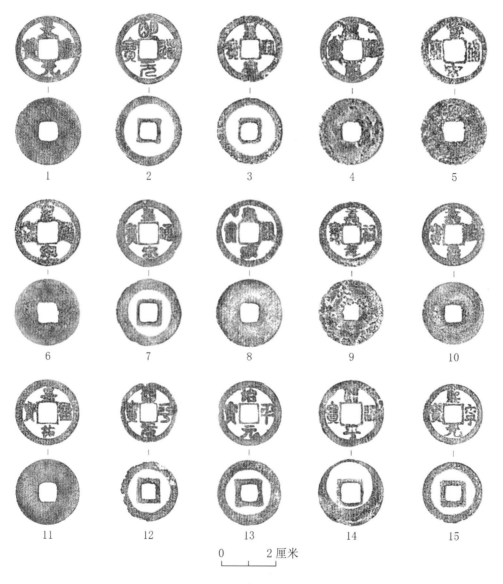

0   2厘米

图一二　明代墓葬随葬铜钱（二）

1.天圣元宝（M9：1-6） 2.明道元宝（M9：1-2） 3～8.皇宋通宝（M6：1-3、M9：2-4、M9：2-11、M6：4-5、M9：6-5、M9：6-14） 9.嘉祐元宝（M9：2-9） 10、11.嘉祐通宝（M6：4-2、M9：1-10） 12、13.治平元宝（M6：1-2、M9：6-11） 14.治平通宝（M9：6-10） 15.熙宁元宝（M6：4-3）

嘉祐元宝 1 枚。M9：2-9，圆形、方穿，正、背面皆有内、外郭，正面书"嘉祐元宝"，篆书，旋读；光背。钱径 2.43 厘米、穿径 0.56 厘米、郭宽 0.27 厘米、郭厚 0.17 厘米，重 3.74 克（图一二，9）。

嘉祐通宝 1 枚。M9：1-10，圆形、方穿，正、背面皆有内、外郭，正面书"嘉祐通宝"，楷书，对读；光背。钱径 2.45 厘米、穿径 0.69 厘米、郭宽 0.32 厘米、郭厚 0.11 厘米，重 3.13 克（图一二，11）。

治平元宝 1 枚。M9：6-11，圆形、方穿，正、背面皆有内、外郭，正面书"治平元宝"，楷书，旋读；光背。钱径 2.4 厘米、穿径 0.63 厘米、郭宽 0.26 厘米、郭厚 0.12 厘米，重 3.01 克（图一二，13）。

治平通宝 1 枚。M9：6-10，圆形、方穿，正、背面皆有内、外郭，正面书"治平通宝"，篆书，对读；光背。钱径 2.45 厘米、穿径 0.72 厘米、郭宽 0.29 厘米、郭厚 0.13 厘米，重 3.43 克（图一二，14）。

熙宁元宝 4 枚。均圆形、方穿，正、背面皆有内、外郭，正面书"熙宁元宝"；光背。标本 M9：1-1，楷书，旋读。钱径 2.38 厘米、穿径 0.6 厘米、郭宽 0.23 厘米、郭厚 0.14 厘米，重 3.14 克（图一三，1）。标本 M9：1-3，篆书，旋读。钱径 2.43 厘米、穿径 0.6 厘米、郭宽 0.22 厘米、郭厚 0.11 厘米，重 3.15 克（图一三，2）。标本 M9：1-12，篆书，旋读。钱径 2.36 厘米、穿径 0.64 厘米、郭宽 0.28 厘米、郭厚 0.13 厘米，重 2.73 克（图一三，4）。

元丰通宝 4 枚。均圆形、方穿，正、背面皆有内、外郭，正面书"元丰通宝"；光背。标本 M9：1-5，行书，旋读。钱径 2.45 厘米、穿径 0.7 厘米、郭宽 0.29 厘米、郭厚 0.11 厘米，重 3.26 克（图一三，6）。标本 M9：6-3，篆书，旋读。钱径 2.87 厘米、穿径 0.61 厘米、郭宽 0.34 厘米、郭厚 0.15 厘米，重 5.85 克（图一三，8）。标本 M9：6-15，篆书，旋读。钱径 2.43 厘米、穿径 0.65 厘米、郭宽 0.26 厘米、郭厚 0.15 厘米，重 2.36 克（图一三，9）。

元祐通宝 1 枚。M9：2-3，圆形、方穿，正、背面皆有内、外郭，正面书"元祐通宝"，行书，旋读；背穿下铸俯月纹。钱径 2.44 厘米、穿径 0.6 厘米、郭宽 0.25 厘米、郭厚 0.11 厘米，重 3.14 克（图一三，10）。

绍圣元宝 1 枚。M9：6-8，圆形、方穿，正、背面皆有内、外郭，正面书"绍圣元宝"，行书，旋读；光背。钱径 2.4 厘米、穿径 0.63 厘米、郭宽 0.26 厘米、郭厚 0.14 厘米，重 2.52 克（图一三，12）。

圣宋元宝 1 枚。M9：6-9，圆形、方穿，正、背面皆有内、外郭，正面书"圣宋元宝"，楷书，旋读；光背。钱径 2.38 厘米、穿径 0.65 厘米、郭宽 0.28 厘米、郭厚 0.11 厘米，重 3.28 克（图一三，13）。

崇宁重宝 1 枚。M9：6-1，圆形、方穿，正、背面皆有内、外郭，正面书"崇宁重宝"，隶书，对读；光背。钱径 3.43 厘米、穿径 0.75 厘米、郭宽 0.2 厘米、郭厚 0.2 厘米，重 4.69 克（图一三，14）。

宣和通宝2枚。均圆形、方穿，正、背面皆有内、外郭，正面书"宣和通宝"，篆书，对读；光背。标本M9：6-2，钱径3.47厘米、穿径0.62厘米、郭宽0.22厘米、郭厚0.13厘米，重2克（图一四，2）。

大定通宝2枚。均圆形、方穿，正、背面皆有内、外郭，正面书"大定通宝"，楷书，对读；光背。标本M9：2-1，钱径2.57厘米、穿径0.61厘米、郭宽0.22厘米、郭厚0.14厘米，重3.41克（图一四，4）。

其余4枚。均为圆形、方穿，锈蚀较甚，字迹模糊不清。

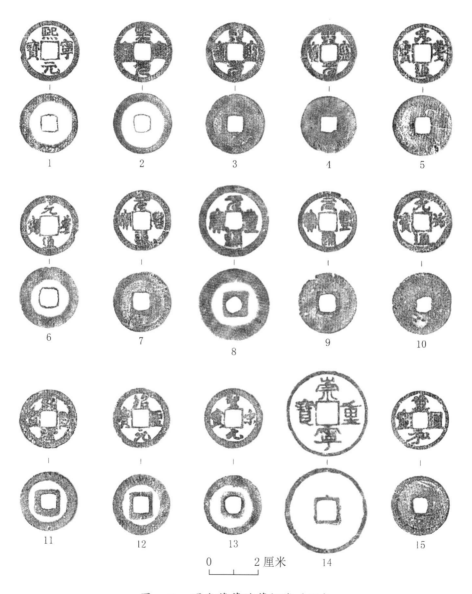

图一三　明代墓葬随葬铜钱（三）

1～4.熙宁元宝（M9：1-1、M9：1-3、M9：1-9、M9：1-12）5～9.元丰通宝（M6：1-1、M9：1-5、
M9：1-8、M9：6-3、M9：6-15）10.元祐通宝（M9：2-3）11、12.绍圣元宝（M6：4-4、M9：6-8）
13.圣宋元宝（M9：6-9）14.崇宁重宝（M9：6-1）15.宣和通宝（M6：1-6）

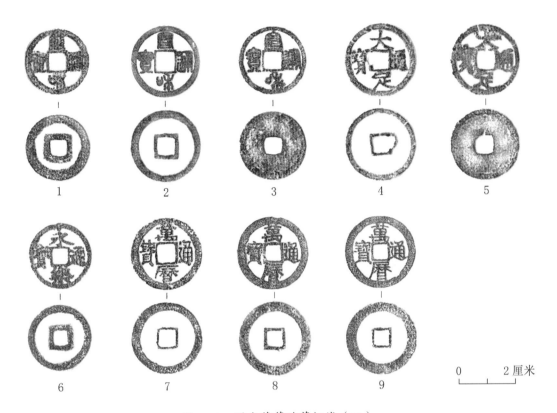

图一四　明代墓葬随葬铜钱（四）

1～3.宣和通宝（M6：1-7、M9：6-2、M9：6-6）　4、5.大定通宝（M9：2-1、M9：6-12）

6.永乐通宝（M6：1-4）　7～9.万历通宝（M7：2-1、M7：2-2、M7：2-3）

（二）清代墓葬

本次发掘清代墓葬 2 座，为 M1、M2，均为双棺墓。

1. M1

位于发掘区西部，北邻 M2，东邻 M7，方向 25°。该墓开口于①层下，向下打破生土。

该墓为平面呈长方形竖穴土圹异穴合葬双棺墓，南北向，直壁平底。墓口距地表深 1.1 米，墓底距地表深 1.52 米。墓圹南北长 3 米、东西宽 2 米、深 0.38～0.42 米。内填黄褐色花土，土质疏松。

葬具为木棺，腐朽严重，仅存朽痕，朽痕约 0.04 米，棺底铺灰，东棺打破西棺。

东棺长 1.86 米、宽 0.42～0.6 米、残高 0.28 米。棺内葬置人骨一具，保存差，仅存头骨及部分肢骨，头向北，面向、葬式、性别及年龄均不详。

西棺长 2.02 米、宽 0.46～0.6 米、残高 0.28 米。棺内葬置人骨一具，保存较好，人骨残长 1.7 米，头向北，面向上，仰身直肢葬，性别为男性，年龄不详（图一五；彩版五三，1）。

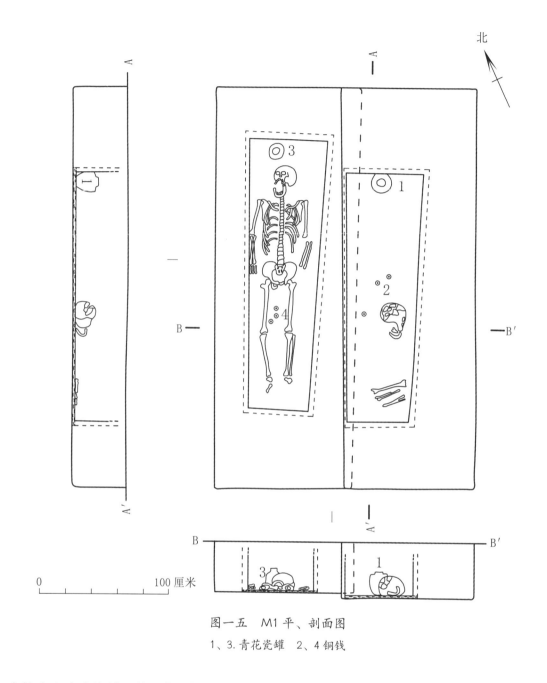

图一五　M1 平、剖面图
1、3.青花瓷罐　2、4 铜钱

　　东棺出土青花瓷罐 1 件，位于棺内北部，铜钱 3 枚，位于棺内中部；西棺出土青花瓷罐 1 件，位于棺内墓主头部，铜钱 3 枚，位于棺内墓主大腿内侧。

　　青花瓷罐 2 件。M1∶1，轮制，直口，圆唇，短直颈，圆肩，弧腹，下腹弧收，圈足。胎土细白，器身内外施满釉，釉色清亮，青花发色明艳。圈足刮釉露胎。口部及肩部饰弦纹，肩上部饰四方连续花卉图案，肩下部及腹部满绘缠枝花卉纹，颈部饰三道弦纹及连续莲瓣纹，器底绘鸟纹。口径 7.1 厘米、最大肩径 16.1 厘米、底径 9.1 厘米、壁厚 0.5 厘米、高 17.9 厘米（图一六，4；彩版五二，1）。M1∶3，敛口，方圆唇，长颈，溜肩，鼓腹，下腹弧收，胫部内收外撇，圈足，最大径在腹部。胎土细白，器身内外壁施满釉，釉色清亮，青花发色明艳，浓淡不一。圈足刮釉露胎。口部饰一道弦纹，

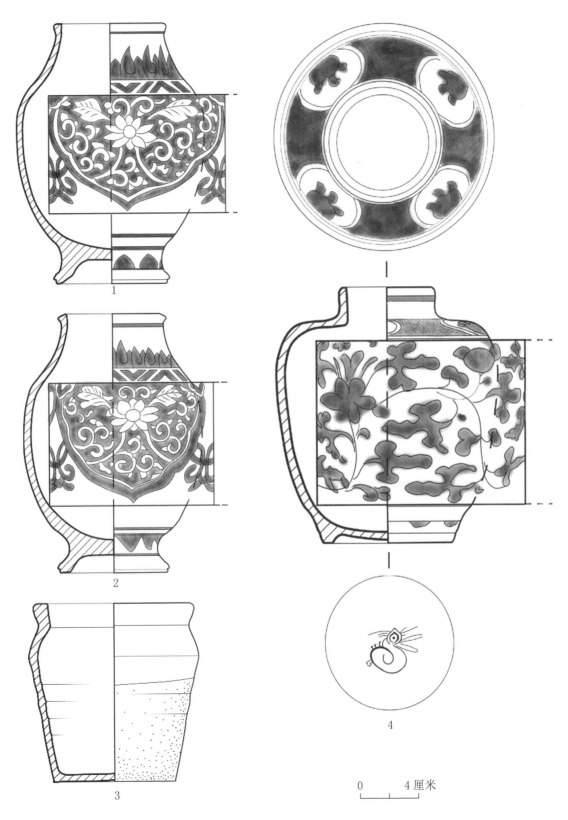

0   4厘米

图一六 清代墓葬出土器物

1、2、4.青花瓷罐（M1：3、M2：1、M1：1） 3.半釉陶罐（M2：4）

颈部绘有连续变体莲瓣纹，肩上部饰几何纹，肩下部及腹部绘有三组连续如意头纹，其内饰一莲花纹，颈部饰两道弦纹及连续仰莲瓣纹。口径 7.6 厘米、最大腹径 11.5 厘米、底径 7.9 厘米、壁厚 0.5 厘米、高 17.1 厘米（图一六，1；彩版五二，2）。

康熙通宝 6 枚。均圆形、方穿，正、背面皆有内、外郭，正面书"康熙通宝"，楷书，对读。标本 M1：2-2，背穿左右为满文"宝泉"纪局。钱径 2.3 厘米、穿径 0.51 厘米、郭宽 0.28 厘米、郭厚 0.12 厘米，重 2.54 克（图一八，11）。标本 M1：4-1，背穿左右为满文"宝泉"纪局。钱径 2.84 厘米、穿径 0.51 厘米、郭宽 0.35 厘米、郭厚 0.14 厘米，重 4.35 克（图一八，12）。标本 M1：2-3，背穿左右为满文"宝源"纪局。钱径 2.3 厘米、穿径 0.52 厘米、郭宽 0.27 厘米、郭厚 0.11 厘米，重 1.74 克（图一八，4）。

2. M2

位于发掘区西部，南邻 M1，方向 70°。该墓开口于①层下，打破生土层。

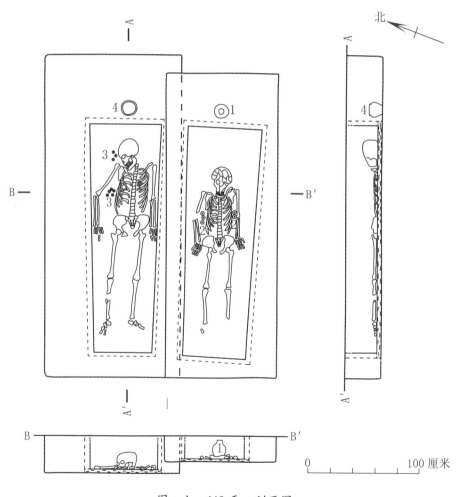

图一七　M2 平、剖面图

1. 青花瓷罐　2、3. 铜钱　4. 半釉陶罐

　　该墓为平面呈近长方形竖穴土圹异穴合葬双棺墓，东西向，直壁平底。墓口距地表深 1.1 米，墓底距地表深 1.42 米。墓圹东西长 2.62 ~ 2.8 米、南北宽 2.08 米、深 0.22 ~ 0.32 米。内填黄褐色花土，土质疏松。

　　葬具为木棺，腐朽严重，仅存朽痕，朽痕约 0.05 米，棺底铺灰，南棺打破北棺。

　　南棺长 1.98 米、宽 0.56 ~ 0.66 米、残高 0.16 米。棺内葬置人骨一具，保存较好，人骨残长 1.44 米，头向东，面向上，仰身直肢葬，性别为女性，年龄不详。

　　北棺长 1.98 米、宽 0.52 ~ 0.64 米、残高 0.26 米。棺内葬置人骨一具，保存较好，人骨残长 1.7 米，头向东，面向北，仰身直肢葬，性别为男性，年龄不详（图一七；彩版五三，2）。

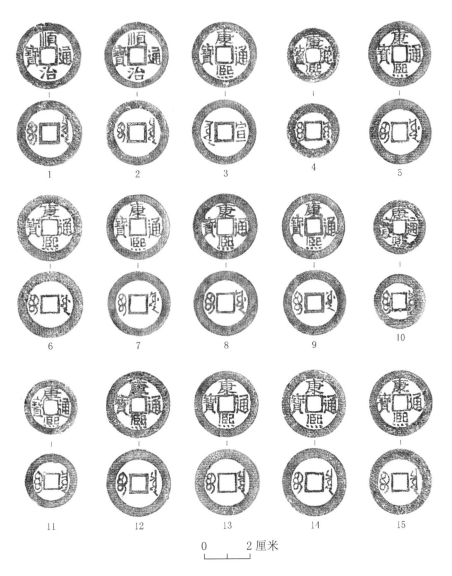

0　　2厘米

图一八　清代墓葬出土铜钱

1、2.顺治通宝（M2：2-5、M2：3-4）　3 ~ 15.康熙通宝（M2：3-1、M1：2-3、M2：2-1、M2：2-4、M2：3-3、M2：3-5、M2：3-6、M1：2-1、M1：2-2、M1：4-1、M2：2-2、M2：2-3、M2：3-2）

南棺出土青花瓷罐 1 件，位于棺外北部，铜钱 5 枚，位于棺内墓主腰部；北棺出土半釉陶罐 1 件，位于棺外北部，铜钱 8 枚，位于棺内墓主头部及腰部。

青花瓷罐 1 件。M2 : 1，敛口，方圆唇，长颈，溜肩，鼓腹，下腹弧收，胫部内收外撇，圈足，最大径在腹部。胎土细白，器身内外壁施满釉，釉色清亮，青花发色明艳，浓淡不一。圈足刮釉露胎。口部饰一道弦纹，颈部绘有连续变体莲瓣纹，肩上部饰几何纹，肩下部及腹部绘有三组连续如意头纹，其内饰一莲花纹，颈部饰两道弦纹及连续莲瓣纹。口径 7.4 厘米、最大腹径 10.9 厘米、底径 7.7 厘米、高 17.2 厘米（图一六，2；彩版五二，3）。

半釉陶罐 1 件。M2 : 4，侈口、方圆唇，短束颈，溜肩，肩部微折，斜腹，平底略内凹，最大径在肩部。灰胎，胎质较粗糙。口沿至肩部施绿釉，其余部分露胎，施釉不均。素面，器身有明显轮制旋痕。口径 10.9 厘米、最大肩径 11.6 厘米、底径 8.4 厘米、壁厚 0.6 厘米、高 11.8 厘米（图一六，3；彩版五四，5）。

顺治通宝 2 枚。均圆形、方穿，正、背面皆有内、外郭，正面书"顺治通宝"，楷书，对读；背穿左右为满文"宝泉"纪局。标本 M2 : 2-5，钱径 2.78 厘米、穿径 0.55 厘米、郭宽 0.33 厘米、郭厚 0.13 厘米，重 4.15 克（图一八，1）。

康熙通宝 11 枚。均圆形、方穿，正、背面皆有内、外郭，正面书"康熙通宝"，楷书，对读。标本 M2 : 2-3，背穿左右为满文"宝泉"纪局。钱径 2.85 厘米、穿径 0.57 厘米、郭宽 0.41 厘米、郭厚 0.12 厘米，重 4.82 克（图一八，14）。标本 M2 : 3-1，背穿左右为满汉文"宣"纪局。钱径 2.78 厘米、穿径 0.59 厘米、郭宽 0.36 厘米、郭厚 0.12 厘米，重 4.37 克（图一八，3）。标本 M2 : 3-3，背穿左右为满文"宝源"纪局。钱径 2.75 厘米、穿径 0.57 厘米、郭宽 0.35 厘米、郭厚 0.11 厘米，重 3.96 克（图一八，7）。

（三）时代不明墓葬

本次发掘时代不明墓葬 1 座，为 M3，为单棺墓。

M3 位于发掘区东北部，北邻 M4，西邻 M9，方向 50°。开口于①层下，向下打破生土。

该墓为平面呈长方形竖穴土圹墓，东北—西南向，直壁平底。墓口距地表深 1.2 米，墓底距地表深 1.96 米。墓圹东西长 2.88 米、南北宽 1.6 米、深 0.76 米。内填黄褐色花土，土质疏松。

葬具为木棺，腐朽严重，仅存朽痕，朽痕约 0.05 米，棺底铺灰，棺长 1.9 米、宽 0.44 ~ 0.52 米、残高 0.22 米。棺内葬置人骨一具，保存较好，人骨残长 1.62 米，头向北，面向上，仰身直肢葬，性别为男性，年龄不详（图一九；彩版五四，1）。

无随葬品。

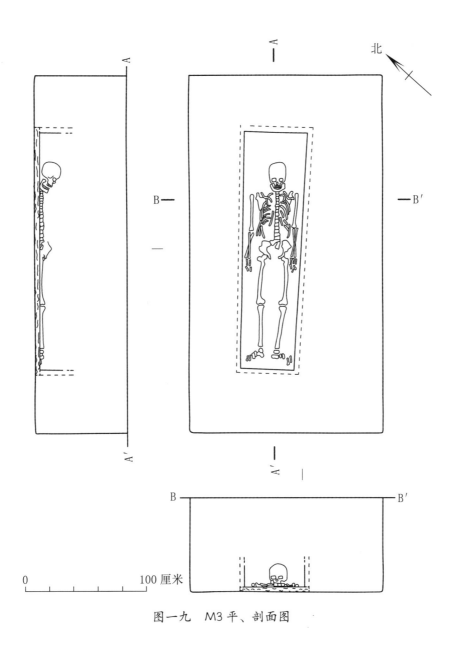

图一九　M3平、剖面图

三、结语

　　本次发掘墓葬9座，均为竖穴土圹墓。其中M5、M7为单棺墓，其墓葬形制分别与北京顺义区高丽营镇于庄的M13、M17[①]，丽泽墓地的M27、M28、M79、M118[②]，北京射击场工程M2、M60、M169[③]等单棺墓形制相似。M4、M6、M8为双棺墓，形制与北京顺义区高丽营镇于庄的M7～M12、M14～M16[④]，丽泽墓地的M79、M118[⑤]以及中国科技馆新馆的M2、M11、M16[⑥]形制相似。其中M4出土的铜簪M4∶1与南京徐俌墓[⑦]、常州市区明代墓葬DM3∶1[⑧]出土的铜簪形制相似。M4∶3金耳坠形制与四川平武明王玺家族墓M4∶22、M1∶17、M1∶18、M6∶13、M6∶14[⑨]的金耳坠形制相近，因此判断 M4 为明代墓葬。M6 出土的两件陶罐形制相近，与北京市顺义区高丽营镇于庄明清代墓葬出土的 M14：3[⑩]、北京市延庆区西屯墓地出土的 M78：2[⑪] 形制相近。M7 出土的半釉陶罐与北京射击场明代墓葬 B 型半釉陶罐 M34：1、M80：1[⑫]，奥运一期工程 M146：1[⑬]，丽泽墓地 M3：2、M168：1[⑭] 和中国科技馆新馆工程 M15：1[⑮] 出土的同类器物形制相似，且仅出土 3 枚万历通宝。因此，同样判断 M6、M7 为明代墓葬。

M9 为三棺墓，其形制与丽泽墓地 M196[⑯]、中国科技馆新馆 M23[⑰] 和国家体育馆工程 M16[⑱] 形制相同。该墓葬出土的银簪 M9：4 与北京射击场出土的 M46：3、M160：2[⑲] 形制相近，半釉陶罐 M9：5 与五棵松篮球馆 M34：3[⑳]、奥林匹克会议中心 M11：2[㉑] 及北京射击场 M176：3[㉒] 形制相近，均为明代墓葬出土。此外，M9：3 与梁庄王墓 [㉓] 和江苏泰州森森庄明代墓葬 M1：2-1[㉔] 相近，这类花头簪在明代较为流行 [㉕]。墓葬中出土的大量宋代铜钱也是北方明代墓葬较为常见的现象 [㉖]，因此判断 M9 为明代墓葬。M5 被 M6 打破，推测应为 M6 的合葬墓，时代也不晚于明代。M8 出土铜钱皆锈蚀不清，无法断代，但根据墓葬形制及其与其他明代墓葬的位置关系推测，M8 可能同属本次发现明代墓群中的一座。

M1、M2 均为长方形竖穴土圹双棺墓，形制与北京鲜活农产品流通中心 M14、M22[㉗]，单店养老产业示范基地项目 M9、M10[㉘]，中关村电子城西区 E5 研发中心 M3、M4[㉙] 相近。出土器物中的瓷罐 M1：1 器型与五棵松篮球馆项目 M48：1[㉚] 和郑常庄燃气热电工程 M6：4[㉛] 形制类似。M1：3 和 M2：1 两件青花瓷罐形制、纹饰较为接近，与丽泽墓地 M54：1、M8：1[㉜] 较为相近。半釉陶罐 M2：4 与北京鲜活农产品流通中心项目 M4：3、M11：2[㉝]，中关村电子城 E8-1 北电三期 M2：2[㉞] 形制类似。同时 M1、M2 出土有两枚顺治通宝及较多的康熙通宝，因此判断 M1、M2 时代为清代墓葬。

本次发掘的这批明代、清代墓葬形制较为典型，对研究北京地区明清时期的丧葬习俗、物质文化研究提供了新的实物资料。

项目负责人：魏然

发掘：魏然 张淼

修复：刘凤英 冉雨彤

绘图：杨茜

摄影：罗娇

执笔：魏然 曾祥江

参考文献

① 于璞、冯双元、同新、刘晓贺、孙建国：《北京顺义区高丽营镇于庄明清墓葬发掘简报》，《北京文博文丛》2015 年第 1 辑。

② 北京市文物研究所：《丽泽墓地——丽泽金融商务区园区规划绿地工程发掘报告》，科学出版社，2016 年，第 46 ~ 49 页。

③ 北京市文物局：《北京射击场工程考古发掘报告》，见《北京奥运场馆考古发掘报告》下册，科学出版社，2008 年，第 519 ~ 610 页。

④ 于璞、冯双元、同新、刘晓贺、孙建国：《北京顺义区高丽营镇于庄明清墓葬发掘简报》，《北京文博文丛》2015 年第 1 辑。

⑤ 北京市文物研究所：《丽泽墓地——丽泽金融商务区园区规划绿地工程发掘报告》，科学出版社，2016 年，第 120 ~ 125、178 ~ 180 页。

⑥ 北京市文物局：《中国科技馆新馆发掘报告》，见《北京奥运场馆考古发掘报告》下册，科学出版社，2008 年，第 420、421 页。

⑦ 南京市文物保管委员会、南京市博物馆：《明徐达五世孙徐俌夫妇墓》，《文物》1982 年第 2 期。

⑧ 常州市博物馆：《常州市区明墓群的发掘》，《东南文化》2003 年第 11 期。

⑨ 张才俊：《四川平武明王玺家族墓》，《文物》1989 年第 7 期。

⑩ 于璞、冯双元、同新、刘晓贺、孙建国：《北京顺义区高丽营镇于庄明清墓葬发掘简报》，《北京文博文丛》2015 年第 1 辑。

⑪ 朱志刚、丁利娜、张中华、王殿平、孙建国、张志伟、雷金福、刘凤英、李卫国、韩鸿业：《北京市延庆区西屯墓地东区（Ⅱ区）考古发掘简报》，《文物春秋》2018 年第 3 期。

⑫ 北京市文物局：《北京射击场工程考古发掘报告》，见《北京奥运场馆考古发掘报告》下册，科学出版社，2008 年，第 621 页。

⑬ 北京市文物局：《奥运一期工程考古发掘报告》，见《北京奥运场馆考古发掘报告》上册，科学出版社，2008 年，第 249 页。

⑭ 北京市文物研究所：《丽泽墓地——丽泽金融商务区园区规划绿地工程发掘报告》，科学出版社，2016 年，第 13、257 页。

⑮ 北京市文物局：《中国科技馆新馆工程考古发掘报告》，见《北京奥运场馆考古发掘报告》下册，科学出版社，2008 年，第 442、443 页。

⑯ 北京市文物研究所：《丽泽墓地——丽泽金融商务区园区规划绿地工程发掘报告》，科学出版社，2016 年，第 296 ~ 299 页。

⑰ 北京市文物局：《中国科技馆新馆发掘报告》，见《北京奥运场馆考古发掘报告》下册，科学出版社，2008 年，第 422、423 页。

⑱ 北京市文物局：《国家体育馆工程考古发掘报告》，见《北京奥运场馆考古发掘报告》上册，科学出版社，2008 年，第 129、130 页。

⑲ 北京市文物局：《北京射击场工程考古发掘报告》，见《北京奥运场馆考古发掘报告》下册，科学出版社，2008 年，第 543、603 页。

⑳ 北京市文物局：《五棵松篮球馆工程考古发掘报告》，见《北京奥运场馆考古发掘报告》上册，科学出版社，2008 年，第 49 页。

㉑ 北京市文物局：《奥林匹克会议中心工程考古发掘报告》，见《北京奥运场馆考古发掘报告》上册，科学出版社，2008 年，第 133 页。

㉒ 北京市文物局：《北京射击场工程考古发掘报告》，见《北京奥运场馆考古发掘报告》下册，科学出版社，2008 年，

第 509 页。

㉓ 湖北省文物考古所、钟祥市博物馆：《梁庄王墓》，文物出版社，2007 年。

㉔ 王为刚、张伟：《江苏泰州森森庄明墓发掘简报》，《文物》2013 年第 11 期。

㉕ 杨之水：《中国古代金银首饰》卷 2，故宫出版社，2014 年，第 417 页。

㉖ 夏寒：《浅议明墓中的古钱》，《四川文物》2006 年第 2 期。

㉗ 北京市文物研究所：《北京鲜活农产品流通中心项目考古发掘报告》，见《单店与黑庄户——朝阳区考古发掘报告集》，上海古籍出版社，2021 年，第 117 ~ 152 页。

㉘ 北京市文物研究所：《单店养老产业示范基地项目考古发掘报告》，见《单店与黑庄户——朝阳区考古发掘报告集》，上海古籍出版社，2021 年，第 78 ~ 104 页。

㉙ 北京市文物研究所：《中关村电子城西区 E5 研发中心三期地块考古发掘报告》，见《单店与黑庄户——朝阳区考古发掘报告集》，上海古籍出版社，2021 年，第 52 ~ 78 页。

㉚ 北京市文物局：《五棵松篮球馆工程考古发掘报告》，见《北京奥运场馆考古发掘报告》上册，科学出版社，2008 年，第 69 页。

㉛ 北京市文物局：《郑常庄燃气热点工程考古发掘报告》，见《北京奥运场馆考古发掘报告》上册，科学出版社，2008 年，第 409 页。

㉜ 北京市文物研究所：《丽泽墓地——丽泽金融商务区园区规划绿地工程发掘报告》，科学出版社，2016 年，第 21、83 页。

㉝ 北京市文物研究所：《北京鲜活农产品流通中心项目考古发掘报告》，见《单店与黑庄户——朝阳区考古发掘报告集》，上海古籍出版社，2021 年，第 120、141 页。

㉞ 北京市文物研究所：《中关村电子城 E8-1 北电三期工程用地考古发掘报告》，见《单店与黑庄户——朝阳区考古发掘报告集》，上海古籍出版社，2021 年，第 47 页。

丰台区分钟寺清代墓葬发掘简报

　　2020 年 4 月，为配合分钟寺一级开发项目 L39、L41 地块的建设，北京市考古研究院（原北京市文物研究所）、北京联合大学考古研究院对该项目占地范围内所发现的墓葬进行了发掘。发掘区位于丰台区分钟寺地铁站东侧，北邻分钟寺大街、东邻南北向水泥路、南邻四川驻京办事处、西邻小红门路（图一）。

　　此次共发掘墓葬 43 座，实际发掘面积共计 452 平方米（图二）。

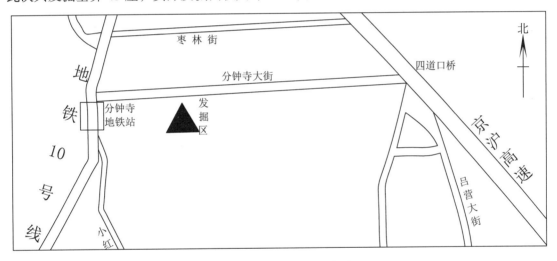

图一　发掘区位置示意图

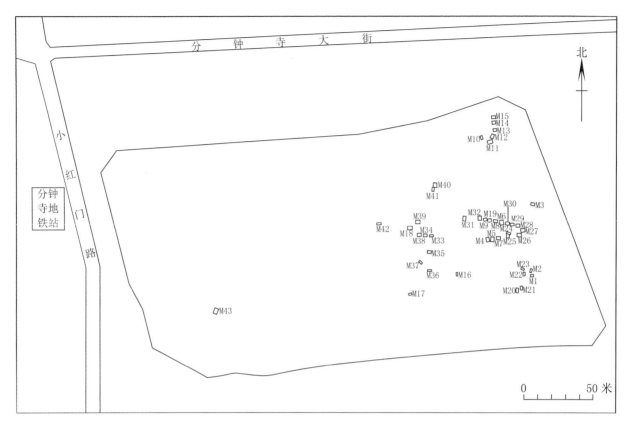

图二 墓葬发掘平面图

一、地层堆积及包含物

发掘区地势平坦。地表为建筑垃圾及垫土层。墓葬主要分布在东部，地层比较简单，变化不大。现将东部地层堆积情况介绍如下：

第①层：厚 1.3 ~ 1.5 米，垫土层，土色为黄灰色，土质较松，含现代建筑垃圾，塑料布、砖块等。

第②层：厚约 0.3 米，距地表深 1.6 ~ 1.8 米，灰褐色土层，土质较硬，内含植物根系、小石块、礓石等。该层下为黄褐色生土层。所有墓葬均开口于②层下（图三）。

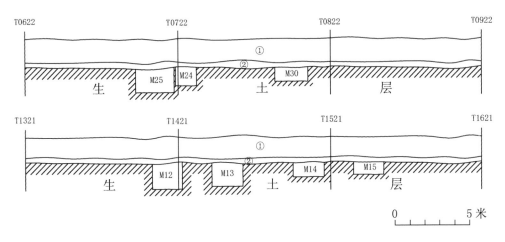

图三　发掘区地层示意图

二、墓葬概况

本次发掘的 43 座清代墓葬，分为长方形竖穴土坑墓和梯形竖穴土坑墓，葬具均为木棺，依内葬人数多寡分为单棺墓、双棺墓、三棺墓。其中单棺墓 14 座，双棺墓 22 座，三棺墓 7 座。分类介绍如下：

（一）单棺墓

共 14 座，分别为 M1、M2、M16、M20 ～ M24、M33、M36 ～ M38、M41、M42。以 M2、M16、M23、M41 为例。

M2 位于地块的东南部，T0424 探方内，西邻 M23。开口于②层下，南北向，方向 25°。平面为长方形，竖穴土圹单棺墓，墓壁竖直，底部较平。墓圹长 2.6 米、宽 1.1 米，墓口距地表深 1.8 米，墓口距墓底深 1.2 米。

内置单棺，棺木已朽，棺痕长 1.9 米、宽 0.6 ～ 0.65 米、残高 0.3 米。棺内骨架长 1.5 米，头北足南，面向北，仰身直肢葬，保存差。骨骼粗壮，为男性（图四）。随葬黑釉瓷罐 1 件、铜烟锅 1 件、铜钱数枚。

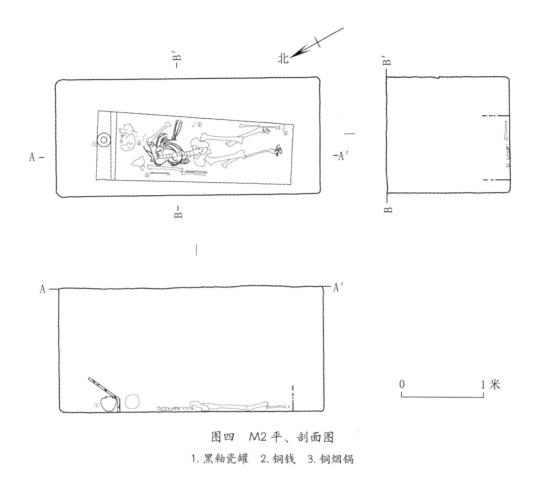

图四 M2平、剖面图

1. 黑釉瓷罐 2. 铜钱 3. 铜烟锅

M16位于地块的东南部，T0418与T0419探方内，西邻M36。开口于②层下，南北向，方向355°。平面为长方形，竖穴土圹单棺墓，墓壁竖直，底部较平。墓圹长2.2米、宽0.9米，墓口距地表深1.7米，墓口距墓底深1.1米。

内置单棺，棺木已朽，棺痕长1.9米、宽0.4～0.5米、残高0.7米。棺内骨架长1.5米，头朝北，面向上，仰身直肢。骨骼纤细，为女性。草木灰底，厚约0.02米（图五；彩版五五，1）。随葬银扁方1件、银指环1件。

M23位于地块的东南部，T0423探方内，南邻M22。开口于②层下，南北向，方向325°。平面为长方形，竖穴土圹单棺墓，墓壁竖直，底部较平。墓圹长2.5米、宽1～1.05米，墓口距地表深1.8米，墓口距墓底深1.2米。

内置单棺，棺木已残，棺长1.8米、宽0.6～0.7米、残高0.2米。棺板厚约0.06米。棺内骨架长1.6米，头朝北，面向东，仰身直肢葬。骨骼粗壮，为男性。草木灰底，厚约0.01米（图六；彩版五五，2）。随葬铜烟锅1件。

M41位于地块的中北部，T1017探方内，北邻M40。开口于②层下，南北向，方向353°。平面为梯形，竖穴土圹单棺墓，墓壁竖直，底部较平。墓圹长2.6米、宽1.4～1.5米，墓口距地表深1.7米，墓口距墓底深1米。

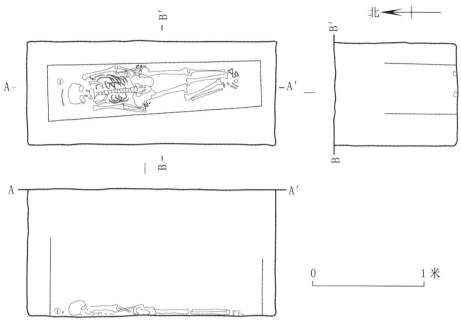

图五　M16 平、剖面图

1. 银扁方　2. 银指环

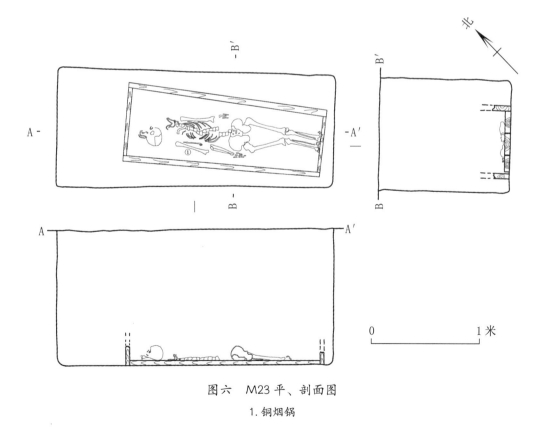

图六　M23 平、剖面图

1. 铜烟锅

内置单棺，棺木已朽，棺痕长1.85米、宽0.5 ~ 0.6米、残高0.4米。棺内葬骨架1具，长1.6米。骨骼粗壮，为男性，头朝北，面向西，仰身腿骨微曲，骨架保存较好。白灰底，厚约0.02米（图七）。随葬青釉瓷罐1件。

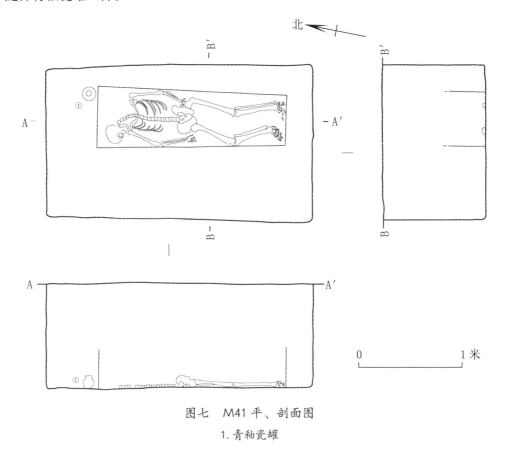

图七 M41平、剖面图

1.青釉瓷罐

（二）双棺墓

共22座，分别为M3、M4、M7、M9、M10、M12 ~ M14、M17 ~ M19、M25 ~ M30、M34、M35、M39、M40、M43。以M4、M27、M28、M39为例。

M4位于地块的东南部，T0621探方内，东邻M5。开口于②层下，东西向，方向95°。平面为梯形，竖穴土圹双棺墓，墓壁竖直，底部较平。墓圹长2.3 ~ 2.4米、宽3米，墓口距地表深1.8米，墓口距墓底深1.7米。墓为直壁平底，内葬双棺，棺木已朽。南棺晚于北棺。

南棺长2.1米、宽0.5 ~ 0.6米、残高0.4米、板厚0.04米。棺内葬骨架1具，残长1.52米。头朝东，面向北，向左侧曲肢，骨架保存差。骨骼纤细，为女性。草木灰底，厚约0.01米。北棺长2.1米、宽0.55 ~ 0.6米、残高0.4米、板厚0.06米。棺内骨架残长1.62米，头朝东，面向南，仰身直肢葬，保存较好。骨骼粗壮，为男性（图八；彩版五六，1）。随葬品有银扁方1件、银簪1件、铜钱数枚。

M27 位于地块的中东部，T0723 探方内，西南邻 M26。开口于②层下，东西向，方向 100°。平面为长方形，竖穴土圹双棺墓，墓壁竖直，底部较平。墓圹长 2.8 米、宽 2.4 米，墓口距地表深 1.8 米，墓口距墓底深南棺 1.74 米、北棺 1.6 米。墓为直壁，内葬双棺，棺木已朽。北棺晚于南棺。南棺、北棺被一现代盗洞盗扰至棺底，仅南棺残存头骨。

南棺长 2 米、宽 0.4 ~ 0.5 米、残高 0.54 米、板厚 0.06 米。棺内头骨向东，面向西。葬式不详，头骨较小，为女性。白灰底，厚约 0.01 米。

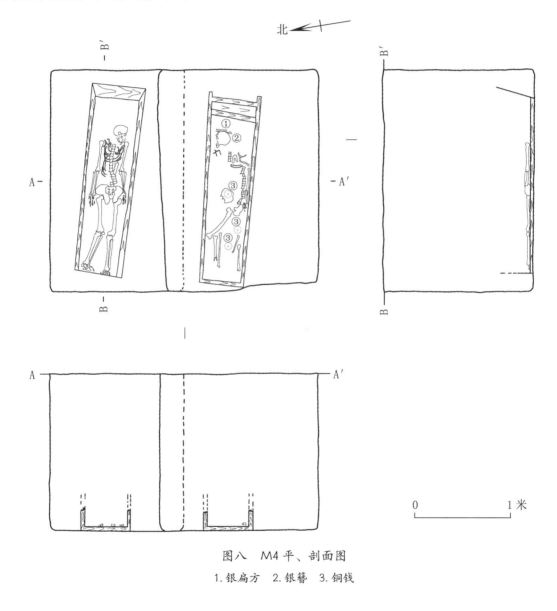

图八　M4 平、剖面图

1. 银扁方　2. 银簪　3. 铜钱

北棺长 2.2 米、宽 0.6 ~ 0.7 米、残高 0.4 米、板厚 0.1 米。棺内无骨架。白灰底，厚约 0.03 米。在东墓壁中部，距南棺底高 0.86 米处发现买地券 1 块，陶质，正方形，边长 0.41 米、厚 5 厘米，正面用朱砂写字，字迹不清（图九；彩版五六，2）。另出土铜钱数枚。

M28 位于地块的中东部，T0723 探方内，西邻 M29。开口于②层下，东西向，方向 92°。平面为梯形，竖穴土圹双棺墓，墓壁竖直，底部较平。墓圹长2.5～2.8米、宽1.8～2.3米，墓口距地表深1.8米，墓口距墓底深南棺1.3米、北棺1.4米。墓为直壁，内葬双棺，棺木已朽。南棺晚于北棺。

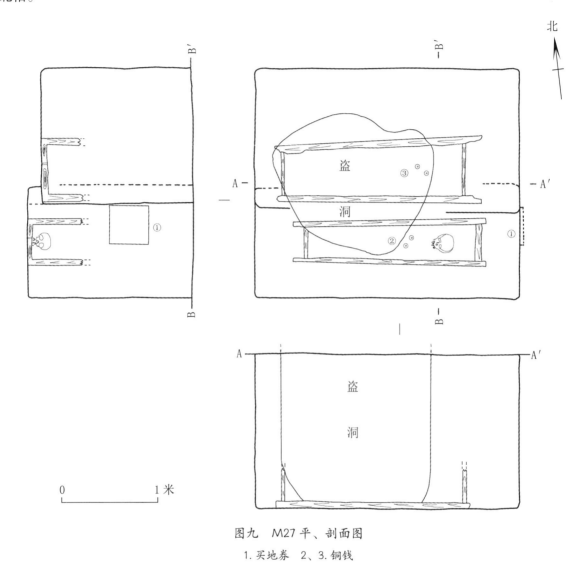

图九　M27平、剖面图

1.买地券　2、3.铜钱

南棺长1.9米、宽0.5～0.6米、残高0.46米、板厚0.1米。棺内长1.6米，头向东，面向南，仰身直肢葬。骨骼粗壮，为男性。白灰底，厚约0.02米。北棺长2.2米、宽0.45～0.6米、残高0.5米，仅见前挡板，板厚0.04米。棺内骨架长1.6米，头向东，面向南，仰身直肢葬。骨骼纤细，为女性。白灰底，厚约0.02米（图一〇；彩版五七，1）。随葬品有铜钱数枚、银簪3件、玉指环1件、铜钮扣1件。

M39位于地块的中东部，T0716探方内，南邻M38。开口于②层下，东西向，方向285°。平面为梯形，竖穴土圹双棺墓，墓壁竖直，底部较平。墓圹长2.9米、宽2～2.1米，墓口距地表深1.7米，墓口距墓底深1.8米。墓为直壁平底，内葬双棺，棺木已残。南棺晚于北棺。

北棺长 2 米、宽 0.45 ～ 0.6 米、残高 0.4 米、板残厚 0.04 米。棺内骨架残长 1.5 米。头朝西，头骨破碎，面向不详。由残留四肢骨推断为仰身直肢，骨架保存差。四肢骨较细，推断为女性。草木灰底，厚约 0.02 米。

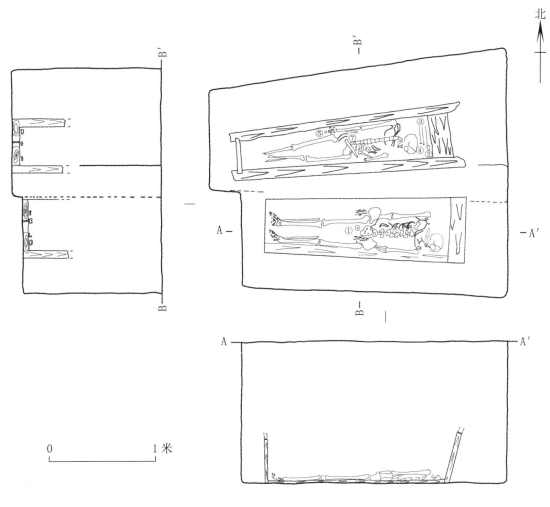

图一〇　M28 平、剖面图

1、6.铜钱　2 ～ 4.银簪　5.玉指环　7.铜钮扣

南棺长 2.1 米、宽 0.45 ～ 0.6 米、残高 0.4 米、板残厚 0.04 米。棺内骨架长 1.7 米，头朝西，面向下，仰身直肢，骨架保存较好。骨骼粗壮，为男性。草木灰底，厚约 0.02 米（图一一；彩版五七，2）。随葬青釉瓷罐 1 件。

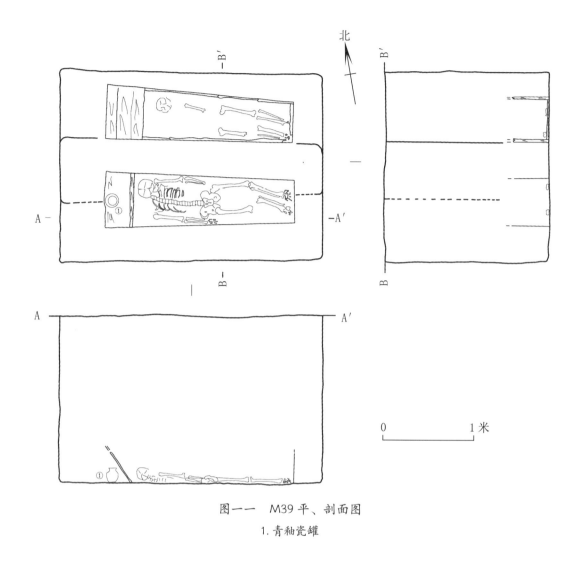

图一一 M39 平、剖面图
1.青釉瓷罐

（三）三棺墓

共 7 座，分别为 M5、M6、M8、M11、M15、M31、M32。以 M5、M8、M11、M32 为例。

M5 位于地块的中东部，T0621 探方内，东邻 M7。开口于②层下，东西向，方向 102°。平面为梯形，竖穴土圹三棺墓，墓壁竖直，底部较平。墓圹长 2.7 ~ 2.9 米、宽 3.3 ~ 3.4 米，墓口距地表深 1.8 米，墓口距墓底深南棺 1.64 米、中棺 1.66 米、北棺 1.5 米、内葬三棺，棺木已朽。中棺早于南棺、北棺。

南棺长 2.06 米、宽 0.44 ~ 0.6 米、残高 0.5 米、板厚 0.08 米。棺内骨架长 1.48 米，头朝东，面向东，仰身直肢葬，骨架保存较差。骨骼纤细，为女性。草木灰底，厚约 0.01 米。中棺长 2.1 米、宽 0.64 ~ 0.74 米、残高 0.36 ~ 0.46 米、板厚 0.06 米。棺内葬骨长 1.46 米，头朝东，面向北，仰身直肢葬，骨架保存较差。骨骼纤细，为女性。白灰底，厚约 0.02 米。北棺长 2.2 米、宽 0.7 ~ 0.86 米，残高 0.4 米、板厚 0.1 米。棺内骨架残长 1.68 米，头朝东，面向右下，俯身直肢葬，骨架保存较好。骨骼粗壮，为男性。草木灰底，厚约 0.01 米（图一二；彩版五八，1）。随葬银耳环 2 件、银簪 2 件、银扁方 2 件、铜烟锅 1 件、铜钱数枚。

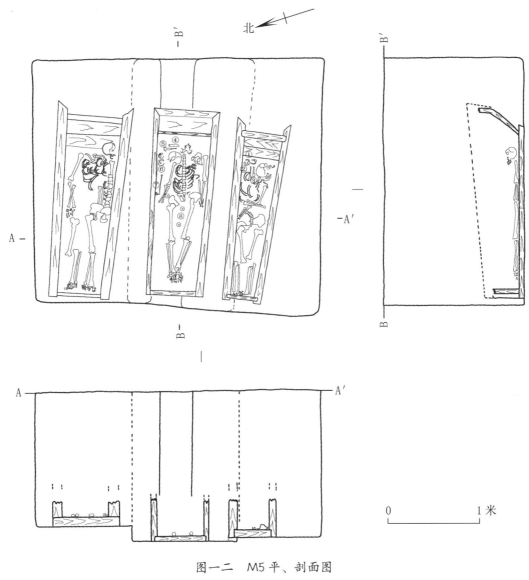

图一二 M5 平、剖面图

1、6. 银耳环 2、5. 银簪 3、4. 银扁方 7. 铜烟锅 8. 铜钱

M8：位于地块的中东部，T0721 探方内，西邻 M9。开口于②层下，东西向，方向 100°。平面为梯形，竖穴土圹三棺墓，墓壁竖直，底部较平。墓圹长 3.2 米、宽 2.8～3.1 米，墓口距地表深 1.8 米，墓口距墓底深南棺 1.4 米、中棺 1.5 米、北棺 1.4 米，内葬三棺，棺木已朽。中棺早于南棺、北棺。中棺、北棺前半部分均被一现代盗洞盗扰至棺底，仅残存四肢骨，南棺保存完好。

南棺长 2.04 米、宽 0.6～0.66 米、残高 0.38 米、板厚 0.08 米。棺内骨架长 1.6 米，头朝东，面向南，仰身直肢葬，骨架保存较好。骨骼粗壮，为男性。白灰底，厚约 0.02 米。中棺长 1.8 米、宽

0.4～0.5米、残高0.4米、板厚0.04米。棺内葬一女性，骨架残存下肢，长0.9米，头朝东，面向不详，由下肢骨状态推测应为仰身直肢葬。草木灰底，厚约0.01米。北棺长1.9米、宽0.56～0.64米、残高0.4米、板厚0.08米。棺内葬一女性，骨架残长1米。头朝东，面向不详，由四肢骨骼状态推测应为仰身直肢葬，骨架保存差。草木灰底，厚约0.01米（图一三；彩版五八，2）。随葬青花缠枝花卉罐1件、铜钱数枚。

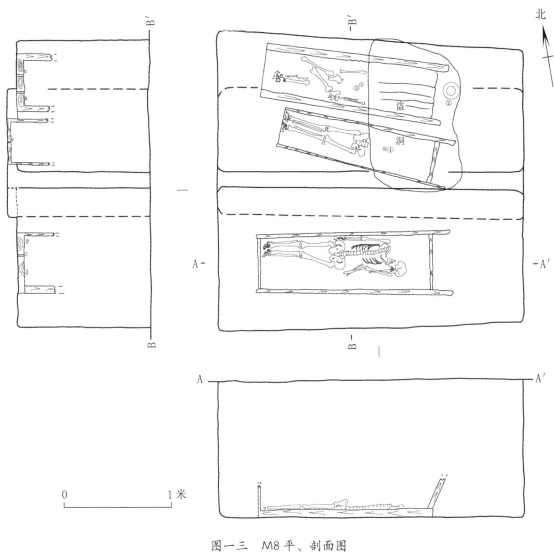

图一三　M8平、剖面图

1、3.铜钱　2.青花缠枝花卉罐

　　M11位于地块的东北部，T1321探方内，北邻M12。开口于②层下，南北向，方向170°。平面为长方形，竖穴土圹三棺墓，墓壁竖直，底部较平。墓圹长2.8米、宽4米，墓口距地表深1.6米，墓口距墓底深1.3米，内葬三棺，棺木已朽。中棺早于西棺、东棺。

　　西棺长2.1米、宽0.45～0.6米、残高0.4米、板厚0.1米。棺内骨架长1.8米，头朝南，面向下，仰身直肢葬，骨架保存较好。骨骼粗壮，为男性。白灰底，厚约0.02米。中棺长1.9米、宽

0.5 ~ 0.6 米、残高 0.4 米。棺内骨架长 1.7 米，头朝南，面向南，仰身直肢葬，骨架保存较好。骨骼纤细，为女性。白灰底，厚约 0.02 米。东棺长 2 米、宽 0.5 ~ 0.6 米、残高 0.4 米、板厚 0.1 米。棺内骨架长 1.5 米，头朝南，面向上，仰身直肢葬，骨架保存较好。骨骼纤细，为女性。草木灰底，厚约 0.01 米（图一四；彩版五九，1）。随葬鎏金银簪 1 件、银鎏金扁方 2 件、铜钱数枚。

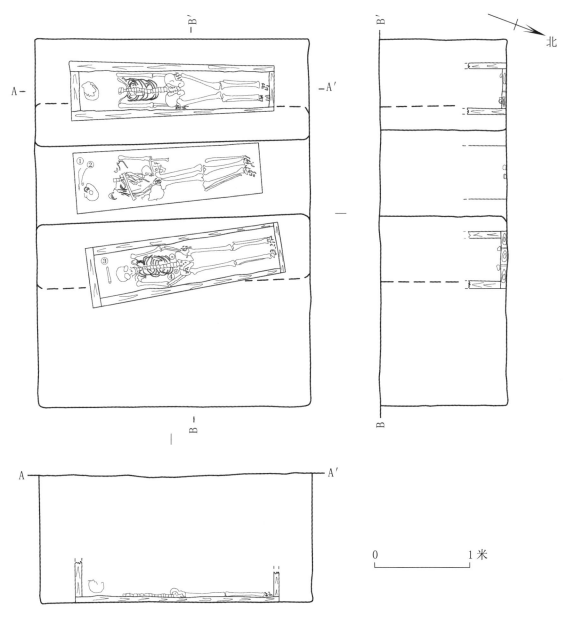

图一四　M11 平、剖面图

1. 鎏金银簪　2、3. 银鎏金扁方　4. 铜钱

M32 位于地块的中东部，T0820 探方内，东邻 M19。开口于②层下，东西向，方向 95°。平面为梯形，竖穴土坑三棺墓，墓壁竖直，底部较平。墓圹长 2.8 米、宽 2.9 ~ 3 米，墓口距地表深 1.8

米，墓口距墓底深 1.3 米。内葬三棺，棺木已朽。中棺晚于南棺，北棺晚于中棺。

　　南棺棺痕长 1.95 米、宽 0.5 ～ 0.6 米、残高 0.4 米、板厚 0.08 米。棺内骨架长 1.6 米，头朝东，面向东，仰身直肢葬，骨架保存较差。骨骼粗壮，为男性。白灰底，厚约 0.02 米。中棺长 2 米、宽 0.5 ～ 0.7 米、残高 0.4 米、板厚 0.08 米。棺内骨架长 1.5 米，头朝东，面向西，仰身直肢葬，骨架保存差。骨骼纤细，为女性。草木灰底，厚约 0.01 米。北棺棺痕长 2 米、宽 0.6 ～ 0.7 米、残高 0.4 米。棺骨架长 1.48 米，头朝东，头骨破碎，面向不详，右侧曲肢葬，骨架保存差。骨骼纤细，为女性。草木灰底，厚约 0.01 米（图一五；彩版五九，2）。随葬青花缠枝花卉罐 1 件、银扁方 2 件、银簪 2 件、银耳环 1 件、银指环 1 件、铜钱数枚。

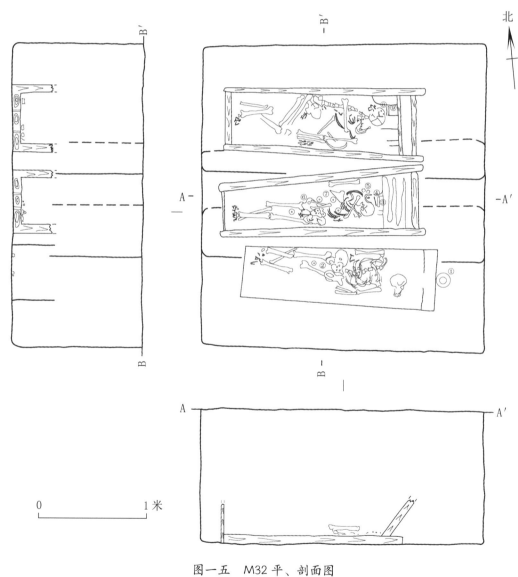

图一五　M32 平、剖面图

1. 青花缠枝花卉罐　2、7. 铜钱　3、9. 银扁方　4、8. 银簪　5. 银耳环　6. 银指环

三、随葬器物

共出土随葬品 61 件（不含铜钱），器型有罐、簪、耳环、指环、帽顶等。出土铜钱 44 组，共 184 枚。

（一）陶器

共 3 件。

半釉陶罐 1 件。M38：1，轮制，直口，方圆唇，斜弧腹，平底内凹。器物口部到腹部施浅黄色釉，釉色薄厚不均，遗有流釉痕迹，腹部以下露胎。口径 10 厘米、腹径 10.8 厘米、底径 8.5 厘米、高 10.5 厘米（图一六，2；彩版六五，10）。

酱釉陶罐 1 件。M25：1，轮制，直口圆唇，短束颈，丰肩向下弧收至圈足，底露胎。体施酱红色釉。口径 7.8 厘米、肩径 13.3 厘米、底径 7.5 厘米、高 13.6 厘米（图一六，1；彩版六五，9）。

买地券 1 块。M27：1，陶质，正方形，正面残留朱砂痕迹，模糊不清，边长 41 厘米、厚 5 厘米（彩版六五，8）。

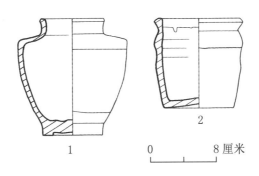

图一六　出土陶器

1. 酱釉陶罐（M25：1）　2. 半釉陶罐（M38：1）

（二）瓷罐

共 6 件。

黑釉瓷罐 1 件。M2：1，残，轮制，侈口，圆唇，束颈、圆肩，鼓腹弧收至圈足，内外施乌金釉，罐下部釉层较薄，呈酱黄色。口径 7 厘米、腹径 13 厘米、底径 8.4 厘米、高 11.2 厘米（图一七，6；彩版六一，3）。

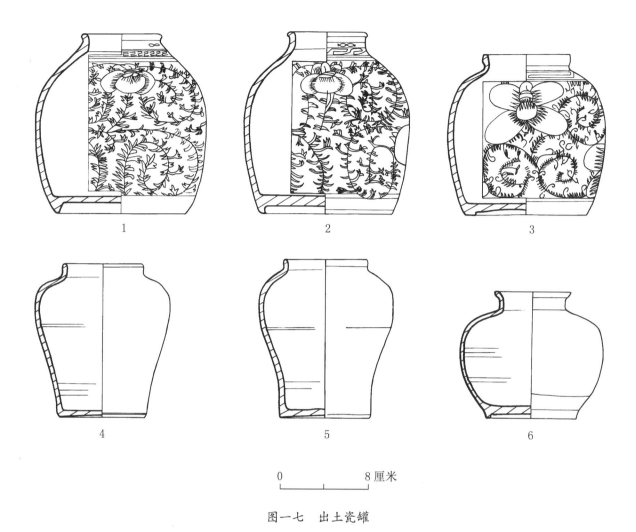

0   8厘米

图一七　出土瓷罐

1～3青花缠枝花卉罐（M6：2、M32：1、M8：2）　4、5.青釉瓷罐（M39：1、M41：1）　6.黑釉瓷罐（M2：1）

　　青花缠枝花卉罐3件。M6：2，直口，圆唇，矮束颈，溜肩，鼓腹弧收，内圈足。颈、肩部饰弦纹五道，弦纹中间饰一周回纹，腹部饰缠花卉纹，下部饰两道弦纹。口径6.6厘米、腹径15.7厘米、底径11.9厘米、高15.9厘米（图一七，1；彩版六〇，1）。M8：2，口径8厘米、腹径14.5厘米、底径11.2厘米、高14.2厘米（图一七，3；彩版六〇，3）。M32：1，口径7.1厘米、腹径15.2厘米、底径12厘米、高16厘米（图一七，2；彩版六〇，2）。

　　青釉瓷罐2件。M39：1，直口，方唇，矮领，丰肩，鼓腹弧收，平底微凹，体施青釉，口、底露胎呈酱黄色，内壁留有轮旋痕迹。口径7.3厘米、腹径12.4厘米、底径8厘米、高13.6厘米（图一七，4；彩版六一，1）。M41：1，口径7.6厘米、腹径12.4厘米、底径8.5厘米、高14厘米（图一七，5；彩版六一，2）。

（三）玉器

共 3 件。

玉烟嘴 1 件。M6：1，白玉质，体呈玉瓶状，上部较细，顶端近似蘑菇头状，下部为圆柱形，有孔贯穿，通体素面无纹饰。通长 6.4 厘米、直径 1.5 厘米（图一八，2；彩版六一，5）。

玉指环 1 件。M28：5，白玉质，体呈环形，截面为半圆形，素面无纹。外径 2.4 厘米、内径 1.8 厘米、宽 0.8 厘米、截面厚度 0.3 厘米（图一八，3；彩版六一，4）。

玉饰件 1 件。M35：1，玉质，呈碌磗状，器身一圈饰瓜棱纹，两端饰有葵花纹，中部横穿一孔，色泽呈黄墨色。高 3.5 厘米、两端直径 2.8 厘米、中部直径 3.3 厘米、孔径 0.35 厘米（图一八，1；彩版六一，6）。

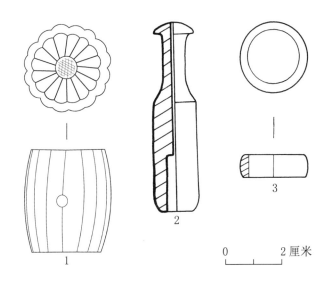

图一八　出土玉器

1. 玉饰件（M35：1）　2. 玉烟嘴（M6：1）　3. 玉指环（M28：5）

（四）料器

共 1 件。

帽顶 1 件。M13：1，残，主体为白色球体，中空，下有铜质底座，腐蚀严重，中间有铤连接。通高 3.9 厘米、直径 2.6 厘米（图二三，4；彩版六五，7）。

（五）银器

共36件。

扁方10件。

M11:2，残，通体鎏金，体呈长方形扁条状，首卷曲一周半，末端呈圆弧状。首卷曲处浮雕一蝙蝠，下方錾刻一圆形"寿"字，背面錾刻"九星"二字。长16.8厘米、宽1厘米（图一九，1；彩版六二，1）。

M11:3，通体鎏金，体呈长方形扁条状，首卷曲一周半，末端呈圆弧状。首卷曲处浮雕一蝙蝠，下方錾刻一圆形"寿"字。长13.9厘米、宽1.5厘米（图一九，3；彩版六二，2）。

M30:2，通体鎏金，体呈长方形扁条状，首卷曲一周半，末端呈圆弧状。首卷曲处浮雕一蝙蝠，下方錾刻一圆形"寿"字，尾錾刻一蝙蝠图案，背面錾刻"张店"二字。长16.7厘米、宽1.2厘米（图一九，2；彩版六二，3）。

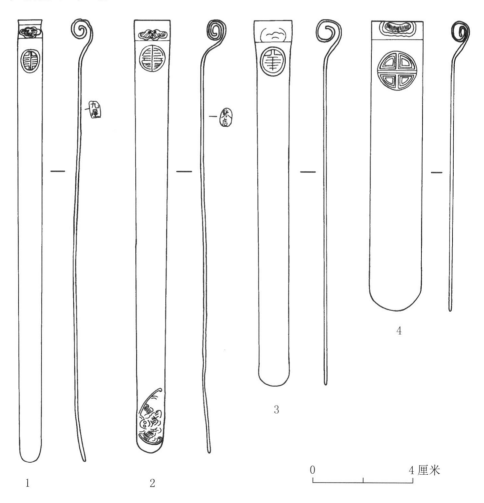

0   4厘米

图一九 出土扁方

1~4.银鎏金扁方（M11:2、M30:2、M11:3、M25:2）

M25：2，局部鎏金，体呈长方形扁条状，首卷曲一周半，末端呈圆弧状。首卷曲处浮雕一蝙蝠，下方錾刻一圆形"寿"字，尾錾刻一蝙蝠图案。长 11.1 厘米、宽 2 厘米（图一九，4；彩版六二，5）。

M4：1，体呈长方形扁条状，首卷曲一周半，末端呈圆弧状。首錾刻一圆形"寿"字，尾錾刻蝙蝠图案。长 8.8 厘米、宽 1.3 厘米（图二〇，3；彩版六二，7）。

M16：1，体呈细长条形，首卷状，截面呈梅花状，顶端 1.2 厘米处向后翻折约 45°，下部修长如尺，素面无纹。通长 19.5 厘米、宽 0.6 ~ 1 厘米（图二〇，1；彩版六二，8）。

M5：3，残，首扁平呈长方形，饰有镂空花卉纹，体上窄下宽，修长如尺，圆尾，表面饰花鸟纹。长 12.6 厘米（图二〇，4；彩版六三，1）。

M5：4，锈蚀，体呈长方形扁条状，首圆卷弯曲一周，末端呈圆弧状，通体素面。长 11.4 厘米、宽 2 厘米（图二〇，2；彩版六二，6）。

M32：3，锈蚀，首扁平呈长方形，饰有镂空蝙蝠中国结，体上窄下宽，修长如尺，圆尾，表面饰三多纹。长 12.3 厘米（图二〇，5；彩版六三，2）。

M32：9，残，首扁平呈长方形，饰有镂空蝙蝠和双联铜钱纹，体上窄下宽，修长如尺，圆尾，表面饰花卉纹。通长 11.5 厘米（图二〇，6；彩版六三，3）。

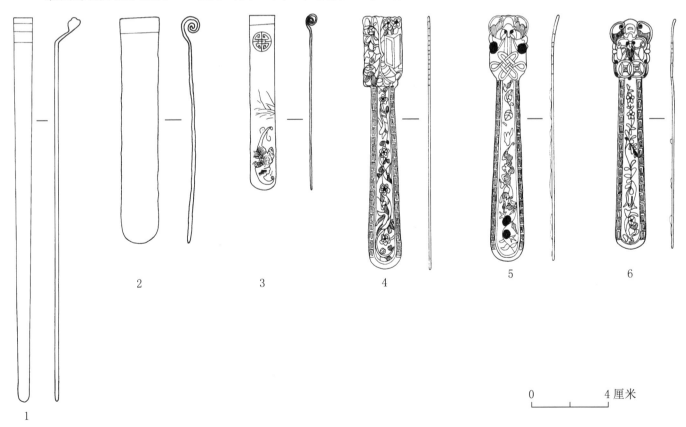

0   4 厘米

图二〇　出土银扁方

1 ~ 6. 银扁方（M16：1、M5：4、M4：1、M5：3、M32：3、M32：9）

银簪 16 件。

M11：1，残，局部鎏金，通体似剑状，簪首为剑柄状，饰有弦纹，簪体扁平，尾端纤细，上半部饰有莲花纹。通长 16.3 厘米（图二一，12；彩版六三，6）。

M25：3，残，局部鎏金，簪首已残，残留部分呈葫芦状，簪体细长呈圆柱形，尾端圆锥形，通体素面。通长 12 厘米（图二一，8；彩版六三，7）。

M30：3，通体鎏金，簪首形似耳勺，颈部饰弦纹，簪体细长呈圆柱形，尾端圆锥形，素面无纹。通长 19.8 厘米（图二一，11；彩版六二，4）。

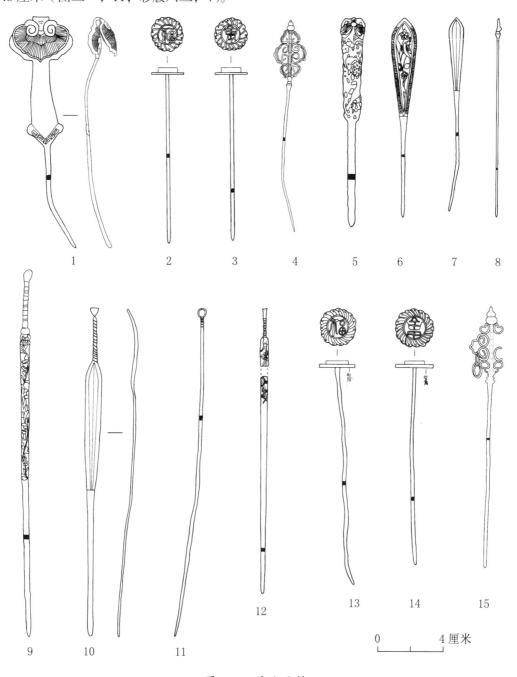

图二一　出土头饰

1 ~ 7.银簪（M5：5、M29：1、M29：2、M4：2、M32：4、M5：2、M29：3）

8 ~ 15.银簪（M25：3、M9：1、M32：8、M30：3、M11：1、M28：3、M28：4、M28：2）

M4：2，残，禅杖形，簪首为连环花瓣状，簪体呈圆锥形，残长 12.9 厘米（图二一，4）。

M5：2，局部鎏金，簪体为柳叶形，一端细长，表面錾刻花鸟纹，边缘錾刻一周回文。长 12.1 厘米（图二一，6；彩版六三，4）。

M5：5，残，簪体呈如意形，簪首为两层如意头状，面饰祥云图案。簪体扁平，尾部尖细呈锥形。通长 13.9 厘米（图二一，1）。

M9：1，通体似剑状，簪首为剑柄状，饰有弦纹，簪体扁平，尾端纤细，上半部饰有花草纹。通长 22.1 厘米（图二一，9；彩版六四，2）。

M28：2，残，局部鎏金，禅杖形，顶呈葫芦状，簪首为连环花瓣形，簪体呈圆锥形。残长 15.9 厘米（图二一，15；彩版六三，8）。

M28：3，局部鎏金，簪体呈圆锥形，簪首呈扁平花瓣状，中部凸起呈圆环形，内嵌篆书"福"字纹，背面錾刻"杉珍"二字。通长 13.3 厘米（图二一，13；彩版六四，3）。

M28：4，局部鎏金，簪体呈圆锥形，簪首呈扁平花瓣状，中部凸起呈圆环形，内嵌篆书"寿"字纹，背面錾刻"谷万"二字。通长 12.3 厘米（图二一，14；彩版六四，4）。

M29：1，簪体呈圆锥形，簪首呈扁平花瓣状，中部凸起呈圆环形，内嵌篆书"福"字纹。通长 10.6 厘米（图二一，2；彩版六四，5）。

M29：2，簪体呈圆锥形，簪首呈扁平花瓣状，中部凸起呈圆环形，内嵌篆书"寿"字纹。通长 10.4 厘米（图二一，3；彩版六四，6）。

M29：3，锈残，簪体为柳叶形，一端细长，表面錾刻竖状叶脉纹。通长 11.5 厘米（图二一，7）。

M29：4，锈残，禅杖形，顶呈葫芦状，簪首为连环花瓣形，簪体呈圆锥形。残长 13 厘米。

M32：4，残，局部鎏金，簪首扁平，上宽下窄，镂空呈弯形，饰有蝴蝶与花鸟图案，簪体扁平似剑，无纹。通长 12.4 厘米（图二一，5；彩版六三，5）。

M32：8，锈残，簪体为柳叶形，一端细长，表面为棱状，簪首上端为绳索状。通长 19.8 厘米（图二一，10；彩版六四，1）。

银耳环 3 对。M5：1，1 对，残，体呈"C"形，上部为圆锥状，中部为两只蝙蝠捧一"寿"字，下部为长条形，上面錾刻花草纹。直径 2.9 厘米（图二二，1；彩版六五，1）。M5：6，1 对，残，体呈"C"形，上部为圆锥状，中部錾刻瑞蚨纹，下部呈长条形。直径 3.1 厘米（图二二，2；彩版六五，2）。M32：5，1 对，残，局部鎏金，体呈"C"形，上部为圆锥状，中部镂空方胜纹，下部呈长条形，中间有凹槽。直径 3.4 厘米（图二二，3；彩版六五，3）。

银指环 2 件。M16：2，体呈环形，截面为半圆形，素面无纹。直径 1.8 厘米（图二二，6；彩版六五，4）。M32：6，通体鎏金，体呈环形，由一扁长银条弯曲而成，表面饰暗八仙。直径 2 厘米（图二二，5；彩版六五，5）。

鎏金银手镯 1 对。M30：4，1 对，通体鎏金，体呈"C"形，通体素面，由一圆柱形鎏金银条弯曲而成，接口平齐，镯子内侧刻有"裕丰包金"四字，截面直径 0.65 厘米，直径 6.5～7.3 厘米（图二二，4；彩版六五，6）。

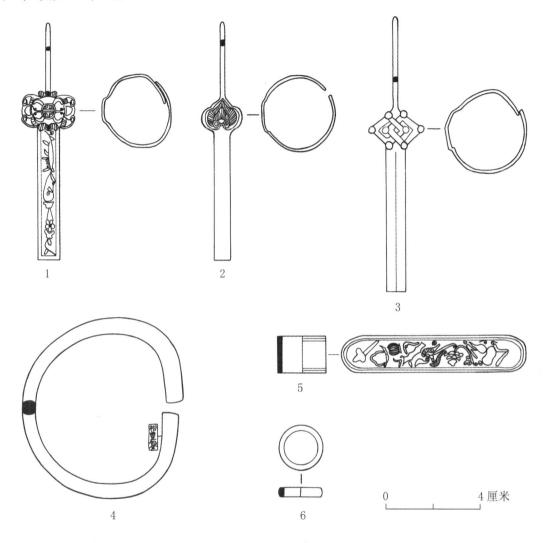

图二二　出土饰件

1～3.银耳环（M5：1、M5：6、M32：5）4.鎏金银手镯（M30：4）5、6.银指环（M32：6、M16：2）

（六）铜器

共 12 件。

铜烟锅 3 件。M2：3，残，由烟锅、烟杆、烟嘴三部分组成。烟锅、烟嘴为铜铸，素面无纹，中间木杆已腐朽。通长 24 厘米，烟锅直径 2.1 厘米，烟嘴长 9.3 厘米、直径 0.7～1.2 厘米（图二三，2）。M5：7，残，由烟锅、烟杆、烟嘴三部分组成。烟锅、烟嘴为铜铸，中间木杆已腐朽。烟嘴细长，表面饰有一圆形"寿"字。通长 29.1 厘米，烟锅直径 2 厘米，烟嘴长 16.9 厘米、直径 0.4～1 厘米

（图二三，1）。M23：1，残，由烟锅、烟杆、烟嘴三部分组成。烟锅、烟嘴为铜铸，素面无纹，中间木杆已腐朽。通长 18.1 厘米，烟锅直径 2.5 厘米，烟嘴长 6.7 厘米、直径 0.6 ~ 1 厘米（图二三，3）。

铜钮扣 3 组，每组 3 件，共 9 件。M25：5、M28：7、M29：6，锈残，形制相同，大小两种规格，通体素面。扣体为球形，内部空心，扣柄呈圆环形。大扣球径 1.4 厘米，小扣球径 0.9 厘米（图二三，5）。

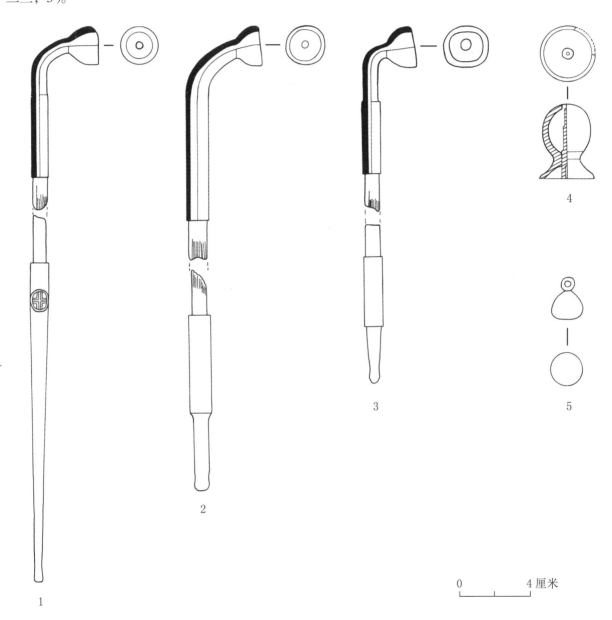

0   4 厘米

图二三　出土器物

1 ~ 3.铜烟锅（M5：7、M2：3、M23：1）　4.帽顶（M13：1）　5.铜钮扣（M29：6）

（七）铜钱

共44组，184枚。可辨146枚，其余38枚无法辨认。

货泉1枚。圆形方穿，正面、背面有圆郭，正面铸钱文"货泉"二字，篆书，右左对读，背面无纹。M11：4-2，郭径2.15厘米、钱径1.95厘米、郭厚0.1厘米，重量2.1克（图二四，1）。

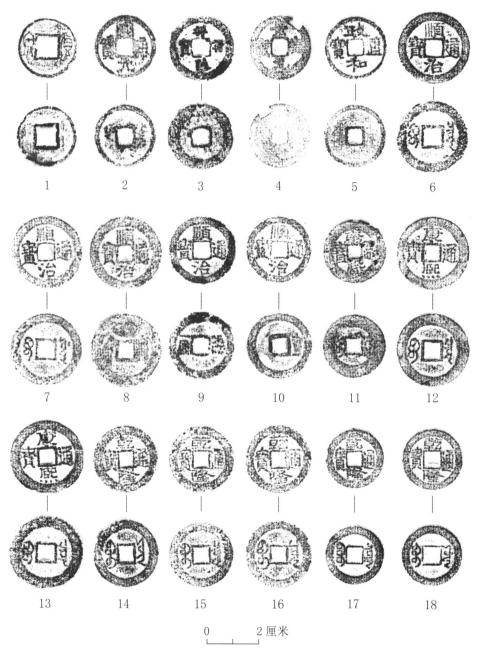

0　　　2厘米

图二四　出土铜钱拓片

1. 货泉（M11：4-2） 2. 开元通宝（M21：1-4） 3. 祥符通宝（M21：1-2） 4. 景祐元宝（M14：1-2）
5. 政和通宝（M11：4-1） 6 ～ 10. 顺治通宝（M12：1、M20：1-1、M20：1-4、M21：1-1、M36：1-2）
11 ～ 13. 康熙通宝（M18：1、M20：1-10、M20：1-22） 14 ～ 18. 乾隆通宝（M26：2-1、M35：3、M36：1-1、
M37：2-1、M37：1-3）

开元通宝 1 枚。圆形方穿，正面、背面有圆郭，正面铸钱文"开元通宝"四字，楷书，上下右左对读。M21：1-4，郭径 2.3 厘米、钱径 1.95 厘米、郭厚 0.1 厘米，重量 2.91 克（图二四，2）。

祥符通宝 1 枚。圆形方穿，正面、背面有圆郭，正面铸钱文"祥符通宝"四字，楷书，旋读。M21：1-2，郭径 2.45 厘米、钱径 1.85 厘米、郭厚 0.1 厘米，重量 3.39 克（图二四，3）。

景祐元宝 1 枚。圆形方穿，正面、背面有圆郭，正面铸钱文"景祐元宝"四字，楷书，旋读。M14：1-2，郭径 2.3 厘米、钱径 1.8 厘米、郭厚 0.1 厘米，重量 2.53 克（图二四，4）。

政和通宝 1 枚。圆形方穿，正面、背面有圆郭，正面铸钱文"政和通宝"四字，楷书，上下右左对读，背面无纹。M11：4-1，郭径 2.25 厘米、钱径 2 厘米、郭厚 0.1 厘米，重量 2.1 克（图二四，5）。

顺治通宝 11 枚。圆形方穿，正面、背面有圆郭，正面铸钱文"顺治通宝"四字，楷书，上下右左对读，背面穿左右为满文。标本 M12：1，郭径 2.7 厘米、钱径 2.05 厘米、郭厚 0.1 厘米，重量 4.26 克（图二四，6）。标本 M20：1-1，郭径 2.7 厘米、钱径 2.05 厘米、郭厚 0.1 厘米，重量 3.42 克（图二四，7）。标本 M20：1-4，郭径 2.80 厘米、钱径 2 厘米、郭厚 0.1 厘米，重量 4.03 克（图二四，8）。标本 M21：1-1，郭径 2.5 厘米、钱径 1.9 厘米、郭厚 0.1 厘米，重量 3.69 克（图二四，9）。标本 M36：1-2，郭径 2.4 厘米、钱径 1.9 厘米、郭厚 0.1 厘米，重量 2.48 克（图二四，10）。

康熙通宝 40 枚。圆形方穿，正面、背面有圆郭，正面铸钱文"康熙通宝"四字，楷书，上下右左对读，背面穿左右为满文。标本 M18：1，郭径 2.3 厘米、钱径 1.6 厘米、郭厚 0.1 厘米，重量 2.92 克（图二四，11）。标本 M20：1-10，郭径 2.75 厘米、钱径 2 厘米、郭厚 0.1 厘米，重量 5.22 克（图二四，12）。标本 M20：1-22，郭径 2.8 厘米、钱径 2 厘米、郭厚 0.1 厘米，重量 4.61 克（图二四，13）。

乾隆通宝 52 枚。圆形方穿，正面、背面有圆郭，正面铸钱文"乾隆通宝"四字，楷书，上下右左对读，背面穿左右为满文纪局名。标本 M26：2-1，郭径 2.5 厘米、钱径 1.8 厘米、郭厚 0.1 厘米，重量 3.02 克（图二四，14）。标本 M35：3，郭径 2.45 厘米、钱径 1.75 厘米、郭厚 0.1 厘米，重量 3.17 克（图二四，15）。标本 M36：1-1，郭径 2.5 厘米、钱径 1.8 厘米、郭厚 0.1 厘米，重量 2.61 克（图二四，16）。标本 M37：2-1，郭径 2.2 厘米、钱径 1.6 厘米、郭厚 0.15 厘米，重量 4.49 克（图二四，17）。标本 M37：1-3，郭径 2.25 厘米、钱径 1.65 厘米、郭厚 0.15 厘米，重量 4.21 克（图二四，18）。

嘉庆通宝 7 枚。圆形方穿，正面、背面有圆郭，正面铸钱文"嘉庆通宝"四字，楷书，上下右左对读，背面穿左右为满文纪局名。标本 M9：2-1，郭径 2.3 厘米、钱径 1.7 厘米、郭厚 0.1 厘米，重量 2.89 克（图二五，1）。标本 M14：1-1，郭径 2.3 厘米、钱径 1.7 厘米、郭厚 0.1 厘米，重量 3.76 克（图二五，2）。标本 M30：5-1，郭径 2.25 厘米、钱径 1.75 厘米、郭厚 0.1 厘米，重量 3.07 克（图二五，3）。

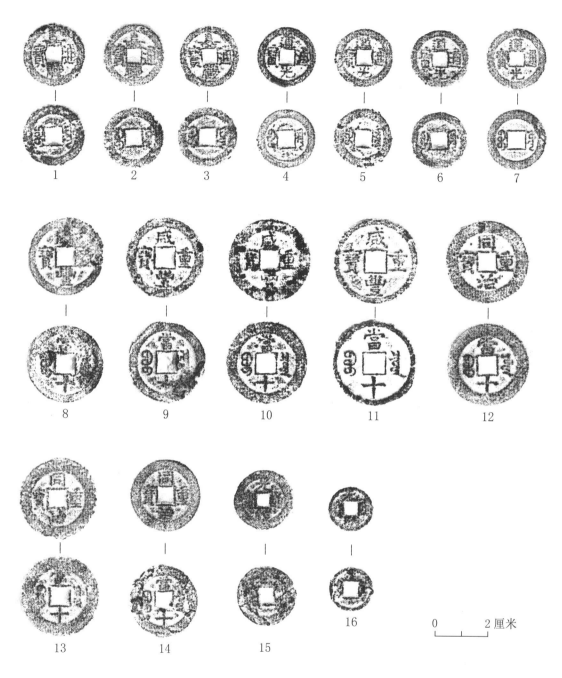

图二五 出土铜钱拓片

1～3.嘉庆通宝（M9：2-1、M14：1-1、M30：5-1） 4～7.道光通宝（M2：2-2、M5：8-1、M29：5-1、
M24：1-1） 8～11.咸丰重宝（M4：3-1、M32：7-3、M25：4-1、M8：1） 12～14.同治重宝（M25：4-2、
M32：7-1、M31：3-1） 15、16.光绪通宝（M31：1-2、M31：1-1）

道光通宝14枚。圆形方穿，正面、背面有圆郭，正面铸钱文"道光通宝"四字，楷书，上下右
左对读，背面穿左右为满文纪局名。标本 M2：2-2，郭径 2.2 厘米、钱径 1.65 厘米、郭厚 0.15 厘米，
重量 4.06 克（图二五，4）。标本 M5：8-1，郭径 2.2 厘米、钱径 1.65 厘米、郭厚 0.15 厘米，重量
3.11 克（图二五，5）。标本 M29：5-1，郭径 2.15 厘米、钱径 1.65 厘米、郭厚 0.15 厘米，重量 2.98

克（图二五，6）。标本 M24：1-1，郭径 2.25 厘米、钱径 1.6 厘米、郭厚 0.1 厘米，重量 3.02 克（图二五，7）。

咸丰重宝 4 枚。圆形方穿，正面、背面郭缘稍窄，正面铸钱文"咸丰重宝"四字，楷书，上下右左对读，背面穿左右为满文纪局名，上下楷书"当十"二字。M4：3-1，郭径 2.95 厘米、钱径 2.3 厘米、郭厚 0.2 厘米，重量 6.63 克（图二五，8）。M32：7-3，郭径 3.15 厘米、钱径 2.25 厘米、郭厚 0.2 厘米，重量 8.27 克（图二五，9）。M25：4-1，郭径 3.25 厘米、钱径 2.2 厘米、郭厚 0.2 厘米，重量 11.51 克（图二五，10）。M8：1，郭径 3.3 厘米、钱径 2.8 厘米、郭厚 0.25 厘米，重量 12.18 克（图二五，11）。

同治重宝 9 枚。圆形方穿，正面、背面有圆郭，正面铸钱文"同治重宝"四字，楷书，上下右左对读，背面穿左右为满文纪局名，上下楷书"当十"二字。标本 M25：4-2，郭径 3.25 厘米、钱径 2.15 厘米、郭厚 0.15 厘米，重量 9.54 克（图二五，12）。标本 32：7-1，郭径 3.1 厘米、钱径 2 厘米、郭厚 0.15 厘米，重量 7.17 克（图二五，13）。标本 M31：3-1，郭径 2.8 厘米、钱径 1.85 厘米、郭厚 0.2 厘米，重量 5.22 克（图二五，14）。

光绪通宝 3 枚。圆形方穿，正面、背面有圆郭，正面铸钱文"光绪通宝"四字，楷书，上下右左对读，背面穿左右为满文纪局名。标本 M31：1-2，郭径 2.2 厘米、钱径 1.55 厘米、郭厚 0.1 厘米，重量 2.82 克（图二五，15）。标本 M31：1-1，郭径 1.65 厘米、钱径 1.4 厘米、郭厚 0.15 厘米，重量 1.89 克（图二五，16）。

四、结语

分钟寺一级开发项目 L39、L41 地块共发掘墓葬 43 座，均为土圹竖穴墓，为北京清代墓葬常见形制。墓葬中单棺墓、双棺墓、三棺墓中木质葬具腐朽程度不一，人骨多数有所保存，葬式以仰身直肢葬为主，还有少量的仰身曲肢葬、侧身曲肢葬。墓主人头部棺外往往放置釉陶罐或瓷罐 1 件，棺内多随葬墓主人生前佩戴的饰品，如头簪、扁方、耳环等。其中，M1 ~ M9、M18、M20、M24 ~ M37、M40 出土铜钱的纪年最早为顺治，最晚为光绪。M11、M14、M21 出土泉、元通宝、符通宝、祐元宝等，基本伴随清代铜钱一同出土。因此本次发掘的墓葬年代均为清代，其中中晚期墓葬占大宗。

此次发掘的清代墓葬随葬品不丰富，应为平民墓葬。从墓葬分布来看，主要为家族墓葬群。发掘区的东南部以 M23 为首，为一处家族墓，头向北。中东部以 M27 为首，为燕翅形家族墓地，头向东。东北部以 M11 为首，为一家族墓地，头向南。中北部以 M40 为首，为一家族墓地，头向北。中部以 M18 为首，为一家族墓地，头向西。中南部以 M37 为首，为一家族墓地，头向西。

经验骨专家对骨架鉴定，男性骨架占 49%，女性骨架占 48%，身份不明占 3%。仰身直肢葬占 77%、侧身曲肢葬占 10%、俯身直肢葬占 1.7%、葬式不详占 11.3%。年龄最小 8 ~ 10 岁，最大

60 ～ 65 岁。M19 北棺、M24 为迁葬墓，M3 北棺为火烧骨。其中被盗扰的墓葬有 12 座，均为墓葬的前半部分盗扰。

丰台区分钟寺村清代墓葬资料梳理，为了解北京地区清代的丧葬观念、丧葬习俗、墓葬结构特点及所反映的社会发展状况提供了珍贵的实物资料。

发掘：韩鸿业 董坤玉 褚旭

绘图：易佳 彭玉全 赵莉莉

摄影：易佳

执笔：韩鸿业 董坤玉

丰台区纪家庙清墓发掘简报

  丰台花乡纪家庙清墓考古发掘区位于京沪铁路线以南、南三环以北，南邻万柳园小区、西邻万柳西园北区（图一）。2021 年 11 月，为配合丰台区花乡纪家庙村棚户区改造土地开发项目（一期）（自行拆分建设用地及代征道路）建设，北京市考古研究院对该项目占地范围内发现的墓葬进行了考古发掘，共发掘清理清代墓葬 14 座（图二），发掘面积 110 平方米。

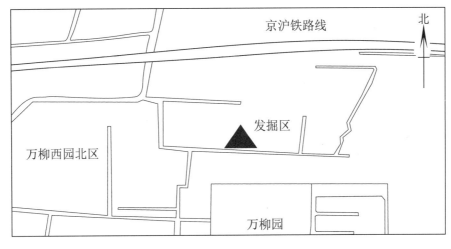

图一　发掘区位置示意图

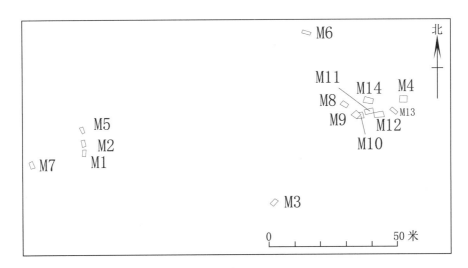

图二　墓葬分布平面图

一、墓葬形制

墓葬为长方形、梯形及不规则形竖穴土坑墓。葬具为木棺，依内葬棺数多寡分为单棺墓、双棺墓、三棺墓，其中单棺墓6座、双棺墓5座、三棺墓3座。

（一）单棺墓

共6座。分长方形竖穴土坑墓和梯形竖穴土坑墓，分别为M1、M2、M5 ~ M7、M13。以M2为例。

M2位于发掘区西部，北邻M5。开口于②层下，南北向，方向350°，梯形竖穴土坑单人葬墓。墓圹南北长2.8米、东西宽1.2 ~ 1.3米。墓口距地表深0.6米，墓口距墓底深1.2米。室内木棺长2.1米、宽0.6 ~ 0.7米、残高0.4米、板厚0.08 ~ 0.1米。棺内葬男性骨架1具，保存较差，残长1.4米，头骨因水漂移至两腿骨中部，头向西，面向南，仰身直肢。白灰底，厚约0.01米。棺外北端出土瓷罐1件，棺底中部出土铜钱3枚（图三；彩版六六，1）。

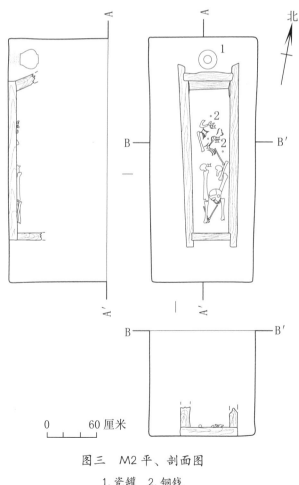

图三 M2平、剖面图

1.瓷罐 2.铜钱

（二）双棺墓

共 5 座。分长方形竖穴土坑墓和梯形竖穴土坑墓，分别为 M3、M8、M11、M12、M14。以 M8 为例。

M8 位于发掘区东北部。开口于②层下，东西向，方向 310°，梯形竖穴土坑双人合葬墓。墓圹东西长 2.8 米，南北宽 1.9 ~ 2.2 米，墓口距地表深 1.3 米，墓口距墓底深 1 米。墓内葬双棺，棺木已残。南棺长 2.1 米、宽 0.65 ~ 0.8 米、残高 0.36 米、板厚 0.06 ~ 0.1 米。棺内葬女性骨架 1 具，保存较差，长 1.46 米，头朝西，面向上，仰身直肢。草木灰底，厚约 0.01 米。北棺长 2.1 米、宽 0.6 ~ 0.75 米、残高 0.3 米、板厚 0.06 ~ 0.1 米。棺内葬男性骨架 1 具，保存较差，长 1.6 米，头朝东，面向下，仰身直肢。黄沙底，厚约 0.02 米。南棺头部出土银扁方 1 件、银簪 2 件、银耳环 2 件、铜钱 4 枚（图四；彩版六六，2）。

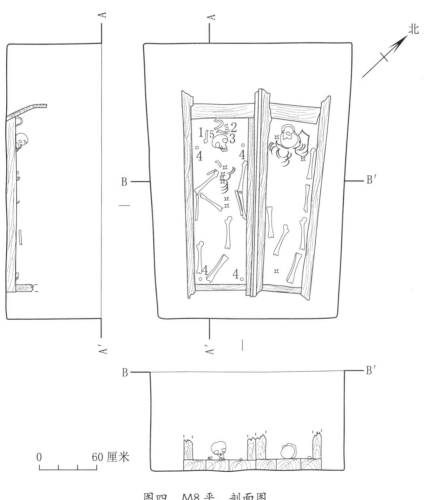

图四　M8 平、剖面图

1. 银扁方　2. 银耳环　3、5. 银簪　4. 铜钱

（三）三棺墓

共3座。分长方形竖穴土坑墓和梯形竖穴土坑墓，分别为M4、M9、M10。以M9为例。

M9位于发掘区东北部，东邻M11。开口于②层下，南北向，方向330°，梯形竖穴土坑三人合葬墓。墓圹南北长3米、东西宽2.6～2.9米。墓口距地表深1.8米，墓口距墓底深0.8～1米。墓内葬三棺，棺木已残。西棺长2.1米、宽0.56～0.7米、残高0.4米、板厚0.1米；棺内葬女性骨架1具，保存较差，长1.78米，头朝北，面向南，仰身直肢。松香灌底，厚约0.01米。中棺长2.06米、宽0.6～0.84米、残高0.5米、板厚0.1米；棺内葬女性骨架1具，保存较好，长1.7米，头朝北，面向东，仰身直肢。东棺长2.1米、宽0.64～0.8米、残高0.4米、板厚0.1米；棺内葬男性骨架1具，保存较好，残长1.42米，头朝北，面向西，仰身直肢。草木灰底，厚约0.01米。中棺外北部出土釉陶罐1件，棺内出土银戒指1件、铜钱5枚，西棺出土银指环1件，东棺外北部出土瓷罐1件（图五；彩版六六，3）。

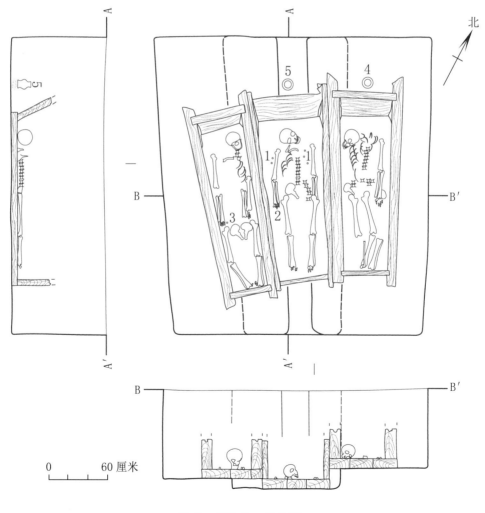

图五 M9平、剖面图

1.铜钱 2.银戒指 3.银指环 4.瓷罐 5.釉陶罐

二、随葬器物

出土随葬品 11 件，即釉陶罐 1 件、瓷罐 2 件，银簪 3 件、银扁方 1 件、银耳环 2 件，银戒指 1 件、银指环 1 件。此外出土铜钱 55 枚。

釉陶罐 1 件。M9：5，口沿略残，红胎质较粗。侈口，平唇，束颈，溜肩，弧腹，平底。器体及口沿内侧施黄褐色釉，釉色薄厚不均，遗有流釉痕迹。轮制，器体留有旋痕。通高 13.6 厘米，口径 9.2 厘米、腹径 12 厘米、底径 8 厘米（图六，3；彩版六七，1）。

瓷罐 2 件。M2：1，胎质细腻，敛口，圆唇，短颈，溜肩，弧腹，平底。器身通体白釉泛青，饰青花缠枝莲纹。底亮青釉，露胎。轮制。通高 19 厘米、口径 9 厘米、腹径 18 厘米、底径 11.6 厘米，内圈足高 0.4 厘米（图六，1；彩版六七，2）。M9：4，胎质细腻，直口，平唇，短颈，溜肩，弧腹，平底。器身通体白釉泛青，饰四叶花瓣缠枝莲纹。底亮青釉，露胎。轮制。通高 14.6 厘米、口径 8.6 厘米、腹径 15 厘米、底径 11.6 厘米、内圈足高 0.1 厘米（图六，2；彩版六七，3）。

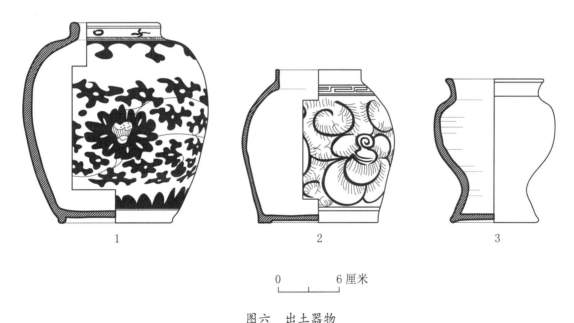

0 —— 6 厘米

图六　出土器物

1、2.瓷罐（M2：1、M9：4）　3.釉陶罐（M9：5）

银簪 3 件。M3：1，簪首残，连环棱形花瓣状，簪体锈蚀，细长锥形。手工制作。残长 9 厘米、簪首残长 3.5 厘米、簪体长 5.5 厘米、直径 0.1 ~ 0.2 厘米（图七，1）。M8：3，簪首残，与簪体连接处呈梅花状，簪体细长呈圆锥形。手工制作。残长 11 厘米、簪首残长 3.5 厘米、簪体长 7.5 厘米、直径 0.1 ~ 0.2 厘米（图七，2；彩版六七，6）。M8：5，簪首残，簪体细长呈圆锥形。手工制作。残长 11.3 厘米、簪首残长 1.1 厘米、簪体长 10.2 厘米、直径 0.1 ~ 0.15 厘米（图七，3；彩版六七，7）。

银扁方 1 件。M8 : 1，长方形方首镂空，饰蝙蝠与"寿"字图案，方身上窄下宽圆弧，面饰莲花连枝纹。铸造磨制而成。通长 12.4 厘米，方首长 3.2 厘米、宽 2.2 厘米，方身长 11 厘米、宽 1 ~ 1.5 厘米，厚 0.1 厘米（图七，4；彩版六七，4）。

银耳环 2 枚。M8 : 2，形状、大小相同。环呈勾状，顶部焊接圆形银片，素面。通长 3.6 厘米，银片直径 1.4 厘米，厚 0.1 厘米（图七，5；彩版六七，5）。

银戒指 1 枚。M9 : 2，圆环形，展开呈扁条状，两端近锥形，戒面镶嵌椭圆形绿松石。直径 2 厘米、宽 0.2 ~ 0.4 厘米、厚 0.15 厘米（图七，6；彩版六七，8）。

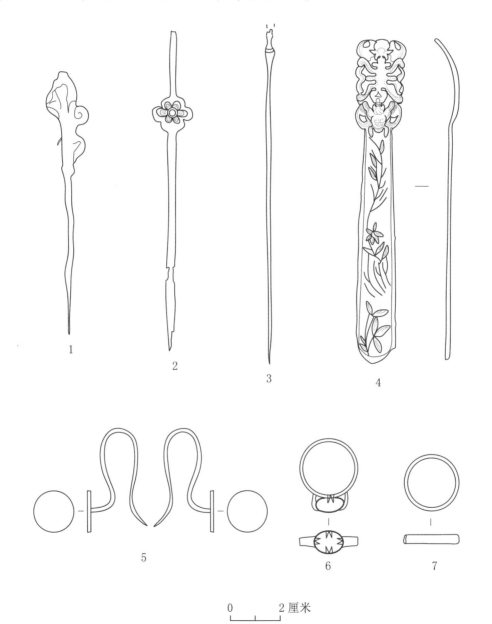

0   2 厘米

图七　出土银器

1~3. 银簪（M3 : 1、M8 : 3、M8 : 5）4. 银扁方（M8 : 1）5. 银耳环（M8 : 2）
6. 银戒指（M9 : 2）7. 银指环（M9 : 3）

银指环 1 枚。M9：3，圆环形，展开呈扁条状，两端弧形，素面。直径 2 厘米、宽 0.3 厘米、厚 0.15 厘米（图七，7；彩版六七，9）。

铜钱 55 枚。有崇祯通宝、康熙通宝、乾隆通宝、嘉庆通宝、咸丰重宝、光绪通宝、宣统通宝、光绪元宝。

崇祯通宝 2 枚。标本 M10：1，大平钱，圆形，方穿，正、背面有郭。正面楷书"崇祯通宝"四字，对读。光背。钱径 2.5 厘米、穿径 0.6 厘米、郭宽 0.3 厘米、厚 0.12 厘米（图八，1）。

康熙通宝 36 枚。标本 M11：2，大平钱，圆形，方穿，正、背面有郭。正面楷书"康熙通宝"四字，对读。背穿左右铸满文纪局名。钱径 2.8 厘米、穿径 0.6 厘米、郭宽 0.34 厘米、厚 0.12 厘米（图八，2）。

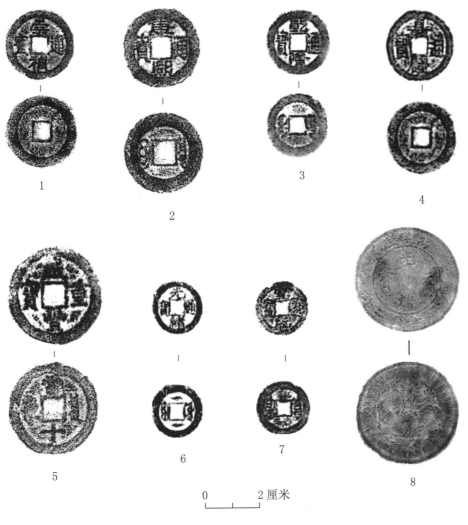

图八　出土铜钱拓片

1.崇祯通宝（M10：1）　2.康熙通宝（M11：2）　3.乾隆通宝（M2：2）　4.嘉庆通宝（M1：1）

5.咸丰重宝（M7：1）　6.光绪通宝（M9：1-1）　7.宣统通宝（M9：1-2）　8.光绪元宝（M8：4）

乾隆通宝3枚。标本M2：2，小平钱，圆形，方穿，正、背面有郭。正面楷书"乾隆通宝"四字，对读。背穿左右铸满文纪局名。钱径2.3厘米、穿径0.6厘米、郭宽0.3厘米、厚0.13厘米（图八，3）。

嘉庆通宝3枚。标本M1：1，大平钱，圆形，方穿，正、背面有郭。正面楷书"嘉庆通宝"四字，对读。背穿左右铸满文纪局名。钱径2.5厘米、穿径0.7厘米、郭宽0.3厘米、厚0.12厘米（图八，4）。

咸丰重宝2枚。标本M7：1，大平钱，圆形，方穿，正、背面有郭。正面楷书"咸丰重宝"四字，对读。背穿上下楷书"当十"二字，穿左右铸满文纪局名。钱径3.4厘米、穿径0.8厘米、郭宽0.4厘米、厚0.25厘米（图八，5）。

光绪通宝2枚。标本M9：1-1，小平钱，圆形，方穿，正、背面有郭。正面楷书"光绪通宝"四字，对读。背穿左右铸满文纪局名。钱径1.8厘米、穿径0.5厘米、郭宽0.25厘米、厚0.12厘米（图八，6）。

宣统通宝3枚。标本M9：1-2，小平钱，圆形，方穿，正、背面有郭。正面楷书"宣统通宝"四字，对读。背穿左右铸满文纪局名。钱径1.9厘米、穿径0.4厘米、郭宽0.2厘米、厚0.1厘米（图八，7）。

光绪元宝4枚。标本M8：4，圆形，正、背面有郭。正面铸有铭文，顶部铸楷体"北洋造"逆时针读，底部铸"库平七钱二分"顺时针读，中部楷书"光绪元宝"四字，对读。背面顶部用小号英文字体铭文，下面为英文货币价值，内圈铸蟠龙图案。钱径3.9厘米、郭宽0.1厘米、厚0.2厘米（图八，8）。

三、结语

本次发掘的墓葬均为土圹竖穴墓，为北京清代墓葬常见形制。墓葬中木质葬具腐朽程度不一，人骨多数能够有所保存，葬式以仰身直肢为主。随葬器物均为北京清代墓葬常见器形，如墓主人头部棺外放置釉陶罐或瓷罐，棺内随葬时人佩戴的头簪、扁方、耳环、戒指等饰件，均为北京清代墓葬的典型特点。该批墓葬形制及出土器物均与奥运场馆[①]、丽泽墓地[②]等相近。所出铜钱中年代最早为崇祯年间，最晚为光绪至宣统年间。综合墓葬形制及随葬器物推断，该批墓葬年代为清代中晚期。从墓葬分布来看，发掘区中部M1、M2、M5可能为一小型家族墓地，东北部应为以M4为首的家族墓地，M3、M6、M7则零散分布。M3的北棺无骨架应为迁葬墓，M6、M12两墓被现代坑扰乱。此外，该批墓葬结构简单，应为平民阶层墓葬。

发掘：张智勇

绘图：刘晓贺

摄影：张智勇

执笔：张智勇

参考文献

① 北京市文物局、北京市文物研究所：《北京奥运场馆考古发掘报告》，科学出版社，2007 年。

② 北京市文物研究所：《丽泽墓地——丽泽金融商务区园区规划绿地工程发掘报告》，科学出版社，2016 年。

丰台区纪家庙墓葬登记表

墓号	层位	方向	形状与结构	墓扩 长×宽-深（米）	葬具	葬式	人骨保存情况	性别	随葬品（件）	年代	备注
M1	②层下	10°	梯形竖穴土坑墓	2.5×（0.9~1）-1.3	单棺	仰身直肢	较差	男	铜钱3	清	
M2	②层下	350°	梯形竖穴土坑墓	2.8×（1.2~1.3）-1.2	单棺	仰身直肢	较差	男	瓷罐1、铜钱3	清	
M3	②层下	220°	长方形竖穴土坑墓	2.6×1.7-（0.9~1）	双棺	南：仰身直肢 北：葬式不明	较差	南：男 北：不明	银簪1、铜钱1	清	北棺迁葬
M4	②层下	275°	长方形竖穴土坑墓	3×2.9-（1.1~1.3）	三棺	仰身直肢	较好	南：女 中：女 北：男	无	清	
M5	②层下	345°	梯形竖穴土坑墓	2.7×（1.2~1.3）-1.1	单棺	仰身直肢	较差	男	无	清	
M6	②层下	290°	梯形竖穴土坑墓	2.8×（1.2~1.3）-1.2	单棺	不明	较差	男	铜钱2	清	
M7	②层下	350°	梯形竖穴土坑墓	2.7×（1.2~1.4）-0.5	单棺	仰身直肢	稍差	男	铜钱1	清	
M8	②层下	310°	梯形竖穴土坑墓	2.8×（1.9~2.2）-1	双棺	仰身直肢	较差	南：女 北：男	银扁方1、银簪2、银耳环1、铜钱4	清	
M9	②层下	330°	梯形竖穴土坑墓	3×（2.6~2.9）-（0.8~1）	三棺	仰身直肢	东：稍好 中：稍好 西：较差	东：男 中：女 西：女	釉陶罐1、瓷罐1、银戒指1、银指环1、铜钱5	清	
M10	②层下	280°	不规则形竖穴土坑墓	（2.8-3.6）×（1.3~2.6）-（1~1.2）	三棺	南：仰身直肢 中：仰身直肢 北：侧身屈肢	较差	南：女 中：女 北：男	铜钱2	清	
M11	②层下	260°	梯形竖穴土坑墓	3.4×（2.2~2.3）-（1.4~1.6）	双棺	仰身直肢	稍差	南：女 北：男	铜钱33	清	
M12	②层下	270°	长方形竖穴土坑墓	3.6×2.6-（1.4~1.6）	双棺	仰身直肢	较好	南：女 北：男	无	清	
M13	②层下	310°	长方形竖穴土坑墓	3×1.3-1.1	单棺	仰身直肢	较好	男	铜钱1	清	
M14	②层下	290°	梯形竖穴土坑墓	3.1×（2.4~2.5）-（1.2~1.6）	双棺	仰身直肢	较差	南：女 北：男	无	清	

密云区水洼屯清代窑址发掘报告

　　2015 年 11 月 29 日至 12 月 3 日，北京市考古研究院（原北京市文物研究所）对密云区经济开发区 B 区 C2 地块范围内的清代窑址进行了考古发掘（彩版六八，1）。发掘证号为考执字（2016）第（047）号。

　　发掘区位于密云区西田各庄镇水洼屯村村西，东邻西统路，北邻某乡间小路，南邻新建云西路。中心区域地理坐标为东经 116° 44′ 48.88″，北纬 40° 22′ 46.52″（图一）。

图一　发掘区位置示意图

　　共发掘清代窑址 7 座（附表），发掘面积为 252 平方米（图二）。

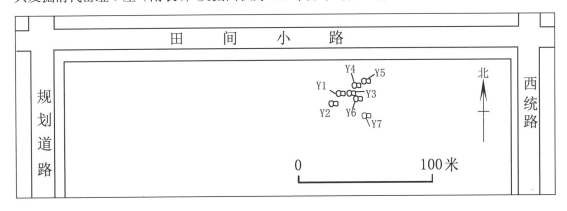

图二　发掘区总平面图

一、地层堆积

发掘区的地层堆积自上而下可分为三层：

第①层：耕土层，灰褐色土，层厚 0.25 ~ 0.3 米，土质疏松。包含植物根系、现代垃圾等。

第②层：红褐色胶质黏土，略含细沙，层厚 0.5 米，土质细密。包含植物根系、少量青花瓷片等。

第③层：黄褐色细沙层，层厚 1.4 米，纯净。

以下为卵石层。

二、窑址

窑址皆开口于②层下，均为东西向。未发现遗物。由窑室的平面形制可分为四种类型。

（一）长方形

Y2：位于发掘区的中西部，开口距地表深 0.5 米。地理坐标为东经 116° 44′ 50.69″，北纬 40° 22′ 49.86″。

该窑整体形状近"甲"字形，由东向西依次由操作间、火门、火膛、窑床四部分组成，整体通长 6 米（图三；彩版六八，2）。

窑内填土为黄褐色沙质黏土及红烧土混合的花土，包含物有烧结块，土质较松。

操作间平面形状近长方形。东西长 2.8 米、南北宽 1.2 ~ 1.25 米、残高 1.2 米。周壁较整齐。底部呈东高西低，斜坡状。

火门位于操作间西侧，顶部及底部均为厚 0.12 ~ 0.15 米的烧结面。南北长 0.5 米、进深 0.1 米、高 0.4 米（彩版六九，1）。

火膛位于火门西侧，平面形状近半圆形。南北长 1 ~ 1.85 米，东西宽 0.7 米，东、西壁及底部均为厚约 0.1 米的烧结面。底部较平坦，留有厚 0.02 米的灰白色灰烬。火膛低于窑床 0.5 米（彩版六九，2）。

窑床位于火膛西部，平面呈近长方形。东西长 2.4 米、南北宽 1.9 米、残高 1.5 米。由于破坏较严重，窑顶已不存在。周壁为 0.1 米厚的烧结面。底部较平坦。

Y4：位于发掘区的中东部，开口距地表深 0.5 米。地理坐标为东经 116° 44′ 51.57″，北纬 40° 22′ 50.19″。

该窑整体形状近"甲"字形，由东向西依次由操作间、火膛、窑床三部分组成，整体通长 3.4 米（图四；彩版七〇，1）。

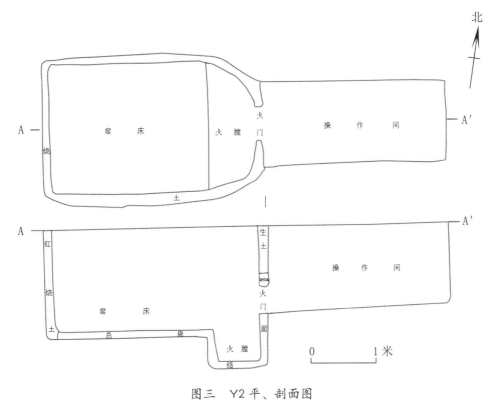

图三 Y2平、剖面图

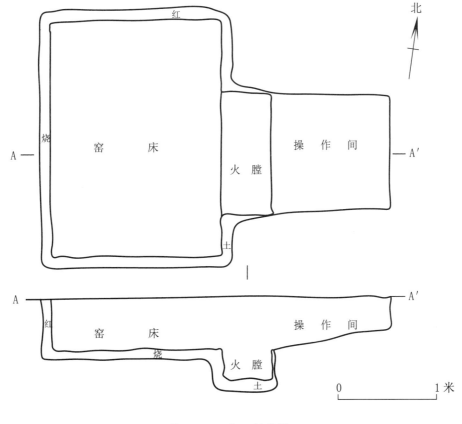

图四 Y4平、剖面图

窑内填土为黄褐色沙质黏土及红烧土混合的花土，包含物有烧结块、红烧土块等，土质较松。

操作间平面形状近长方形。东西长1.2米、南北宽1.1～1.18米、残高0.3～0.7米。周壁较整齐。底部呈东高西低，斜坡状。

火膛位于操作间西侧，平面形状近长方形。南北长1.2米、东西宽0.5米、低于窑床0.3米。周壁为厚0.1米的红烧土。底部较平坦。

窑床位于火膛的西部，平面呈近长方形。南北长2.3米、东西宽1.7米、残高0.5米。由于破坏较严重，窑顶已不存在。仅留周壁及底部残存0.1米厚的红烧上。底部较平坦。

Y7：位于发掘区的中东部，开口距地表深0.6米。地理坐标为东经116°44′52.28″，北纬40°22′49.80″。

该窑整体形状近"甲"字形，由东向西依次由操作间、火膛、窑床三部分组成，整体通长2.8米（图五；彩版七二，2）。

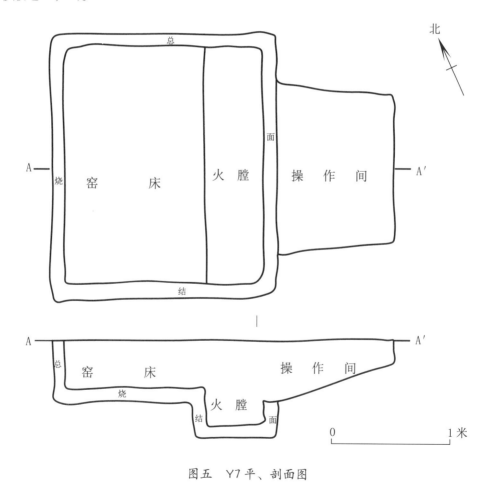

图五 Y7平、剖面图

窑内填土为黄褐色沙质黏土及红烧土混合的花土，包含物有烧结块，土质较松。

操作间平面形状近长方形。东西长1米、南北宽1.2～1.4米、残高0.2～0.5米。周壁较整齐。底部呈东高西低，斜坡状。

火膛位于操作间西侧，平面形状近长方形。南北长 1.95 米、东西宽 0.5 米、低于窑床 0.3 米。周壁为厚 0.1 米的烧结面。底部较平坦。

窑床位于火膛的西部，平面呈近长方形。南北长 1.95 米、东西宽 1.2 米、残高 0.4 米。由于破坏较严重，窑顶已不存在。仅残留周壁及底部 0.1 米厚的烧结面。底部较平坦。

（二）方形圆角

Y1：位于发掘区的中东部，开口距地表深 0.5 米。地理坐标为东经 116° 44′ 51.27″，北纬 40° 22′ 50.05″。

该窑整体形状近"甲"字形，由东向西依次由操作间、火膛、窑床三部分组成，整体通长 5.1 米（图六；彩版七〇，2）。

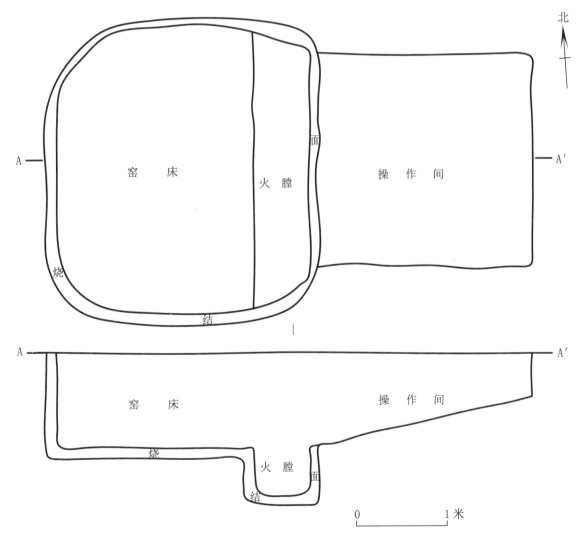

图六　Y1 平、剖面图

窑内填土为黄褐色沙质黏土及红烧土混合的花土，包含物有烧结块，土质较松。

操作间平面形状近长方形。东西长 2.4 米、南北宽 2.2 米、残高 0.45 ~ 1 米。周壁较整齐。底部呈东高西低，斜坡状。

火膛位于操作间西侧，平面形状近长方形。南北长 2.3 ~ 2.9 米、东西宽 0.6 米、低于窑床 0.5 米。底部较平坦。

窑床位于操作间的西部，平面呈近长方形。南北长 3 米、东西宽 2.7 米、残高 1 米。由于破坏较严重，窑顶已不存在。仅留周壁及底部 0.06 ~ 0.16 米厚的烧结面。窑底较平坦。

Y6：位于发掘区的中东部，开口距地表深 0.5 米。地理坐标为东经 116° 44′ 51.76″，北纬 40° 22′ 49.04″。

该窑由东向西依次由操作间、火门、火膛、窑床、烟囱五部分组成，整体通长 4.7 米（图七；彩版七二，1)。

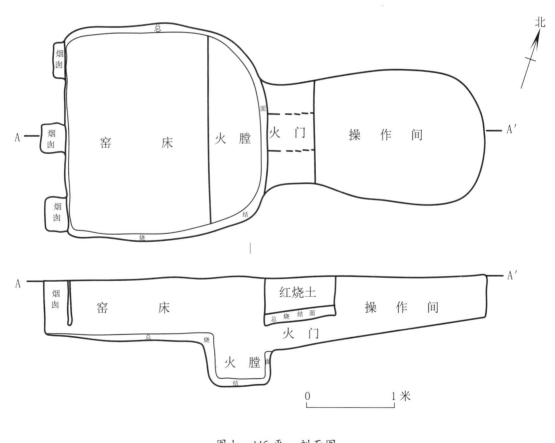

图七　Y6 平、剖面图

窑内填土为黄褐色沙质黏土、红烧土、灰土混合的花土，包含物有烧结块，土质较松。

操作间平面形状近椭圆形。东西长 1.7 米、南北宽 1.45 米、残高 0.46 ~ 0.7 米。周壁较整齐。底部呈东高西低，斜坡状。

火门位于操作间西侧，平面形状近长方形。高 0.3 米、宽 0.4 米、进深 0.6 米（彩版七三，1）。

火膛位于火门西侧，平面形状近半圆形。南北长 2.06 米，东西宽 0.6 米。火膛低于窑床 0.5 米，周壁为厚 0.1 米的烧结面。底部较平坦（彩版七三，2）。

窑床位于火膛的西部，平面呈近长方形。东西长 2.4 米、南北宽 1.6 ~ 2.06 米、残高 0.6 米。由于破坏较严重，窑顶已不存在。周壁为 0.1 米厚的烧结面。底部较平坦。

烟囱共计 3 个，分布于窑室的西壁，间隔 0.5 米。从南向北依次编为 1、2、3 号。1 号烟囱南北长 0.3 米、宽 0.2 米、深 0.6 米；2 号烟囱南北长 0.2 米、宽 0.25 米、深 0.6 米；3 号烟囱南北长 0.4 米、宽 0.15 米、深 0.6 米。烟囱与窑室相通，口高 0.1 米。

（三）梯形

Y3：位于发掘区的中东部，开口距地表深 0.6 米。地理坐标为东经 116° 44′ 51.51″，北纬 40° 22′ 49.90″。

该窑由东向西依次由操作间、火膛、窑床三部分组成，整体通长 4.7 米（图八；彩版七一，1）。

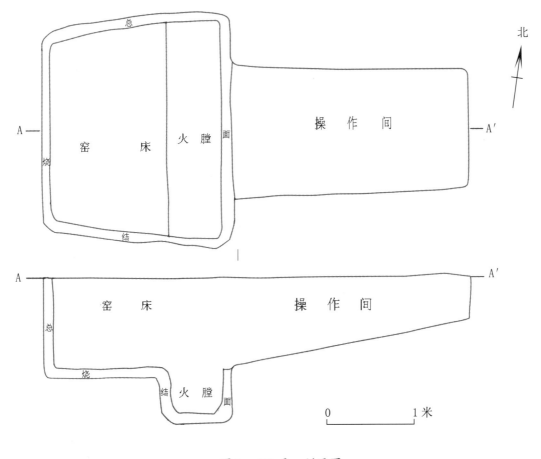

图八 Y3 平、剖面图

窑内填土为黄褐色沙质黏土及红烧土混合的花土，包含物有烧结块，土质较松。

操作间平面形状近长方形。东西长 2.7 米、南北宽 1.3 ~ 1.45 米、残高 0.5 ~ 1 米。周壁较整齐。底部呈东高西低，斜坡状。

火膛位于操作间西侧，平面形状近长方形。南北长 2.4 米、东西宽 0.6 米、低于窑床 0.5 米。周壁为厚 0.1 米的烧结面。底部较平坦。

窑床位于火膛的西部，平面呈近长方形。南北长 1.9 ~ 2.32 米、东西宽 1.3 米、残高 1 米。由于破坏较严重，窑顶已不存在。仅周壁及底部残存 0.1 米厚的烧结面。底部较平坦。

（四）圆形

Y5：位于发掘区的中东部，开口距地表深 0.6 米。地理坐标为东经 116° 44′ 51.76″，北纬 40° 22′ 50.26″。

该窑由东向西依次由操作间、火膛、窑床三部分组成，整体通长 4 米（图九；彩版七一，2）。

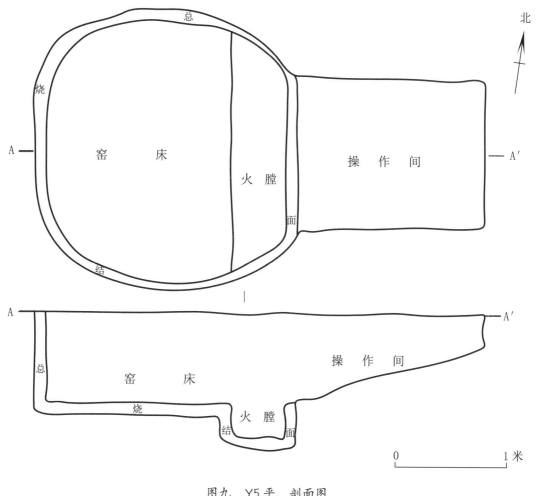

图九 Y5 平、剖面图

窑内填土为黄褐色沙质黏土及红烧土混合的花土，包含物有烧结块，土质较松。

操作间平面形状近长方形。东西长 1.8 米、南北宽 1.3 ~ 1.4 米、残高 0.3 ~ 0.8 米。周壁较整齐。底部呈东高西低斜坡状。

火膛位于操作间西侧，平面形状近长方形。南北长 1.4 ~ 2.1 米、东西宽 0.5 米、低于窑床 0.3 米。周壁为厚 0.1 米的烧结面。底部较平坦。

窑床位于火膛的西部，平面呈近半圆形。南北长 2.3 米、东西宽 1.7 米、残高 0.8 米。由于破坏较严重，窑顶已不存在。仅周壁及底部残存 0.1 米厚的烧结面。底部较平坦。

三、小结

上述七座窑址虽然数量不多，但形制各异，出现这种情况的原因可能是地势所致。它们也有一些相同之处，如操作间均为斜坡状，未设台阶。主要结构都为操作间、火膛、窑室组成。这批窑址为更好地了解该地区清代窑址的形制、结构及特点提供了新的材料。

发掘：郭京宁

执笔：郭京宁

附表　窑址登记表

窑号	层位	方向	窑室形状	窑口（米）	窑底（米）	深度（米）	备注
Y1	②层下	95°	方形圆角	0.5	1.5	1	
Y2	②层下	85°	长方形	0.5	1.98	1.48	
Y3	②层下	80°	梯形	0.6	1.6	1	
Y4	②层下	85°	长方形	0.5	1.17	0.67	
Y5	②层下	80°	圆形	0.6	1.6	1	
Y6	②层下	70°	方形圆角	0.5	1.29	0.79	
Y7	②层下	100°	长方形	0.6	1.05	0.45	

顺义区天竺清代墓葬发掘报告

为配合顺义天竺综保区地块项目建设，北京市考古研究院在前期勘探的基础上，于 2021 年 9 月 22 日至 28 日，对用地范围内的墓葬进行了考古发掘。天竺村墓地位于顺义区后沙峪镇后沙峪村北部，北邻安平北街、东邻裕庆东路、南邻安富街、西邻裕马路（图一）。此次发掘清代墓葬 13 座（图二）。

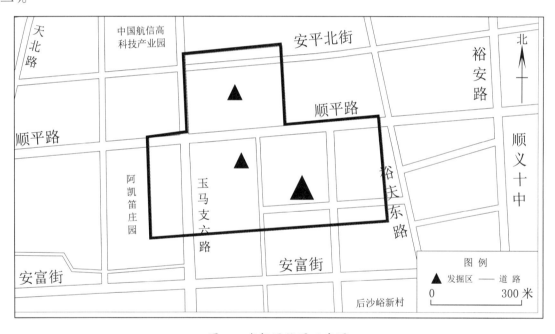

图一　发掘区位置示意图

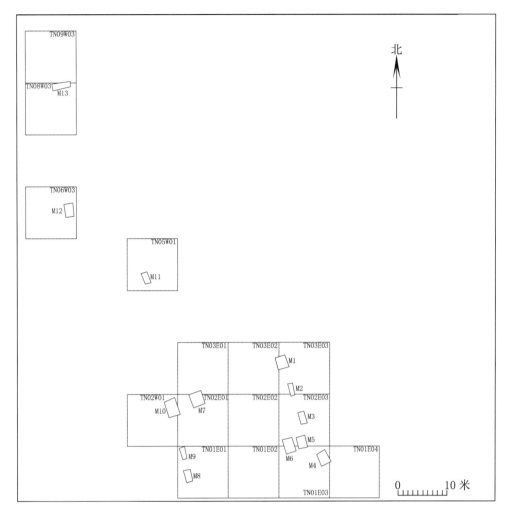

图二　发掘区总平面图

一、地层堆积

发掘区域内地层堆积自上而下分为两层，以 TN02E01 探方北壁为例（图三），介绍如下：

第①层：表土层，厚约 0.2 ~ 0.35 米，灰褐色黏土，土质软，结构疏松，包含大量植物根茎、生活垃圾等，M7 开口于此层下；

第②层：扰土层，厚约 0.3 ~ 0.4 米，浅褐色夹粗沙土，土质较硬，结构较致密，包含少量碎石；

②层下即为黄褐色沙土生土层，质地较纯净，无包含物。

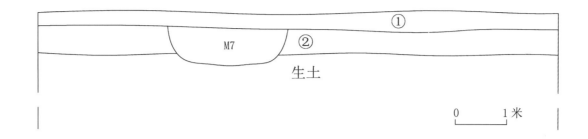

图三　TN02E01 北壁地层剖面图

二、墓葬形制

此次共发掘墓葬 13 座，皆为长方形竖穴土坑墓。其中单棺墓 7 座，双棺墓 6 座。共出土各类器物 261 件。按质地主要有银、铜。银器为银簪、银戒指、银手镯、银扁方，铜器为铜钱、铜簪、铜扣、铜饰等。

（一）单棺墓

7 座。皆为长方形竖穴土坑墓，分别为 M2、M3、M5、M8、M9、M11、M13。

M2 位于 TN03E03 探方南部、TN02E03 探方北部，开口于①层下，北邻 M1，南邻 M3，南北向，方向 350°。长方形竖穴土圹单棺墓，四壁垂直粗糙，墓底斜底，北高南低。墓圹南北长 2.44 米、东西宽 1.06 米，墓口距地表深 0.4 米，墓底距墓口深 0.94 米。内填灰褐色花土，土质疏松（图四）。

土圹内葬置单棺，由于腐朽较重仅残存棺木前挡板，棺长 2.04 米、宽 0.46～0.6 米、残高 0.46 米、板厚约 0.06 米。棺内葬置人骨架 1 具，由于腐朽严重，骨架保存较差，头向北，面向上，仰身直肢葬，男性。

随葬品铜钱 16 枚（其中 6 枚锈蚀严重，字迹无法辨认），放置于棺内中部。

乾隆通宝 5 枚。标本 M2：1-1，方孔圆钱，正面楷书"乾隆通宝"四字，对读，背穿左右有满文"宝泉"二字纪局名。钱径 2.45 厘米、穿径 0.6 厘米、郭厚 0.12 厘米（图五，1）。

嘉庆通宝 3 枚。标本 M2：1-7，方孔圆钱，正面楷书"嘉庆通宝"四字，对读，背穿左右有满文"宝泉"二字纪局名。钱径 2.25 厘米、穿径 0.6 厘米、郭厚 0.12 厘米（图五，3）。

光绪通宝 2 枚。标本 M2：1-5，方孔圆钱，正面楷书"光绪通宝"四字，对读，背穿左右有满文"宝泉"二字纪局名。钱径 2.25 厘米、穿径 0.6 厘米、郭厚 0.13 厘米（图五，2）。

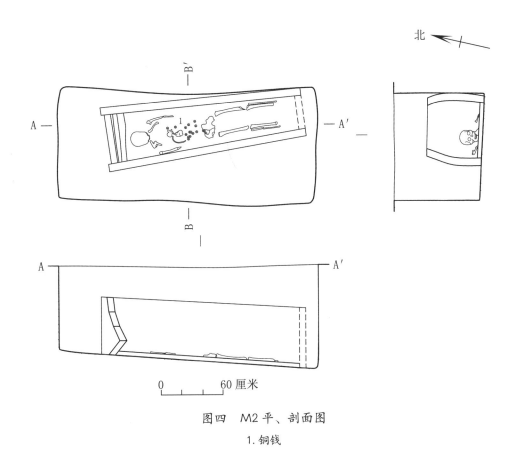

图四 M2 平、剖面图

1. 铜钱

图五 M2、M3、M9 出土铜钱拓片

1. 乾隆通宝（M2:1-1） 2. 光绪通宝（M2:1-5） 3. 嘉庆通宝（M2:1-7） 4. 绍圣元宝（M3:1-1）
5. 道光通宝（M3:1-2） 6. 光绪通宝（M3:1-4） 7. 治平元宝（M9:1-1） 8. 宽永通宝（M9:1-2）
9～10. 乾隆通宝（M9:1-3、M9:1-5） 11～13. 嘉庆通宝（M9:1-6、M9:1-7、M9:1-8）
14. 道光通宝（M9:1-9） 15. 咸丰通宝（M9:1-12） 16～17. 光绪通宝（M9:1-14、M9:1-16）

M3 位于 TN02E03 探方中部，开口于①层下，北邻 M2，南邻 M5，墓向 5°。长方形竖穴土圹单棺墓，四壁垂直粗糙，平底。墓圹南北长 2.42 米、东西宽 1.26 米，墓口距地表深 0.3 米，墓口距墓底深 0.74 米。内填花土，土质疏松（图六）。

土圹内置单棺，棺木大部分已朽，仅残留少许两侧棺壁上部和后挡板部分。棺长 1.98 米、宽 0.56 ~ 0.7 米、残高 0.3 米、板厚约 0.08 米。棺内葬置骨架 1 具，由于腐朽严重，骨架仅剩下肢骨，葬式、性别不明。

随葬品铜钱 5 枚，散置于棺内中部。

绍圣元宝 1 枚。M3：1–1，方孔圆钱，正面篆书"绍圣元宝"四字，旋读；背面无字。钱径 2.35 厘米、穿径 0.55 厘米、郭厚 0.12 厘米（图五，4）。

道光通宝 2 枚。标本 M3：1–2，方孔圆钱，正面楷书"道光通宝"四字，对读；背穿左右为满文"宝源"二字纪局名。钱径 2 厘米、穿径 0.65 厘米、郭厚 0.12 厘米（图五，5）。

光绪通宝 2 枚。标本 M3：1–4，方孔圆钱，正面楷书"光绪通宝"四字，对读；背穿左右为满文"宝泉"二字纪局名。钱径 1.85 厘米、穿径 0.5 厘米、郭厚 0.11 厘米（图五，6）。

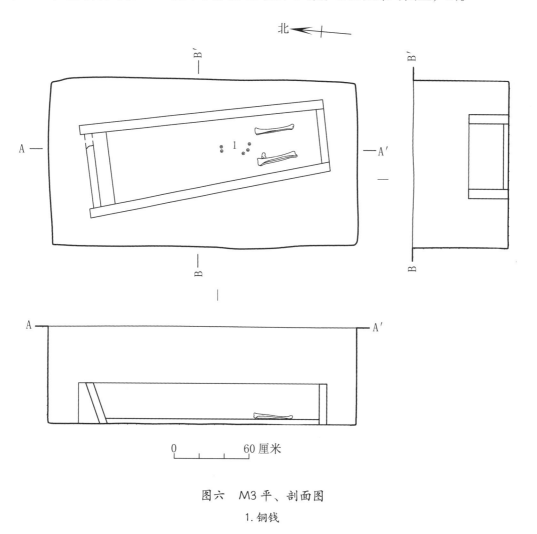

图六　M3 平、剖面图

1. 铜钱

M5 位于 TN02E03 探方南部，开口于①层下，北邻 M3、西邻 M6，墓向 345°。长方形竖穴土圹单棺墓，四壁垂直粗糙，墓底平底。墓坑南北长 2.34 米、东西宽 1.6 米、深 0.1 米，墓口距地表深 0.4 米，内填花土，土质疏松（图七）。

土圹内葬置单棺，由于腐朽较重仅残留棺木痕迹，棺长约 1.94 米、宽 0.6 米、残高 0.1 米，棺内不见人骨架，应为迁葬墓。无随葬品。

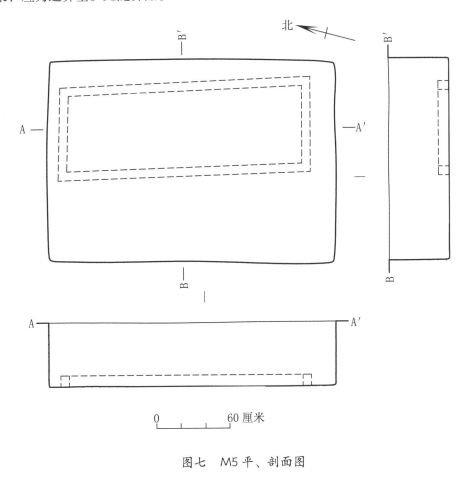

图七　M5 平、剖面图

M8 位于 TN01E01 探方西部，开口于①层下，北邻 M9，墓向 0°。长方形竖穴土圹单棺墓，四壁垂直粗糙，墓底平底。墓圹南北长 2.3 米、东西宽 0.9～0.94 米，墓口距地表深 0.35 米，墓口距墓底深 0.26 米。内填花土，土质疏松（图八）。

土圹内葬置单棺，由于腐朽较重仅残留西侧棺壁部分，棺长 1.94 米、宽 0.6 米、残高 0.1 米。棺内不见人骨架，应为迁葬墓。无随葬品。

M9 位于 TN01E01 探方西北部，开口于①层下，北邻 M10，南邻 M8，方向 345°。长方形竖穴土圹单棺墓，四壁垂直粗糙，墓底平底。墓圹南北长 2.4 米、东西宽 0.9～0.94 米，墓口距地表深 0.35 米，墓口距墓底深 0.74 米。内填灰褐色花土，土质疏松（图九）。

土圹内葬置单棺，棺顶盖板朽毁不存，残留两侧棺壁和前后挡板，棺长 2.04 米、宽 0.52～0.64

米、残高 0.35 ~ 0.5 米、棺板厚 0.06 米。棺内葬置人骨架 1 具，头朝北，面向上，仰身直肢，骨架保存差，仅存头骨、胸骨、肢骨部分，性别不明。

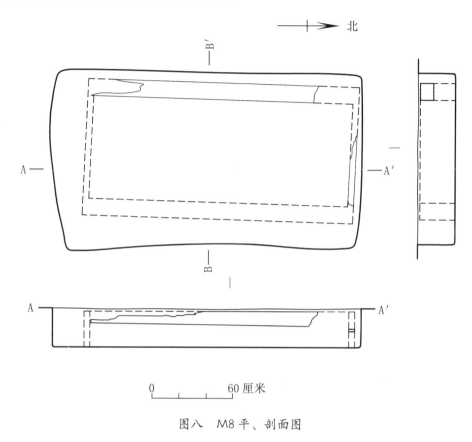

图八　M8 平、剖面图

随葬品铜钱 133 枚（其中 12 枚钱文锈蚀不明），散置于棺内中部及西侧填土中。

治平元宝 1 枚。M9：1-1，方孔圆钱，正面篆书"治平元宝"四字，旋读；背面无字。钱径 2.25 厘米、穿径 0.62 厘米、郭厚 0.12 厘米（图五，7）。

宽永通宝 1 枚。M9：1-2，方孔圆钱，正面楷书"宽永通宝"四字，对读；背面无字。钱径 2.2 厘米、穿径 0.75 厘米、郭厚 0.12 厘米（图五，8）。

乾隆通宝 16 枚。标本 M9：1-3，方孔圆钱，正面楷书"乾隆通宝"四字，对读，背穿左右为满文"宝源"二字纪局名，钱径 2.25 厘米、穿径 0.55 厘米、郭厚 0.12 厘米（图五，9）。标本 M9：1-5，方孔圆钱，正面楷书"乾隆通宝"四字，对读，背穿左右为满文"宝泉"二字纪局名，钱径 2.45 厘米、穿径 0.56 厘米、郭厚 0.13 厘米（图五，10）。标本 M9：1-111，方孔圆钱，正面楷书"乾隆通宝"四字，对读，背穿左右为满文"宝武"二字纪局名，钱径 2.5 厘米，穿径 0.5 厘米，郭厚 0.13 厘米。

嘉庆通宝 5 枚。标本 M9：1-6，方孔圆钱，正面楷书"嘉庆通宝"四字，对读，背穿左右为满文"宝直"二字纪局名，钱径 2.21 厘米、穿径 0.57 厘米、郭厚 0.13 厘米（图五，11）。标本 M9：1-7，方孔圆钱，正面楷书"嘉庆通宝"四字，对读，背穿左右为满文"宝源"二字纪局名，钱径 2.32 厘米、穿径 0.65 厘米、郭厚 0.12 厘米（图五，12）。标本 M9：1-8，方孔圆钱，正面楷书"嘉庆通宝"四字，对读，背穿左右为满文"宝云"二字纪局名，钱径 2.52 厘米、穿径 0.56 厘米、郭厚 0.13 厘米（图五，13）。

　　道光通宝 12 枚。标本 M9：1-9，方孔圆钱，正面楷书"道光通宝"四字，对读，背穿左右为满文"宝泉"二字纪局名，钱径 2.16 厘米、穿径 0.55 厘米、郭厚 0.13 厘米（图五，14）。标本 M9：1-99，方孔圆钱，正面楷书"道光通宝"四字，对读，背穿左右为"宝泉"二字纪局名，钱径 2.4 厘米，穿径 0.6 厘米，郭厚 0.1 厘米。标本 M9：1-101，方孔圆形，正面楷书"道光通宝"四字，对读，背穿左右为"宝源"二字纪局名，直径 2.3 厘米，穿径 0.6 厘米，郭厚 0.15 厘米。

　　咸丰通宝 4 枚。标本 M9：1-12，方孔圆钱，正面楷书"咸丰通宝"四字，对读，钱背穿左右为满文"宝泉"二字纪局名，钱径 2.3 厘米、穿径 0.61 厘米、郭厚 0.13 厘米（图五，15）。标本 M9：1-96，方孔圆形，正面楷书"咸丰通宝"四字，对读，背穿左右为满文"宝源"二字纪局名，钱径 2.1 厘米，穿径 0.6 厘米，郭厚 0.08 厘米。

　　光绪通宝 82 枚。标本 M9：1-14，方孔圆钱，正面楷书"光绪通宝"四字，对读，背穿左右为满文"宝源"二字纪局名，钱径 2.1 厘米、穿径 0.61 厘米、郭厚 0.13 厘米（图五，16）。标本 M9：1-16，方孔圆钱，正面楷书"光绪通宝"四字，对读，背穿左右为满文"宝泉"二字纪局名，钱径 2.15 厘米、穿径 0.55 厘米、郭厚 0.12 厘米（图五，17）。标本 M9：1-95，方孔圆钱，正面楷书"光绪通宝"四字，对读，背穿左右为满文"宝直"二字纪局名，钱径 2.4 厘米，穿径 0.6 厘米，郭厚 0.11 厘米。

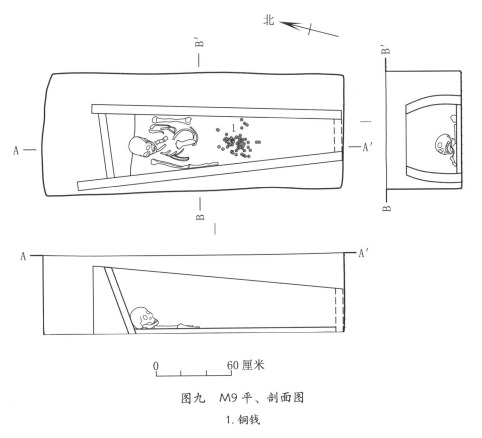

图九　M9 平、剖面图

1. 铜钱

M11 位于 TN05W01 探方中部，开口于①层下，墓向 350°。为长方形竖穴土坑墓，长方形竖穴土圹单棺墓，四壁垂直粗糙，墓底平底。墓圹南北长 2.66 米，东西宽 1.42 米，墓口距地表深 0.35 米，墓底距墓口深 0.50 米。内填花土，土质疏松（图一〇）。

土圹内葬置单棺，由于腐朽较重仅残存棺木痕迹，棺长 2 米、宽 0.44 ~ 0.56 米，棺痕残高 0.24 米。棺内葬置人骨架 1 具，头朝北，面向上，仰身直肢，由于腐朽严重，骨架保存较差，仅存头骨和少量肢骨，性别、年龄不明。无随葬品。

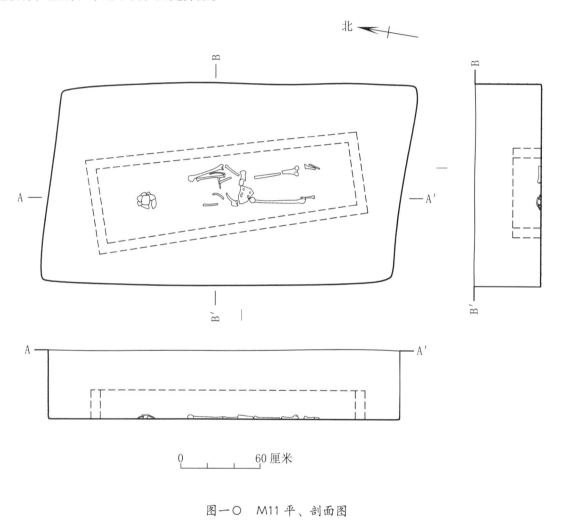

图一〇　M11 平、剖面图

M13 位于 TN08W03 探方北部、TN09W03 探方南部，开口于①层下，方向 260°。长方形竖穴土圹单棺墓，四壁垂直粗糙，平底。墓圹东西长 2.24 米、南北宽 0.72 ~ 0.76 米，墓口距地表深 0.3 米，墓口距墓底深 0.34 米。内填花土，土质疏松（图一一）。

土圹内葬置单棺，由于腐朽较重仅残留棺木痕迹，棺长 1.92 米、宽 0.5 ~ 0.6 米、厚 0.3 米。棺内葬置人骨架 1 具，头朝西，面向不明，骨架保存差，仅残存头骨和部分肢骨，葬式、性别、年龄不明。无随葬品。

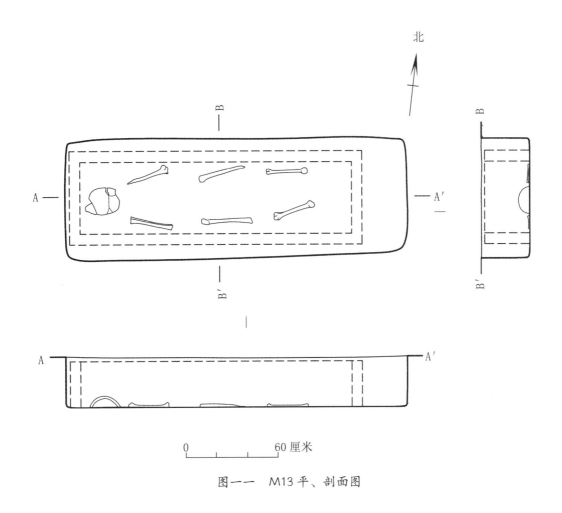

图一一 M13 平、剖面图

（二）双棺墓

6 座，分别为 M1、M4、M6、M7、M10、M12。

M1 位于 TN03E03 探方西部、TN03E02 探方东部，开口于①层下，南邻 M2，方向 350°。长方形竖穴土圹双棺合葬墓，墓圹四壁垂直，平底。墓圹南北长 2.56 米、东西宽 2.1 米，墓口距地表深 0.35 米，墓底距墓口深 1.1 米。内填花土，土质疏松（图一二）。

土圹内葬置双棺，东西两棺间距 0.1 ～ 0.2 米。东棺大部分已朽，仅残留少许两侧棺壁上部和前挡板部分，棺长 2.14 米、宽 0.4 ～ 0.66 米、残高 0.46 米，板厚约 0.08 米。棺内葬置人骨架 1 具，保存差，头朝北，面向上，仰身直肢葬，男性。西棺长 1.9 米、宽 0.5 ～ 0.6 米、残高 0.46 米，板腐痕厚约 0.08 米。棺内葬置人骨架 1 具，保存差，仅残存头部及少量胸骨和下肢骨，头朝北，面向上，仰身直肢葬，女性。

随葬品 15 件（含铜钱），分别放置在西棺和东棺内。

铜簪 1 件。M1：2，位于西棺墓主头骨下。簪首为禅杖形，顶部为葫芦状，由银丝缠绕而成，分为 8 面，上套银环；颈部饰两道凸弦纹；簪体细直为锥形。簪首高 2.9 厘米、宽 2.2 厘米、通长 14.3

厘米（图一三，1；彩版七四，1）。

　　铜钱14枚（其中2枚字迹锈蚀不可辨认）。道光通宝12枚。东棺棺内中部出土2枚，编号M1：1；西棺棺内北部出土10枚，编号M1：3。均为方孔圆钱。标本M1：1-1，正面楷书"道光通宝"四字，对读；背穿左右为满文"宝泉"二字纪局名，钱径2.1厘米、穿径0.55厘米、郭厚0.11厘米（图一四，1）。标本M1：1-2，正面楷书"道光通宝"四字，对读；背穿左右为满文"宝源"二字纪局名，钱径2.15厘米、穿径0.65厘米、郭厚0.15厘米（图一四，2）。

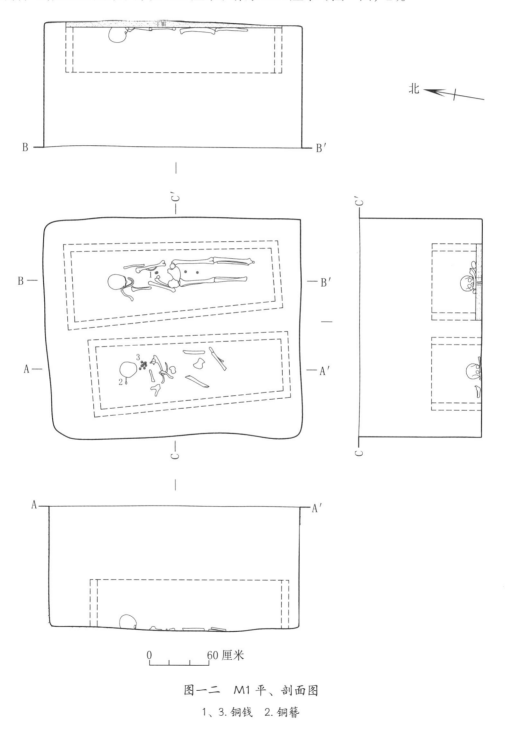

北←

0　　60厘米

图一二　M1 平、剖面图

1、3. 铜钱　2. 铜簪

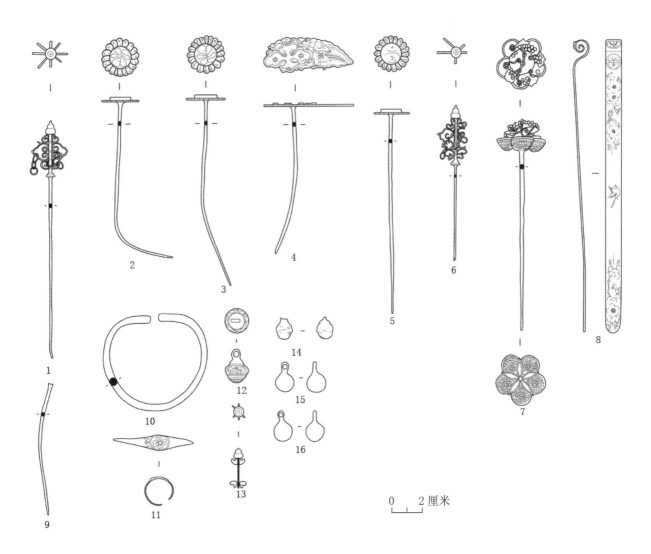

图一三　出土器物

1、9.铜簪（M1∶2、M4∶7）　2～7.银簪（M6∶2-1、M6∶2-2、M6∶2-3、M10∶2-1、M10∶2-2、M10∶2-3）
8.银扁方（M10∶3）　10.银手镯（M4∶6）　11.银戒指（M4∶3）　12、14～16.铜扣（M4∶1-1、M4∶1-2、
M7∶2-1、M7∶2-2）　13.铜饰（M4∶4）

　　M4 位于 TN01E03 探方东北部，开口于①层下，西北邻 M5，方向 335°。长方形竖穴土圹双棺合葬墓，墓圹四壁垂直粗糙，平底。墓圹南北长 2.5 米、东西宽 1.84～2.2 米，墓口距地表深 0.3 米，墓口距墓底深 0.7 米。内填花土，土质疏松（图一五）。

　　土圹内葬置双棺，底部不在一个平面，西棺底部较之高出 0.3 米，东、西两棺间距 0.18～0.64 米。东棺棺木朽毁不存，棺痕长 1.85 米、宽 0.54～0.64 米、残高 0.5 米，棺板腐痕厚约 0.08 米。棺内葬置人骨架 1 具，保存差，头朝北、面向上，仰身直肢葬，男性。西棺棺木已朽，腐痕长 1.84 米、宽 0.46～0.54 米、残高 0.1 米，棺板腐痕厚约 0.08 米。棺内葬置人骨架 1 具，保存差，头朝北、面向上，仰身直肢葬，女性。

　　随葬品 19 件（含铜钱），分别放置在西棺和东棺内。

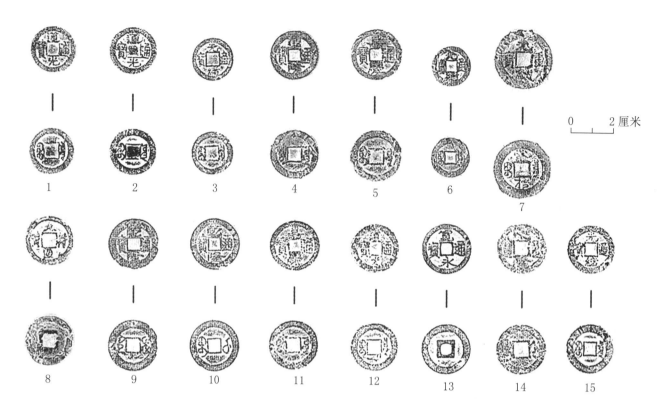

图一四 M1、M4、M6 出土铜钱拓片

1 ~ 3、12.道光通宝（M1：1-1、M1：1-2、M4：2、M6：1-7） 4、9 ~ 10、14.乾隆通宝（M4：5-1、M6：1-2、
M6：1-5、M6：3-2） 5、11.嘉庆通宝（M4：5-3、M6：1-6） 6、15.光绪通宝（M4：5-7 M6：3-5）
7.光绪重宝（M4：5-10） 8.元符通宝（M6：1-1） 13.宽永通宝（M6：3-1）

银戒指 1件。M4：3，位于西棺中部偏西处。圆环形。展开后中间为圆角方形，上饰梅花纹，两侧呈扁平锥形。直径 0.9 厘米（图一三，11；彩版七四，3）。

银手镯 1件。M4：6，位于西棺内东部。方圆环形，实心，素面。直径 5.8 ~ 6.4 厘米、厚 0.45 厘米（图一三，10；彩版七四，5）。

铜扣 2枚。位于东棺内胸骨部位（彩版七四，2）。M4：1-1，顶部作环状，扣体呈球形；扣身饰三道凹弦纹将扣身分为三部分：中部饰凹凸卷草纹，下部饰凸起方形纹，底部有一凸起圆形底托；直径 1.4 厘米、高 2 厘米（图一三，12）。M4：1-2，顶部已残，扣身呈球形；扣身表面凹凸不平，纹饰模糊；直径 1 厘米、残高 1.3 厘米（图一三，14）。

铜饰 1件。M4：4，位于西棺中部西侧。残。顶部为葫芦形，下有 5 根铜丝掐成 5 个倒卷草纹底托；中部为细直铜丝；底部为铜丝掐成 5 个卷草纹。残长 2.6 厘米、宽 1 厘米（图一三，13；彩版七四，4）。

铜簪 1件。M4：7，位于西棺北部头下。残。簪体细直为锥形，簪首已残。残长 7.9 厘米（图一三，9；彩版七四，7）。

铜钱 13枚（其中 2 枚字迹锈蚀不可辨认）。1 枚位于东棺棺内东侧，编号 M4：2；其余 12 枚散置于西棺棺内中部，编号 M4：5。标本 M4：5-1，乾隆通宝，方孔圆钱，正面楷书"乾隆通宝"四字，对读，背穿左右为满文"宝泉"二字纪局名；钱径 2.2 厘米、穿径 0.52 厘米、郭厚 0.12 厘米（图一四，4）。标本 M4：5-3，嘉庆通宝，方孔圆钱，正面楷书"嘉庆通宝"四字，对读；背左右为满文"宝源"二字纪局名，钱径 2.35 厘米、穿径 0.55 厘米、郭厚 0.13 厘米（图一四，5）。标本 M4：2，道光通宝，方孔圆钱，正面楷书"道光通宝"四字，对读，背穿左右为满文"宝泉"二字纪局名，钱径 1.95 厘米、穿径 0.6 厘米、郭厚 0.12 厘米（图一四，3）。标本 M4：5-7，光绪通宝，方孔圆钱，正面楷书"光绪通宝"四字，对读，背左右为满文"宝泉"二字纪局名，钱径 1.85 厘米、穿径 0.49 厘米、郭厚 0.1 厘米（图一四，6）。标本 M4：5-10，光绪重宝，方孔圆钱，正面楷书"光绪重宝"四字，对读，背穿左右为满文"宝泉"二字纪局名，上下为汉文楷书"当拾"，钱径 2.71 厘米、穿径 0.67 厘米、郭厚 0.13 厘米（图一四，7）。

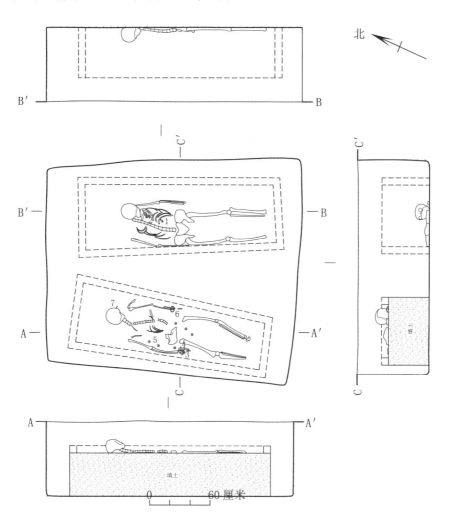

图一五　M4 平、剖面图

1.铜扣　2、5.铜钱　3.银戒指　4.铜饰　6.银手镯　7.铜簪

M6 位于 TN02E03 探方南部、TN01E03 探方北部，开口于①层下，东邻 M5，方向 350°。长方形竖穴土圹双棺合葬墓，四壁垂直粗糙，平底。墓圹南北长 2.86 米、东西宽 2 米。墓口距地表深 0.3 米，墓底距墓口深 1.16 米。内填花土，土质疏松（图一六）。

土圹内葬置双棺，东、西两棺间距 0.1 米。东棺棺木已朽无存，仅见棺痕，长 1.94 米、宽 0.44 ~ 0.66 米、残高 0.34 米，棺板腐痕厚约 0.08 米。棺内葬置人骨架 1 具，保存差，头骨移动破碎，头朝北、面向不明，仰身直肢葬，男性。西棺棺顶盖板朽毁不存，残留两侧棺壁和前后两挡板，长 2 米、宽 0.66 ~ 0.76 米、残高 0.26 米，棺板厚 0.08 米。棺内葬置人骨架 1 具，头朝北，面向上，仰身直肢葬，女性。

随葬品 16 件（含铜钱）。

银簪 3 件。位于西棺墓主头骨西侧（彩版七四，7）。M6：2-1，簪体呈圆锥状，葵圆形簪首，边缘为顺时针转的花瓣，截面呈"凸"字形，首内铸"福"字，通长 11.7 厘米、簪首直径 2.3 厘米（图一三，2）。M6：2-2，簪体呈圆锥状，葵圆形簪首，边缘为顺时针转的花瓣，截面呈"凸"字形，首内铸"福"字，通长 11.5 厘米、簪首直径 2.4 厘米（图一三，3）。M6：2-3，椭圆形簪首，用银片锤揲而成，镂空花卉纹，簪体为圆锥体，通长 9.1 厘米、簪首宽 5.6 厘米（图一三，4）。

铜钱 13 枚（1 枚锈蚀严重，钱文不明）。东棺出土 8 枚，编号 M6：1，位于棺内北部；西棺 5 枚，编号 M6：3，散置于棺内中部。标本 M6：1-1，元符通宝，方孔圆钱，正面行书"元符通宝"四字，旋读，背面无字，钱径 2.25 厘米、穿径 0.65 厘米、郭厚 0.11 厘米（图一四，8）。标本 M6：3-1，宽永通宝，方孔圆钱，正面楷书"宽永通宝"四字，对读，背面无字，钱径 2.32 厘米、穿径 0.55 厘米、郭厚 0.12 厘米（图一四，13）。标本 M6：1-2，乾隆通宝，方孔圆钱，正面楷书"乾隆通宝"四字，对读，背穿左右为满文"宝源"二字纪局名，钱径 2.4 厘米、穿径 0.6 厘米、郭厚 0.11 厘米（图一四，9）。标本 M6：1-5，乾隆通宝，方孔圆钱，正面楷书"乾隆通宝"四字，对读，背穿左右为满文"宝武"二字纪局名，直径 2.42 厘米、穿径 0.55 厘米、郭厚 0.12 厘米（图一四，10）。标本 M6：3-2，乾隆通宝，方孔圆钱，正面楷书"乾隆通宝"四字，对读，背穿左右为满文"宝浙"二字纪局名，直径 2.32 厘米、穿径 0.62 厘米、郭厚 0.13 厘米（图一四，14）。标本 M6：1-6，嘉庆通宝，方孔圆钱，正面楷书"嘉庆通宝"四字，对读，背穿左右为满文"宝源"二字纪局名，钱径 2.35 厘米、穿径 0.55 厘米、郭厚 0.12 厘米（图一四，11）。标本 M6：1-7，道光通宝，方孔圆钱，正面楷书"道光通宝"四字，对读，背穿左右为满文"宝泉"二字纪局名，钱径 2.26 厘米、穿径 0.61 厘米、郭厚 0.11 厘米（图一四，12）。标本 M6：3-5，光绪通宝，方孔圆钱，正面楷书"光绪通宝"四字，对读，背穿左右为满文"宝泉"二字纪局名，钱径 2.25 厘米、穿径 0.53 厘米、郭厚 0.12 厘米（图一四，15）。

M7 位于 TN02E01 探方北部，开口于①层下，西邻 M10，方向 345°。长方形竖穴土圹双棺合葬墓，墓圹四壁垂直粗糙，平底。墓圹南北长 2.8 米、东西宽 2.4 米。墓口距地表深 0.3 米，墓口距墓底深 0.7 米。内填花土，土质疏松（图一七）。

　　土圹内葬置双棺，西棺高，东棺低，相差 0.1 米，东、西两棺间距 0.24 米。东棺棺木大部分已朽，仅残留两侧棺壁部分和前挡板部分，长 1.94 米、宽 0.5 ~ 0.64 米、残高 0.34 ~ 0.44 米，棺板厚 0.06 米。棺内葬置人骨架 1 具，保存一般，头朝北，面向上，仰身直肢葬，男性。西棺棺木朽毁不存，残留棺木痕迹，长 1.9 米、宽 0.7 ~ 0.8 米、残高 0.44 米，棺板腐痕厚 0.06 米。棺内葬置人骨架 1 具，骨架保存一般，头朝北，面向上，仰身直肢葬，女性。

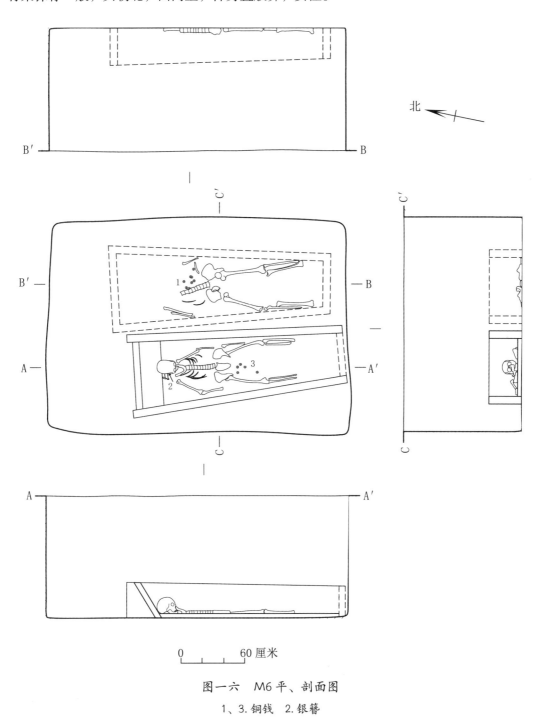

图一六　M6 平、剖面图

1、3. 铜钱　2. 银簪

随葬品 14件（含铜钱）。

铜扣 2 枚。位于东棺棺内中部偏西（彩版七四，8），形制相同，大小不一。素面，顶部作环状，扣体呈球形。M7：2-1，直径 1.2 厘米、高 1.85 厘米（图一三，15）；M7：2-2，直径 1.1 厘米、高 1.85 厘米（图一三，16）。

铜钱 11 枚。5 枚位于西棺内北部，其余 6 枚位于东棺内北部。标本 M7：1-1，道光通宝，方孔圆钱；正面楷书"道光通宝"四字，对读，背穿左右为满文"宝泉"二字纪局名，钱径 2.25 厘米、穿径 0.61 厘米、郭厚 0.12 厘米（图一八，1）。标本 M7：1-4，道光通宝，方孔圆钱，正面楷书"道光通宝"四字，对读，背穿左右为满文"宝源"二字纪局名，钱径 2.02 厘米、穿径 0.62 厘米、郭厚 0.11 厘米（图一八，2）。

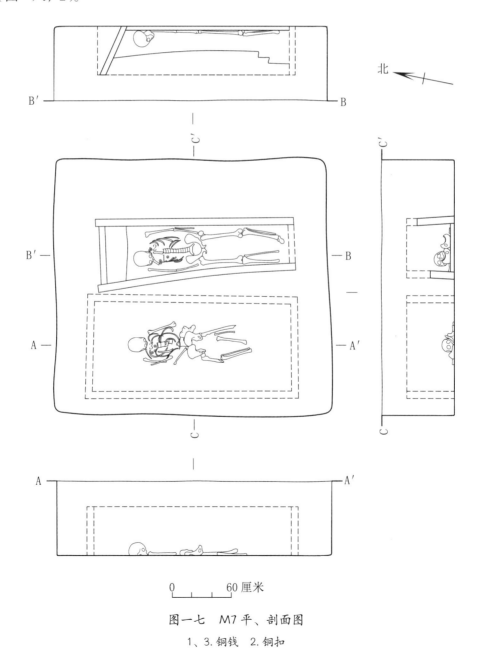

0   60 厘米

图一七 M7 平、剖面图

1、3.铜钱 2.铜扣

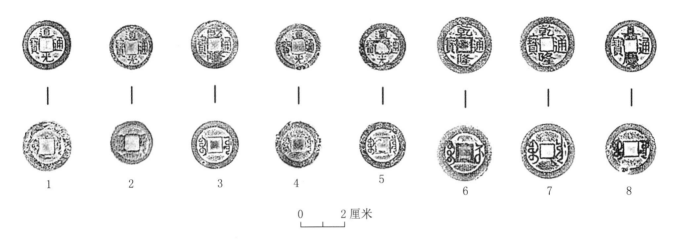

0 　　2 厘米

图一八　M7、M10 出土铜钱拓片

1、2、4、5. 道光通宝（M7：1-1、M7：1-4、M10：1-2、M10：1-7）　3、6、7. 乾隆通宝（M10：1-1、M10：4-1、M10：4-2）　8. 嘉庆通宝（M10：4-3）

M10 位于 TN02E01 探方西部、TN02W01 探方东部，开口于①层下，东邻 M7、南邻 M9，方向 345°。长方形竖穴土圹双棺合葬墓，墓圹四壁垂直粗糙，平底。墓圹南北长 3.14 米、东西宽 2.2 米，墓口距地表深 0.3 米，墓口距墓底深 1 米。内填花土，土质疏松（图一九）。

土圹内葬置双棺，东、西两棺间距 0.22 米。东棺棺木残留西侧棺壁部分和前挡板部分，长 1.96 米、宽 0.5～0.6 米、残高 0.2～0.36 米，棺板厚 0.08 米。棺内葬置人骨架 1 具，头朝北，面向上，仰身直肢葬，男性。西棺棺木残留两侧棺壁部分和前挡板部分，长 1.94 米、宽 0.5～0.66 米、残高 0.2～0.36 米，棺板厚 0.06 米。棺内葬置人骨架 1 具，头朝北、面向上，仰身直肢葬，女性。

随葬品 43 件（含铜钱）。

银簪 3 件。位于西棺棺内北部头部位置（彩版七五，1）。M10：2-1，簪体呈圆锥状，葵圆形鎏金簪首，边缘为顺时针转的花瓣，截面呈"凸"字形，首内铸"寿"字。通长 12.3 厘米、簪首直径 2.2 厘米（图一三，5）。M10：2-2，残，簪首为禅杖形，顶部为葫芦状，由银丝缠绕而成，分为 5 面，上套银环；颈部饰两道凸弦纹，簪体细直，末端已残。首高 3.3 厘米、残宽 1.9 厘米、残长 9.4 厘米（图一三，6）。M10：2-3，鎏金花瓣形簪首，可分为三层，顶部中间用鎏金丝掐成花蕊形，花蕊外锤揲 4 组祥云纹和花朵纹，底托为镂空五瓣式，底部各有一花朵形乳突，底托下由一五瓣叶将簪首托住。通长 12.7 厘米、直径 3.1 厘米（图一三，7）。

银扁方 1 件。M10：3，位于西棺棺内头部东侧。簪体呈扁条状，末端呈圆形，簪首卷曲外折，刻一凸起蝙蝠，簪体颈部錾刻一圆形"寿"字，上部及下部錾刻花卉纹，中部錾刻一飞翔鸟纹。通长 17.6 厘米、宽 1 厘米（图一三，8；彩版七五，2）。

铜钱 39 枚（9 枚锈蚀严重字迹不可辨认）。东棺棺内北部东侧出土 24 枚；西棺棺内北部出土 15 枚，散置于胸骨位置。标本 M10：1-1，乾隆通宝，方孔圆钱，正面楷书"乾隆通宝"四字，对读，背穿左右为满文"宝源"二字纪局名，钱径 2.19 厘米、穿径 0.58 厘米、郭厚 0.12 厘米（图一八，3）。标本M10：4-1，乾隆通宝，方孔圆钱，正面楷书"乾隆通宝"四字，对读，背穿左右为满文"宝苏"二字纪局名，钱径2.55厘米、穿径0.61厘米、郭厚0.14厘米（图一八，6）。标本M10：4-2，乾隆通宝，方孔圆钱，正面楷书"乾隆通宝"四字，对读，背穿左右为满文"宝川"二字纪局名，钱径2.51厘米、穿径0.56厘米、郭厚0.13厘米（图一八，7）。标本M10：4-3，嘉庆通宝，方孔圆钱，正面楷书"嘉庆通宝"四字，对读，背穿左右为满文"宝源"二字纪局名，钱径2.35厘米、穿径0.56厘米、郭厚0.13厘米（图一八，8）。标本M10：1-20，嘉庆通宝，方孔圆钱，正面楷书"嘉庆通宝"四字，对读，背穿左右为满文"宝泉"二字纪局名，钱径2.3厘米、穿径0.7厘米、郭厚0.11厘米。标本M10：1-2，道光通宝，方孔圆钱，正面楷书"道光通宝"四字，对读，背穿左右为满文"宝源"二字纪局名，钱径2.05厘米、穿径0.61厘米、郭厚0.1厘米（图一八，4）。标本M10：1-7，道光通宝，方孔圆钱，正面楷书"道光通宝"四字，对读，背穿左右为满文"宝泉"二字纪局名，钱径2.12厘米、穿径0.62厘米、郭厚0.12厘米（图一八，5）。

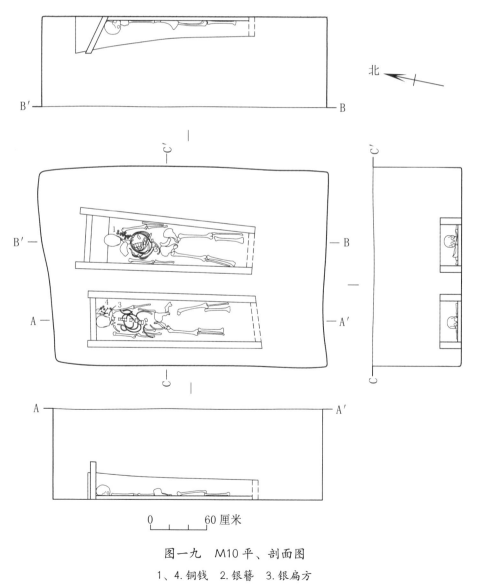

北

0   60厘米

图一九　M10平、剖面图

1、4.铜钱　2.银簪　3.银扁方

　　M12 位于发掘区中部，开口于①层下，东南邻 M11，方向 350°。长方形竖穴土圹墓，墓圹四壁垂直粗糙，平底。墓圹南北长 3.14 米、东西宽 2.1 米，墓口距地表深 0.35 米，墓口距墓底深 0.86 米。内填花土，土质疏松（图二〇）。

　　墓圹内葬置双棺，东、西两棺间距 0.1 米。东棺棺木仅残留棺木痕迹，长 2.14 米、宽 0.6～0.66 米、残高 0.4 米。棺内葬置人骨架 1 具，头朝北，面向不明，葬式不明，骨架保存差，仅存部分头骨和少量肢骨，性别、年龄不明，无随葬品。西棺仅残留棺木痕迹，长 2.14 米、宽 0.54～0.7 米、残高 0.4 米。棺内不见人骨架，应为迁葬墓。无随葬品。

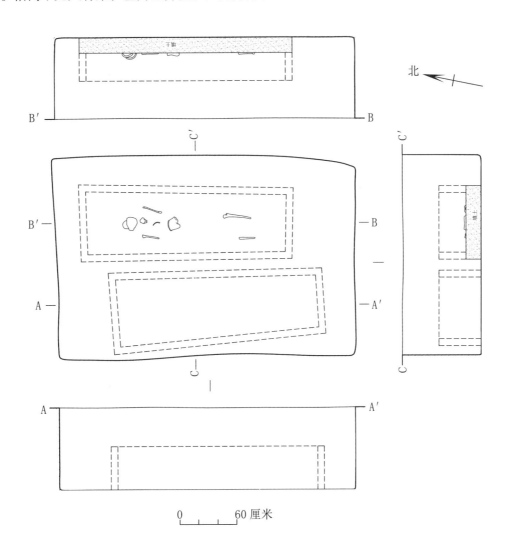

图二〇　M12 平、剖面图

三、结语

此次发掘的墓葬共 13 座，均为长方形竖穴土坑墓，形制较为单一，可分为单棺墓、双棺墓。这批墓葬与小营清代墓葬①、顺义高丽营于庄清代墓葬②墓葬形制一致。随葬品不甚丰富，其中 M5、M8、M12 不见人骨架，亦无随葬品，应为迁葬墓；M11、M13 只有人骨，无随葬品；其余墓葬出土随葬品较少，有少量银簪、银手镯、银戒指等银器和铜簪、铜扣、铜饰等铜器以及数量较多的铜钱。出土带年号的铜钱主要为清代钱币，有"乾隆通宝""嘉庆通宝""道光通宝""咸丰通宝""光绪通宝"，另有 M3 出土北宋"绍圣元宝"1 枚，M6 出土北宋"元符通宝"1 枚、日本"宽永通宝"1 枚，M9 出土北宋"治平元宝"1 枚、日本"宽永通宝"1 枚。

该批墓葬结构简单，均为小型墓，随葬品不丰富，等级较低，应为平民墓。M1 ~ M10 分布较为集中，墓葬规格及头向较为一致，应为有规划的家族墓地。多数墓葬出土的铜钱年代下限为清光绪时期，并结合墓葬形制及其余器物判断，该批墓葬的年代应为清代中晚期。

发掘：孙峥　曾祥江

修复、绘图：刘娜

摄影：王宇新

执笔：孙峥　曾祥江

参考文献

① 北京市文物研究所编：《小营与西红门——北京大兴考古发掘报告》，上海古籍出版社，2018 年。

② 北京市文物研究所：《北京顺义区高丽营镇于庄明清墓葬发掘简报》，《北京文博文丛》2015 年第 1 辑。

经济技术开发区路东区清代墓葬发掘报告

为配合北京经济技术开发区路东区 C11M-2 地块项目工程建设，北京市考古研究院（原北京市文物研究所）在前期考古勘探的基础上，于 2015 年 3 月 1 日至 3 日，对其用地范围内的古代墓葬进行了考古发掘。发掘区位于北京经济技术开发区路东区（图一），介于科创十街与科创十一街之间，东侧为经海路。发掘地点位于 C11M-2 地块东北部，地理位置为东经 116° 33′ 09.28″，北纬 39° 47′ 17.61″，平均海拔高度为 18 米。此次发掘清代墓葬 6 座。

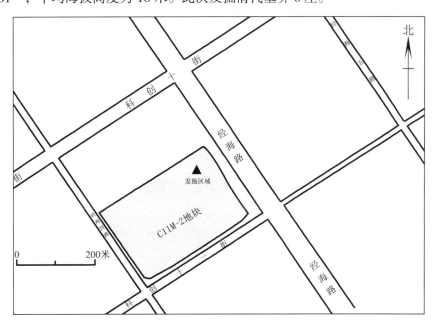

图一　发掘区位置示意图

一、地层堆积

经考古发掘发现，这一区域地层堆积层次清晰，连续性较强，扰乱与缺失情况较少。具体情况简述如下：

第①层，表土层：厚约 0 ~ 1.7 米。为较松散的黄灰色土，夹杂大量现代建筑垃圾与生活垃圾。

第②层，灰褐色土层：厚约 0.7 ~ 1.2 米。土质较致密，黏性大，含草木灰颗粒。

第 ③ 层，浅黄色土层：厚约 0.2 ~ 0.4 米。土质较致密，含礓结石颗粒。

该层下为生土层。

二、墓葬形制

此次发掘清代墓葬共 6 座，均为竖穴土圹墓。可分为单棺墓、双棺墓、三棺墓，其中单棺墓 1 座、双棺墓 3 座、三棺墓 2 座。出土各类器物 12 件，另出土铜钱 113 枚。

（一）单棺墓

1 座。为梯形竖穴土圹墓。

M6 位于发掘区的西部，东邻 M1，方向 270°，南北向，为梯形竖穴土圹墓，开口于①层下。墓口距地表深 1.7 米，墓室长 2.4 米、宽 0.9 ~ 1 米，墓底距墓口深 1.6 米。墓室四壁较整齐，内填花土，土质较致密。

内置单棺，棺木已朽，仅存朽痕。棺痕长 2.04 米、宽 0.56 ~ 0.6 米、残高 0.1 米，人骨残长 0.76 米。棺内仅存部分残骨，头向、面向、葬式、性别不详（图二）。

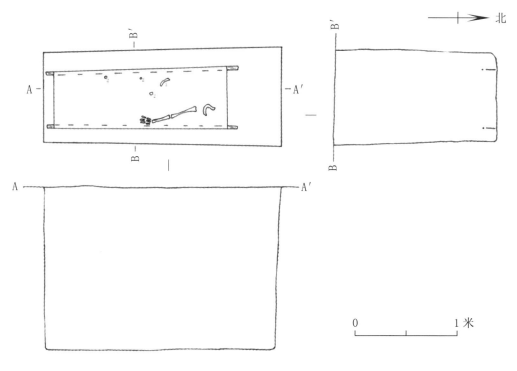

图二　M6 平、剖面图

1.铜烟锅　2.铜钱

随葬品有铜烟锅1件，（M6：1）位于棺内中部偏西侧；铜钱3枚（M6：2）无规律分散于棺内。

铜烟锅1件。M6：1，锈残，一端呈圆形，另一端呈圆柱状，与烟杆连接，烟杆剖面呈椭圆形，中间有孔，孔由锅至嘴渐细，烟杆腐朽残缺。残长5.7厘米（图八，8；彩版七六，8）。

乾隆通宝3枚，均圆形、方穿，正、背面皆有内、外郭，正面书"乾隆通宝"，楷书，对读。标本M6：2-1，锈残，圆形、方穿，正、背面皆有内、外郭，正面书"乾隆通宝"，楷书，对读。背穿左右为满文纪局，因锈残，钱文不可辨。直径2.4厘米、穿径0.61厘米、郭宽0.37厘米、郭厚0.1厘米，重3.3克（图三，19）。

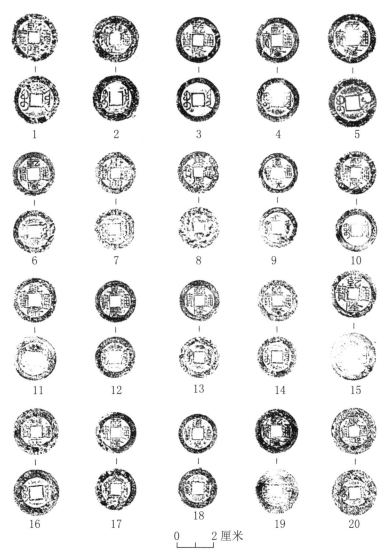

图三　铜钱拓片

7、8、20.康熙通宝（M2：6-5、M2：6-6、M5：1-6）2、16.雍正通宝（M1：1-2、M5：1-5）
1、3、4、5、6、10、11、13～15、17、19.乾隆通宝（M2：6-1、M1：1-1、M2：6-2、M2：6-3、M2：6-4、M3：1-1、M4：1-2、M5：1-2、M5：1-1、M4：1-1、M5：1-3、M6：2-1）
12.嘉庆通宝（M3：1-2）9、18.道光通宝（M3：1-3、M5：1-4）

（二）双棺墓

3 座。均为梯形竖穴土圹墓。分别为 M1、M4、M5。

1.M1

位于发掘区的东北部，方向 290°，东西向，为梯形竖穴土圹双棺合葬墓，开口于①层下。墓口距地表深 1.7 米，墓室长 2.75 米、宽 1.8 ~ 2.4 米，墓底距墓口深 1.4 米。墓室四壁较整齐，内填花土，土质较致密。

墓底内置双棺，并列于墓中央，间距 0.26 ~ 0.3 米，北棺底部高于南棺底部 0.2 米。南棺长 2.15 米、宽 0.5 ~ 0.7 米、西部残高 0.31 米、东部残高 0.16 米，人骨残长 1.05 米。棺内人骨因盗扰严重，仅存头骨及部分四肢骨，头朝西，面向、葬式不详，墓主骨骼纤细，故推测为女性，年龄不详。北棺长 2.15 米、宽 0.6 ~ 0.8 米、残高 0.1 米。棺内人骨保存较差，头西足东，面向不详，仰身直肢葬，墓主颅骨较大，骨壁较厚，故推测为男性，年龄不详（图四）。

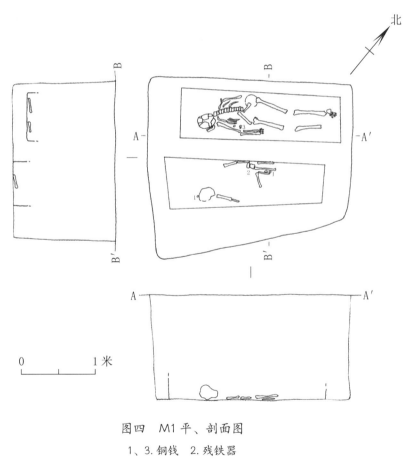

图四　M1 平、剖面图

1、3. 铜钱　2. 残铁器

随葬品有铜钱 7 枚（M1：1），铁器（M1：2）位于南棺中部偏北侧（图八，9）。

铁器 1 件。M1：2，锈残，上部弧形，下部梯形，中部有一穿孔。上部残长 13.7 厘米、下部长 6.3 厘米、厚 3.9 厘米、高 7.2 厘米（图八，9；彩版七七，1）。

雍正通宝 5 枚。标本 M1：1-2，锈残，圆形，方穿，正、背面有圆郭，正面铸"雍通宝"四字，楷书，对读，背面穿左右铸满文"宝泉"二字，纪局名。钱径 2.6 厘米、穿径 0.6 厘米、郭宽 0.5 厘米、郭厚 0.13 厘米，重 2.5 克（图三，2）。

乾隆通宝 2 枚。标本 M1：1-1，锈残，圆形，方穿，正、背面有圆郭，正面铸"乾隆通宝"四字，楷书，对读，背面穿左右铸满文"宝云"二字，纪局名。钱径 2.5 厘米、穿径 0.6 厘米、郭宽 0.3 厘米、郭厚 0.11 厘米，重 2.7 克（图三，3）。

2.M4

位于发掘区的西部，北邻 M3，方向 280°，东西向，为梯形竖穴土圹双棺合葬墓，开口于①层下。墓口距地表深 1.7 米，墓室长 2.8 米、宽 1.64 ~ 2.04 米，墓底距墓口深 1.84 米。墓室四壁较整齐，内填花土，土质较致密。

墓底内置双棺，并列于墓中央，南棺紧邻北棺，北棺底部高于南棺底部 0.32 米。南棺长 2.13 米、宽 0.65 ~ 0.85 米、西部残高 0.44 米、东部残高 0.24 米。人骨残长 1.26 米，棺内人骨因盗扰严重，仅存头骨及部分四肢骨，头朝西，面向北，葬式不详，墓主骨骼纤细，故推测为女性，年龄不详。北棺长 2.18 米、宽 0.76 ~ 0.8 米、残高 0.06 ~ 0.16 米。人骨残长 1.6 米，棺内人骨保存较差，头西足东，面向不详，仰身直肢葬，墓主骨骼较粗壮，骨壁较厚，故推测为男性，年龄不详（图五）。

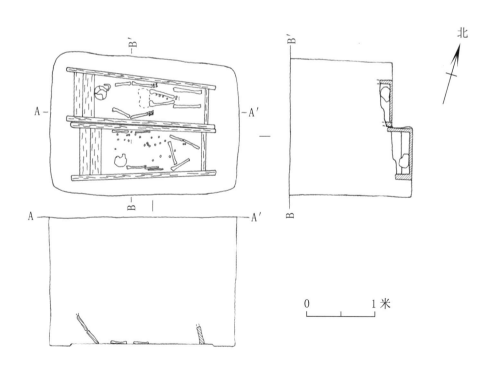

图五　M4 平、剖面图

1. 铜钱

随葬品为铜钱（M4 ： 1），南棺内、北棺人骨大腿处出土，均为清代钱币"乾隆通宝"。

乾隆通宝 27 枚。均圆形、方穿，正、背面皆有内、外郭，正面书"乾隆通宝"，楷书，对读。标本 M4 ： 1–1，背穿左右为满文"宝源"纪局。直径 2.5 厘米、穿径 0.61 厘米、郭宽 0.34 厘米、郭厚 0.11 厘米，重 2.7 克（图三，15 ）。标本 M4 ： 1–2，背穿左右为满文"宝泉"纪局。直径 2.6 厘米、穿径 0.59 厘米、郭宽 0.45 厘米、郭厚 0.13 厘米，重 2.5 克（图三 ， 11 ）。

3.M5

位于发掘区的东部，东北邻 M3，东南邻 M4，方向 280°，东西向，为梯形竖穴土圹双棺合葬墓，开口于①层下。墓口距地表深 1.7 米，墓室长 2.6 米、宽 1.98 ～ 2.06 米，墓底距墓口深 1.62 米。墓室四壁较整齐，内填花土，土质较致密。

墓底内置双棺，并列于墓中央，间距 0.03 ～ 0.12 米。南棺长 2.4 米、宽 0.68 ～ 0.82 米、西部残高 0.34 米、东部残高 0.18 米。人骨残长 1.44 米，棺内人骨因盗扰严重，仅存部分人骨残骸，头向、面向、葬式、性别、年龄均不详。北棺长 2.34 米、宽 0.62 ～ 0.76 米、残高 0.32 米。人骨残长 1.64 米，棺内人骨因盗扰严重，仅存头骨及部分四肢骨，头朝西，面向南，仰身直肢葬，墓主骨骼较粗壮，骨壁较厚，故推测为男性，年龄不详（图六）。

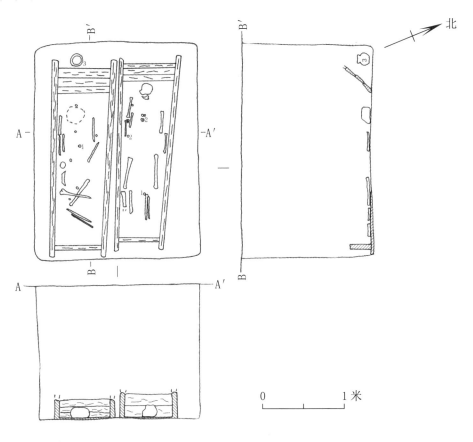

图六 M5 平、剖面图

1、2. 铜钱 3. 半釉陶罐

随葬品有半釉陶罐（M5：2）于南棺头部外侧偏南部处出土；铜钱（M5：1）21 枚，无规律分散于棺内，均为清代钱币。

半釉陶罐 1 件。M5：2，残。黄褐色胎，胎质粗疏，器口及外腹壁施半酱色釉，器内仅口部施一层较薄的酱色釉浆水，器体腹部有滴釉现象，器体修坯粗糙。口残，直口，方圆唇，束颈，溜肩，筒形腹，平底。口径 9.9 厘米、最大腹径 16.2 厘米、底径 11.75 厘米、高 13.9 厘米（图一〇，3；彩版七七，4）。

康熙通宝 1 枚。标本 M5：1-6，锈残，圆形，方穿，正、背面有圆郭，正面铸"康熙通宝"四字，楷书，对读，背面穿左右铸满文"宝源"二字，纪局名。钱径 2.58 厘米、穿径 0.59 厘米、郭宽 0.5 厘米、郭厚 0.11 厘米，重 3.3 克（图三，20）。

雍正通宝 1 枚。M5：1-5，锈残，圆形，方穿，正、背面有圆郭，正面铸"雍正通宝"四字，楷书，对读，背面穿左右铸满文"宝源"二字，纪局名。钱径 2.58 厘米、穿径 0.59 厘米、郭宽 0.44 厘米、郭厚 0.11 厘米，重 3.4 克（图三，16）。

乾隆通宝 18 枚。标本 M5：1-3，锈残，圆形，方穿，正、背面有圆郭，正面铸"乾隆通宝"四字，楷书，对读，背面穿左右铸满文"宝泉"二字，纪局名。钱径 2.38 厘米、穿径 0.54 厘米、郭宽 0.38 厘米、郭厚 0.15 厘米，重 4.0 克（图三，17）。

道光通宝 1 枚。M5：1-4，锈残，圆形，方穿，正、背面有圆郭，正面铸"道光通宝"四字，楷书，对读，背穿左右为满文纪局，因锈残，钱文不可辨。钱径 2.32 厘米、穿径 0.59 厘米、郭宽 0.32 厘米、郭厚 0.15 厘米，重 4.0 克（图三，18）。

（三）三棺墓

2 座。均为梯形竖穴土圹墓。

1.M2

位于发掘区的西部，东邻 M1，方向 280°，东西向，为梯形竖穴土圹三棺合葬墓，开口于①层下。墓口距地表深 1.70～1.8 米，墓室长 2.82 米、宽 3.2～3.62 米，墓底距墓口深 1.52 米。墓室四壁较整齐，内填花土，土质较致密。

墓底内置三棺，并列于墓中部，中棺距南棺 0.16～0.3 米，中棺距北棺 0.24～0.28 米，北棺、中棺底部高于南棺底部 0.1 米。南棺棺长 2.28 米、宽 0.7～0.84 米、西部残高 0.48 米、东部残高 0.4 米，人骨残长 1.15 米。棺盖长 2.18 米、宽 0.52～0.75 米、厚 0.1 米，中部为一东西向圆木，直径 0.14 米。棺内人骨因盗扰严重，仅存部分头骨及四肢骨，头朝西，面向、葬式不详，墓主骨骼纤细，棺内陪葬品有铜耳环、铜簪，均位于墓主人的头骨旁，故推断为女性，年龄不详。中棺棺长 2.23 米、宽 0.5～0.7 米、西部残高 0.5 米、东部残高 0.3 米，人骨残长 1.05 米。棺盖长 2.18 米、宽 0.52 厚 0.15 米。棺内人骨因盗扰严重，仅存部分残骨，头向、面向、葬式、性别不详。北棺腐朽严重，仅存棺痕。棺长 1.8 米、宽 0.58～0.70 米、残高 0.1 米。人骨残长 1.2 米，人骨保存较差，头朝西，面向、葬式、性别、年龄不详（图七）。

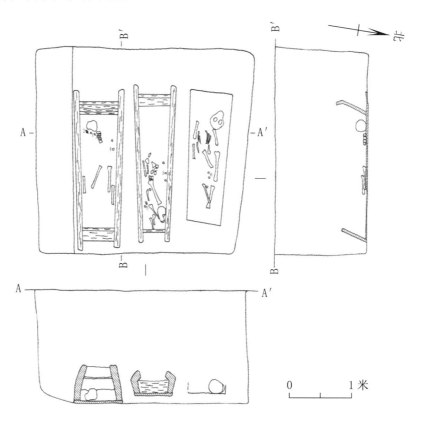

图七　M2 平、剖面图

1. 铜耳环　2. 铜簪　3. 铜饰　4、5、6. 铜钱

随葬品有铜耳环 1 件（M2：1）、铜簪 3 件（M2：2、M2：3、M2：4）、木钗 1 件（M2：5），均位于南棺西部。铜钱（M2：6）无规律分散于棺内，分别为清代钱币康熙通宝、乾隆通宝，其余 6 枚锈残，钱文不可辨。

铜耳环 1 件。M2：1，南棺出土，环首分两层，上层由铜丝掐成的花朵及花蕊组成，底层为五瓣式花瓣底托，底部与环体焊接，环体呈"S"形圆柱体，尾尖，立体感强。通长 3.3 厘米（图八，4；彩版七六，4）。

铜簪 1 件。M2：2，锈残，簪首为圆锥形，弯曲。残长 11.6 厘米（图八，6；彩版七六，6）。

铜簪 1 件。M2：3，残，簪首作花瓣形，顶部隆起，呈圆形，用铜丝在圆环内掐成"金"字，篆体；花瓣截面直径 2.3 厘米，正面錾刻花叶纹，背面有 6 个穿孔。簪体为圆柱体，残断。残长 2.4 厘米、簪首厚 0.6 厘米（图八，3；彩版七六，3）。

铜簪 1 件。M2：4，簪首为三面禅杖形，杖首呈葫芦状，簪首残断，簪体细长圆柱状，尾尖细。通常 23.1 厘米（图八，5；彩版七六，5）。

木钗 1 件。M2 ：5，残，钗体呈圆锥形，尾尖细，残长 8.05 厘米（图八，7；彩版七六，7）。

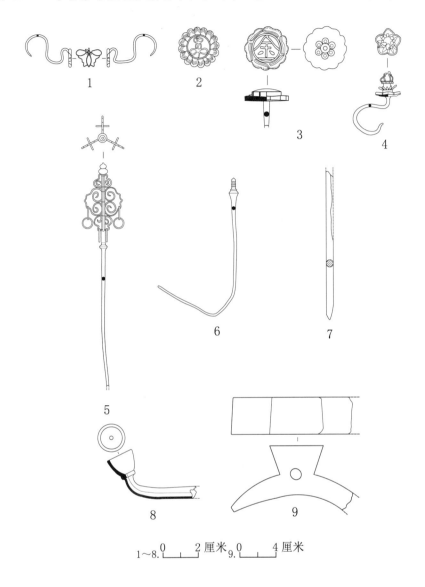

图八　出土器物

1、4.铜耳环（M3：2、M2：1）2、3、5、6.铜簪（M3：3、M2：3、M2：4、M2：2）
7.木钗（M2：5）8.铜烟锅（M6：1）9.铁器（M1：2）

康熙通宝 7 枚。标本 M2 ：6-5，锈残，圆形，方穿，正、背面有圆郭，正面铸"康熙通宝"四字，楷书，对读，背面穿左右铸满文"宝泉"二字，纪局名。钱径 2.23 厘米、穿径 0.56 厘米、郭宽 0.28 厘米、郭厚 0.09 厘米，重 1.3 克（图三，7）。标本 M2 ：6-6，锈残，圆形，方穿，正、背面有圆郭，正面铸"康熙通宝"四字，楷书，对读，背穿左右为满文纪局，因锈残，钱文不可辨。钱径 2.35 厘米、穿径 0.53 厘米、郭宽 0.31 厘米、郭厚 0.1 厘米，重 1.9 克（图三，8）。

乾隆通宝 34 枚。标本 M2 ：6-1，锈残，圆形，方穿，正、背面有圆郭，正面铸"乾隆通宝"四字，楷书，对读，背面穿左右铸满文"宝源"二字，纪局名。钱径 2.6 厘米、穿径 0.56 厘米、郭宽

0.33 厘米、郭厚 0.12 厘米，重 2.9 克（图三，1）。标本 M2：6-2，锈残，圆形，方穿，正、背面有圆郭，正面铸"乾隆通宝"四字，楷书，对读，背面穿左右铸满文"宝源"二字，纪局名。钱径 2.4 厘米、穿径 0.54 厘米、郭宽 0.34 厘米、郭厚 0.15 厘米，重 4.1 克（图三，4）。标本 M2：6-3，锈残，圆形，方穿，正、背面有圆郭，正面铸"乾隆通宝"四字，楷书，对读，背穿左右为满文纪局，因锈残，钱文不可辨。钱径 2.7 厘米、穿径 0.6 厘米、郭宽 0.32 厘米、郭厚 0.15 厘米，重 4 克（图三，5）。标本 M2：6-4，锈残，圆形，方穿，正、背面有圆郭，正面铸"乾隆通宝"四字，楷书，对读，背面穿左右铸满文"宝源"二字，纪局名。钱径 2.4 厘米、穿径 0.6 厘米、郭宽 0.35 厘米、郭厚 0.17 厘米，重 4.4 克（图三，6）。

2.M3

位于发掘区的东北部，西邻 M1，方向 276°，东西向，为梯形竖穴土圹三棺合葬墓，开口于①层下。墓口距地表深 1.7 米，墓室长 2.14 ～ 2.5 米、宽 2.2 ～ 2.34 米，墓底距墓口深 1.6 米。墓室四壁较整齐，内填花土，土质较致密。墓底内置三棺，并列于墓中部，中棺距南棺 0.03 ～ 0.12 米，中棺距北棺 0.2 ～ 0.3 米，南棺底部高于中棺、北棺底部 0.2 米。

内置三棺，棺木腐朽严重，仅存棺痕。南棺棺长 1.82 米、宽 0.42 ～ 0.58 米、残高 0.1 米，人骨残长 1.5 米。棺内人骨保存较好，头西足东，面向上，仰身直肢葬，墓主骨骼纤细，棺内陪葬品有镇墓瓦 1 件，位于墓室西部偏北（墓主头端），另有铜耳环、铜簪，故推断为女性，年龄不详。中棺棺长 1.94 米、宽 0.5 ～ 0.68 米、残高 0.04 ～ 0.08 米。棺内人骨保存较差，头朝西，面向不详，仰身直肢葬，墓主骨骼较粗壮，骨壁较厚，故推测为男性；北棺棺长 1.85 米、宽 0.45 ～ 0.52 米、残高 0.1 米，人骨残长 1.45 米，棺内人骨保存较差，头朝西，面向、葬式不详，棺内有陪葬品，位于墓主人的头骨旁，故推断为女性，年龄不详（图九）。

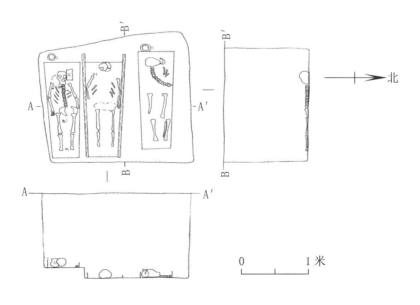

图九　M3 平、剖面图

1、4.铜钱　2.铜耳环　3.铜簪　5.残陶罐　6.红陶罐

随葬品有铜耳环（M3∶2）、铜簪（M3∶3），均位于南棺墓室西部偏南（墓主人头旁）；双系陶罐（M3∶4）位于南棺头部外侧偏南部；陶罐（M3∶5）位于北棺头部外侧偏南部；铜钱（M3∶1）无规律分散于棺内，分别为清代钱币乾隆通宝、嘉庆通宝、道光通宝。

铜耳环1对。M3∶2，锈，环坠子为蝴蝶形，较小，底部与环体焊接，环体呈"S"形圆柱体，尾尖，立体感强。通长3.2厘米（图八，1；彩版七六，1）。

铜簪2件。标本M3∶3-1，锈残，仅见簪首，簪首为圆形，可分两层。上层直径1.2厘米，用银丝在圆环内掐成梅花状，下层直径2.3厘米，正面錾刻月华锦纹，背面模糊不清（图八，2；彩版七六，2）。

双系陶罐1件。M3∶4，残，泥质红陶。直口微敞，方唇，短颈，溜肩，鼓腹，下腹弧收，大平底。口肩部有两个对称的耳状穿。腹部饰有一排戳印纹。口径10.8厘米、最大腹径13.1厘米、底径8.8厘米、高10.8厘米（图一〇，2；彩版七七，3）。

陶罐1件。M3∶5，残，泥质红陶，胎质疏松。卷沿，尖圆唇，短颈，溜肩，鼓腹，下腹弧收，胫底部微外撇，平底。肩部饰单层垂帐纹。口径10.1厘米、最大腹径16.1厘米、底径7.8厘米、高10.4厘米（图一〇，1；彩版七七，2）。

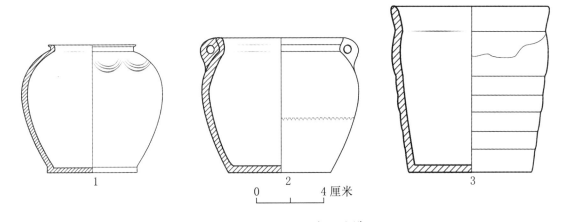

图一〇　M3、M5出土陶罐

1.陶罐（M3∶5）2.双系陶罐（M3∶4）3.半釉陶罐（M5∶2）

乾隆通宝4枚。标本M3∶1-1，锈残，圆形，方穿，正、背面有圆郭，正面铸"乾隆通宝"四字，楷书，对读，背面穿左右铸满文"宝泉"二字，纪局名。钱径2.4厘米、穿径0.5厘米、郭宽0.36厘米、郭厚0.16厘米，重3.9克（图三，10）。

嘉庆通宝1枚。M3∶1-2，锈残，圆形，方穿，正、背面有圆郭，正面铸"嘉庆通宝"四字，楷书，对读，背穿左右为满文纪局，因锈残，钱文不可辨。钱径2.3厘米、穿径0.54厘米、郭宽0.35厘米、郭厚0.15厘米，重3.8克（图三，12）。

道光通宝6枚。标本M3∶1-3，锈残，圆形，方穿，正、背面有圆郭，正面铸"道光通宝"四字，楷书，对读，背穿左右为满文纪局，因锈残，钱文不可辨。钱径2.3厘米、穿径0.6厘米、郭宽0.3厘米、郭厚0.17厘米，重3.3克（图三，9）。

三、结语

本次发掘的 6 座墓葬均为梯形竖穴土圹墓,其中单棺墓 1 座、双棺墓 3 座、三棺墓 2 座,分布凌乱无规律。单棺墓 M6 形制与海淀中坞 M22、M72[①] 相似。双棺墓 M1、M4、M5 形制与海淀中坞 M15、M24、M26[②] 相似。三棺墓 M2、M3 形制与奥运村工程 M4、M11、M20[③] 相似。均为北京地区常见的清代墓葬。

出土器物方面,铜簪 M2 : 3 与昌平沙河 M85 : 1[④] 相似。铜簪 M2 : 4 与昌平沙河 M67 : 2[⑤] 器型相似。铜烟锅 M6 : 1 与海淀中坞 M109 : 12-2[⑥] 器型相似。半釉陶罐 M5 : 2 与海淀中坞 M65 : 3[⑦] 器型相似。

此次发掘,为研究北京地区清代墓葬的形制、丧葬习俗及物质文化提供了新的资料。

发掘:尚珩

绘图:王技凡　高太发

器物摄影:王宇新

执笔:陈龙

参考文献

① 北京市文物研究所:《海淀中坞——北京市南水北调配套工程团城湖调节池工程考古发掘报告》,《北京文物与考古系列丛书》,科学出版社,2017 年,第 98 ~ 104 页。

② 北京市文物研究所:《海淀中坞——北京市南水北调配套工程团城湖调节池工程考古发掘报告》,《北京文物与考古系列丛书》,科学出版社,2017 年,第 169 ~ 183 页。

③ 北京市文物研究所:《奥运村工程考古发掘报告》,《北京奥运场馆考古发掘报告》,科学出版社,2007 年,第 220 ~ 232 页。

④ 北京市文物研究所:《昌平沙河——汉、西晋、唐、元、明、清代墓葬发掘报告》,《北京文物与考古系列丛书》,科学出版社,2012 年,第 223 ~ 228 页。

⑤ 北京市文物研究所:《昌平沙河——汉、西晋、唐、元、明、清代墓葬发掘报告》,《北京文物与考古系列丛书》,科学出版社,2012 年,第 210 页。

⑥ 北京市文物研究所:《海淀中坞——北京市南水北调配套工程团城湖调节池工程考古发掘报告》,《北京文物与考古系列丛书》,科学出版社,2017 年,第 276 ~ 281 页。

⑦ 北京市文物研究所:《海淀中坞——北京市南水北调配套工程团城湖调节池工程考古发掘报告》,《北京文物与考古系列丛书》,科学出版社,2017 年,第 273 ~ 276 页。

丰台区大富庄老爷庙清代房址、灶址发掘报告

为配合大富庄村老爷庙南、北厢房遗址保护，2013年11月20日—11月28日，北京市考古研究院（原北京市文物研究所）对大富庄村老爷庙南、北厢房遗址开展了考古发掘工作。该遗址位于大富庄村东南部，西距姚广孝墓塔1.2千米，东、南面为果树园，北面为现代沟壑，西面对应大富庄村街道（图一）。

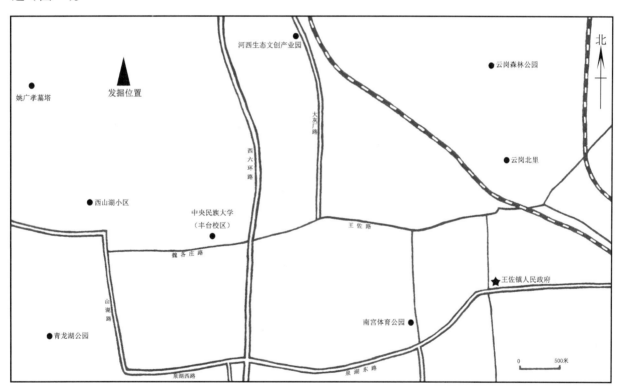

图一　发掘区位置示意图

大富庄老爷庙现存大殿一座，本次考古发掘在大殿西北、东南处各布设探方一个（图二），编号T1、T2。发掘面积187平方米。发掘①层为近现代层，厚0.25～0.8米，土色浅灰褐色，土质较松，含有较多现代生活垃圾，并有较多的植物根系。本次发掘房址基础2处、烧灶3处等遗存5处。

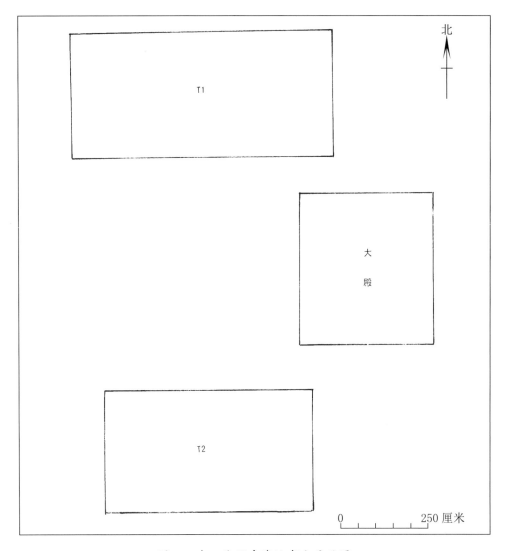

图二 南、北厢房遗址布方平面图

一、房址

（一）F1

位于发掘区的北部 T1（彩版七八，1）。

探方内发现该房址的夯土垫层、砌石基础部分，房屋中间无隔墙痕迹。南墙的东、西两端被现代树破坏，房屋内清理出床炕及烧灶（Z1）各一处。

夯土垫层，开口于①层下，在探方内呈"回"字形分布（图三）。夯层不明显，厚约 0.5 米，整体夯质坚硬，呈灰褐色，用三合土夯制而成。东西外长 13.3 米，内长 9.3 米。南北外宽 6.3 米，宽

2.3 米。北墙基槽宽 1.9 米，南墙基槽宽 1.55 ~ 1.6 米，东墙基槽宽 2.3 米，西墙基槽宽 1.7 米。东墙内侧与床炕相连。

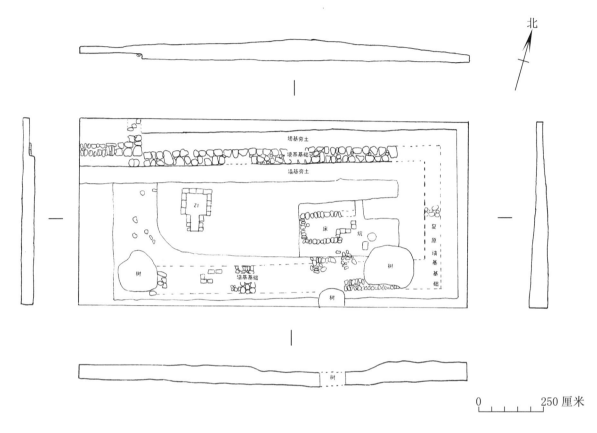

图三　T1 探方平面、剖面图

砌石基础，开口于①层下，砌于夯土垫层之上。该砌石基础用大小不一、形状各异的石块错缝叠砌，石缝用三合土灌浆，应为仅残存的墙基最底部一层。东西外长 11.5 米、内长 10.75 米，外宽 5.4 米、内宽 3.8 米。南、北墙基保存较好，东、西墙基仅见零星散石。北墙基础宽 0.55 米，南墙基础宽 0.8 米，东墙基础宽 0.6 米，西墙基础无存。

床炕位于 F1 的东部，开口于①层下，平面呈长方形，东西长 3.8 米、南北宽 2.3 米，东南部被现代树叠压。床炕的火门位于北侧，火门宽 0.3 米、长 0.65 米，四周残存红烧土痕迹。炕中间用小石块砌制隔墙，砌石仅残存一层。炕的后墙与房屋的南墙相连。

（二）F2

位于发掘区的南部 T2（彩版七八，2）。

F2 开口于①层下，分布于整个探方（图四），东北部与西北部分别被现代坑破坏，西南部被树叠压。在探方的北部，清理出了两处规则排列的砌石，两砌石之间距离为 2.75 米，可能为磉墩。两砌石南侧各清理出一处烧灶。

探方内同样发现夯土垫层与砌石基础，房屋内部较为平整，没有发现隔墙痕迹。夯土垫层整体外宽 10.7 米、内宽 9.2 米，由于该房址的北墙被完全破坏，南北进深不详。西墙仅存夯土，夯层不明显，厚约 0.3 米，夯质较硬，呈灰褐色。

砌石基础同样用大小不一、形状各异的石块错缝叠砌，石缝用三合土灌浆。南墙与东墙残存有砌石基础。南墙基础宽 0.6 米，并继续向东延伸出探方，中部外侧另有 0.5 米宽的砌石基础，或为散水。东墙基础宽 0.6 米。

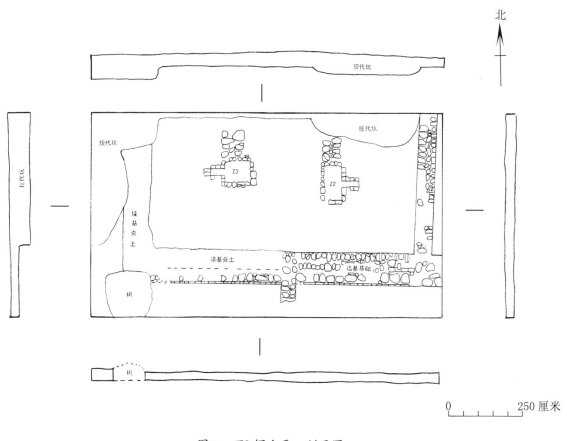

图四　T2 探方平、剖面图

二、烧灶

（一）Z1

Z1 位于 F1 内的中西部，开口于①层下，呈"甲"字形，南北向，四壁用青砖砌制（图五；彩版七九，1）。火膛南北长 0.8 米、东西宽 0.8 米。火门位于火膛的南侧，长 0.62 米、宽 0.3 米。底部为平底，残存红烧土厚 0.06 米，距灶口深 0.33 米。内填灰褐色土，土质较松，含有较多炉渣。

砖规格为 0.26 米 × 0.15 米 × 0.07 米。

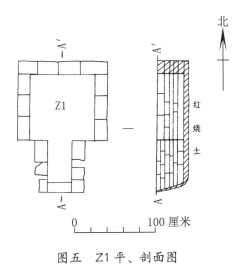

图五　Z1 平、剖面图

（二）Z2

Z2 位于 F2 内的中西部，开口于①层下，呈"甲"字形，东西向，四壁用砖石混合错缝砌制（图六；彩版七九，2）。火膛南北长 1.16 米、东西宽 0.6～0.62 米。火门位于火膛的东侧，长 0.55 米、宽 0.2 米。底部为平底，残存红烧土厚 0.08 米，距灶口深 0.36 米。用砖规格、填土、土质同 Z1，含有较多的石块、残砖块、炉渣等。

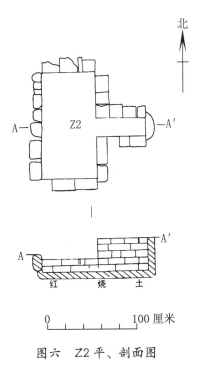

图六　Z2 平、剖面图

（三）Z3

Z3位于F2内的中东部，开口于①层下，呈"甲"字形，东西向，四壁用青砖夹石块混合相互错缝砌制（图七；彩版八〇，1）。火膛东西长0.8米、南北宽0.65～0.7米。火门位于火膛的西侧，长0.5米、宽0.22米。底部为平底，残存红烧土厚0.06米，距灶口深0.5米。填土、土质同Z1，含有较多炉渣。

砖规格为0.3米×0.18米×0.07米，大部分为残砖。

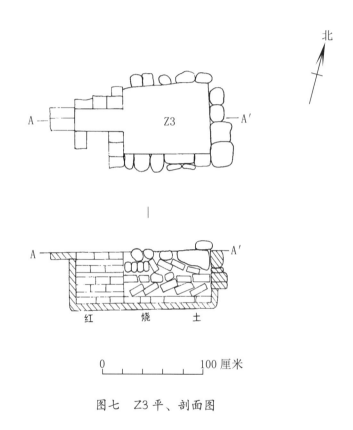

图七　Z3平、剖面图

三、结语

大富庄老爷庙是丰台区尚未核定为文物保护单位的不可移动文物，现存正殿面阔三间（彩版八〇，2），坐东朝西，主体结构为清式硬山建筑。

老爷庙多见有两种类型，一类供奉关公，另一类供奉龙王。北京地区现存老爷庙多与关帝庙互称。查光绪九年（1883）宛平、大兴、通州等地曾发生较为严重的水患灾害[①]，大富庄老爷庙或为当地百姓因此建造。据资料记载，大富庄老爷庙主要由正殿及南、北厢房组成。新中国成立后该庙只剩主体建筑构架尚存，并于21世纪再经修缮。

　　此次发掘基本弄清了南、北厢房位置及地下保存情况，为进一步厘清南、北厢房基础做法及庙院布局结构提供了实物资料。

发掘：孙峥　李宏伟

绘图：孙峥　贺蕾　李宏伟

摄影：孙峥　李宏伟

执笔：贺蕾

参考文献

① 顾廷龙、戴逸主编：《李鸿章全集·奏议》，安徽教育出版社，2008年。

丰台区东白盆窑两汉、辽金、明清遗迹发掘报告

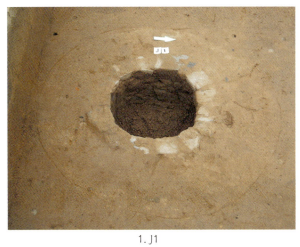

1. J1

2. J2

3. J3

4. J4

水井

丰台区东白盆窑两汉、辽金、明清遗迹发掘报告

1. J7

2. J8

3. J10

4. J11

水井

东城区宝华里汉代和明清墓葬、明代明堂发掘报告

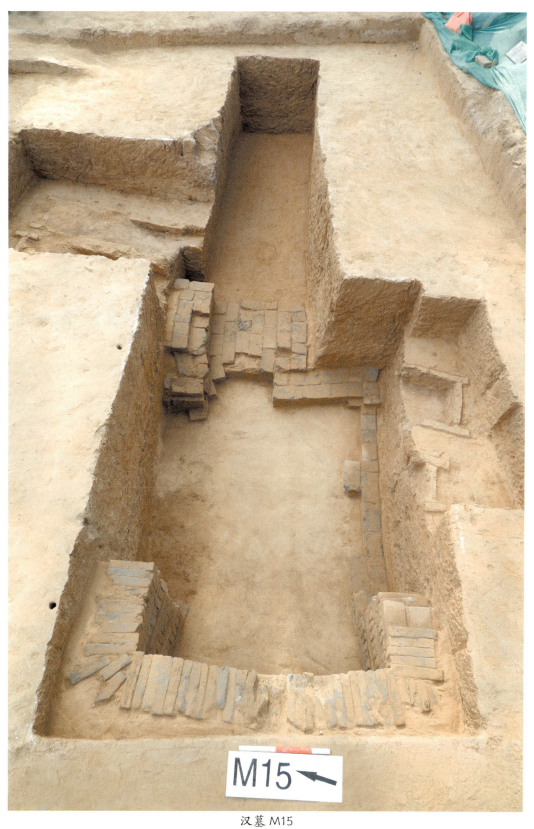

汉墓 M15

东城区宝华里汉代和明清墓葬、明代明堂发掘报告

汉墓 M22

东城区宝华里汉代和明清墓葬、明代明堂发掘报告

1. 陶钵（M22：2）

2. 陶罐（M22：3）

3. 陶盆（M22：1）

4. 黄绿釉陶罐（M6：1）

5. 铜簪（M6：3）

汉墓 M22、明墓 M6 出土器物

东城区宝华里汉代和明清墓葬、明代明堂发掘报告

1. 买地券（MT1：2）

2. 铁灯（MT1：3）

3. 铜镜（MT1：7）

4. 砚台（MT1：4）

5. 铁犁铧（MT1：5）

明代明堂 MT1 出土器物

东城区宝华里汉代和明清墓葬、明代明堂发掘报告

1. 青花瓷罐（M1：3）

2. 青花瓷罐（M1：3）底部

3. 白瓷罐（M1：4）

4. 黄釉陶罐（M7：5）

5. 酱釉陶罐（M7：4）

6. 绿釉陶罐（M7：1）

明墓 M1、M7 出土器物

东城区宝华里汉代和明清墓葬、明代明堂发掘报告

1. 白瓷罐（M8：1）

2. 白瓷罐（M8：2）

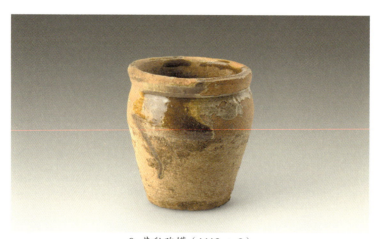

3. 黄釉陶罐（M18：2）

清墓 M8、M18 出土器物

东城区宝华里汉代和明清墓葬、明代明堂发掘报告

1. MT1

2. M6

明代明堂 MT1 及明墓 M6

东城区宝华里汉代和明清墓葬、明代明堂发掘报告

1. M1

2. M7

明墓 M1、M7

东城区宝华里汉代和明清墓葬、明代明堂发掘报告

1. M18

2. M8

清墓 M18、M8

东城区宝华里汉代和明清墓葬、明代明堂发掘报告

清墓 M10

昌平区雪山东汉、清代墓葬发掘报告

1. M1

2. M2

汉墓 M1、清墓 M2

昌平区雪山东汉、清代墓葬发掘报告

铜簪（M2：1）

清墓出土器物

平谷区樱桃谷唐辽窑址发掘报告

1. Y5

2. Y1

窑址 Y5、Y1

平谷区樱桃谷唐辽窑址发掘报告

1. Y2

2. Y3

窑址 Y2、Y3

平谷区樱桃谷唐辽窑址发掘报告

1. Y4

2. Y6

窑址 Y4、Y6

平谷区樱桃谷唐辽窑址发掘报告

1. Y7

2. Y8

窑址 Y7、Y8

平谷区樱桃谷唐辽窑址发掘报告

1. Y9

2. Y10

窑址 Y9、Y10

平谷区樱桃谷唐辽窑址发掘报告

1. Y11

2. 窑室内出土炭块

窑址 Y11 及出土炭块

石景山区鲁谷路辽金、明清墓葬发掘报告

1. M1

2. M2

辽金墓 M1、M2

石景山区鲁谷路辽金、明清墓葬发掘报告

1. M4

2. M5

辽金墓 M4、M5

石景山区鲁谷路辽金、明清墓葬发掘报告

1. 残陶器（M5：2）

2. 陶剪刀（M5：1）

辽金墓 M5 随葬器物

石景山区鲁谷路辽金、明清墓葬发掘报告

1. M3

2. M6

明清墓 M3、M6

石景山区鲁谷路辽金、明清墓葬发掘报告

1. M7

2. M8

明清墓 M7、M8

石景山区鲁谷路辽金、明清墓葬发掘报告

1. M9

2. M11

明清墓 M9、M11

石景山区鲁谷路辽金、明清墓葬发掘报告

1. M12

2. M13

明清墓 M12、M13

石景山区鲁谷路辽金、明清墓葬发掘报告

1. M14

2. M19

明清墓 M14、M19

石景山区鲁谷路辽金、明清墓葬发掘报告

1. M21

2. M22

3. M23

明清墓 M21、M22、M23

石景山区鲁谷路辽金、明清墓葬发掘报告

1. 残铁器（M23：1）

2. 黑陶罐（M11：1）

3. 陶锅（M10：1）

4. 釉陶罐（M6：1）

5. 釉陶罐（M7：1）

6. 釉陶罐（M9：1）

7. 釉陶罐（M13：1）

8. 釉陶罐（M19：1）

明清墓出土器物（一）

石景山区鲁谷路辽金、明清墓葬发掘报告

1. 釉陶双系罐（M15：1）

2. 釉陶双系罐（M18：1）

3. 戒指（M3：1）

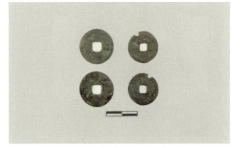

4. 铜钱（M6：2）

5. 铜钱（M7：2）

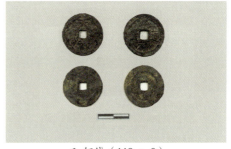

6. 铜钱（M9：2）

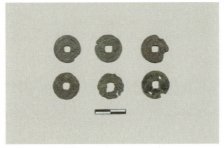

7. 铜钱（M19：2）

明清墓出土器物（二）

石景山区中关村科技园区石景山园金元遗迹发掘报告

1. 瓷片（T4②：3）内底

2. 瓷片（T4②：6）

3. 瓷片（T4②：4）内底

4. 瓷片（T4②：4）外底

5. 瓷片（T4②：5）内底

6. 瓷片（T4②：5）外底

7. 瓷片（T4②：7）内底

8. 瓷片（T4②：7）外底

石景山区中关村科技园区石景山园金元遗迹发掘报告

1. 瓷片（T4②：8）内底

2. 瓷片（T4②：8）外底

3. 瓷片（T7②：1）

4. 青釉瓷碗（H3：1）

5. 铜钗（H1：1）

6. 铜钗（T4②：2）

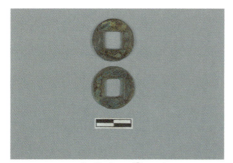

7. 铜钱（T4②：1）

8. 铜簪（H5：1）

出土器物（二）

石景山区中关村科技园区石景山园金元遗迹发掘报告

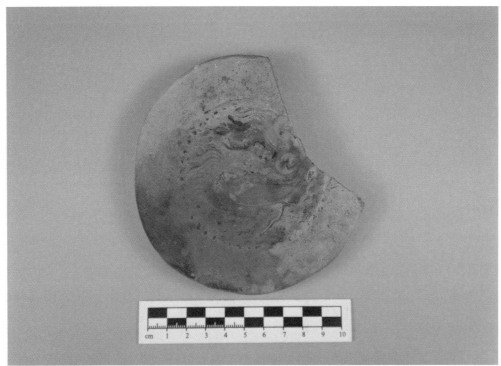

1.瓦当（H18：1）

2.瓦当（H18：2）

出土器物（三）

石景山区中关村科技园区石景山园金元遗迹发掘报告

G1（由东向西）

金元沟

石景山区中关村科技园区石景山园金元遗迹发掘报告

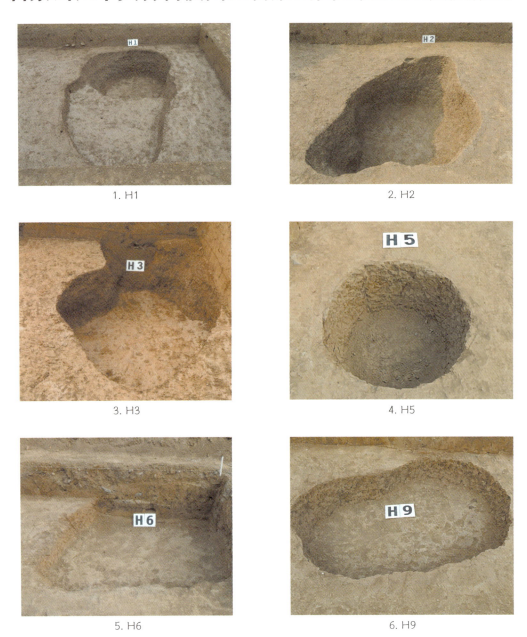

1. H1

2. H2

3. H3

4. H5

5. H6

6. H9

金元灰坑（一）

石景山区中关村科技园区石景山园金元遗迹发掘报告

1. H11

2. H13

3. H15

4. H16

5. H17

金元灰坑（二）

石景山区中关村科技园区石景山园金元遗迹发掘报告

1. Z1

2. Z2

金元灶址

海淀区田村路元、清墓葬发掘报告

1. 墓砖（M1：2）

2. M1 北部铁箍

3. M1 中部铁箍

元墓 M1 器物

海淀区田村路元、清墓葬发掘报告

1.M1 南部铁箍

2.陶罐（M2：1）

元墓 M1、清墓 M2 器物

朝阳区后街村与东风村清代墓葬发掘简报

1. 陶罐（M1∶3）

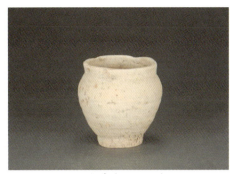

2. 陶罐（M1∶4）

3. 半釉陶罐（M32∶4）

4. 陶罐（M32∶5）

5. 半釉陶罐（M32∶6）

6. 铜簪（M32∶1）

清墓 M1、M32 出土器物

朝阳区后街村与东风村清代墓葬发掘简报

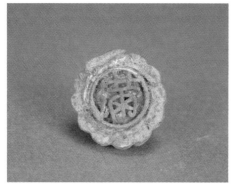

1. 铜簪（M32：2）

2. 银簪（M82：2-1）

3. 银簪（M82：2-2）

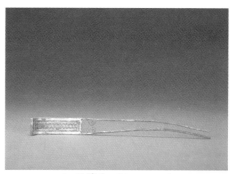

4. 银簪（M82：2-3）

5. 银簪（M82：2-4）

6. 银簪（M82：3-1）

清墓 M32、M82 出土器物

朝阳区后街村与东风村清代墓葬发掘简报

1. 银簪（M82：3-2）

2. 银发饰（M82：4）

3. 手镯（M82：6-1）

4. 手镯（M82：6-2）

5. 陶罐（M3：3）

6. 陶罐（M3：4）

7. 半釉陶罐（M15：3）

8. 半釉陶罐（M15：4）

清墓 M3、M15、M82 出土器物

朝阳区后街村与东风村清代墓葬发掘简报

1. 半釉陶罐（M31：2）

2. 陶罐（M31：3）

3. 陶罐（M8：2）

4. 陶罐（M59：1）

5. 陶罐（M65：2）

清墓 M8、M31、M59、M65 出土器物

朝阳区后街村与东风村清代墓葬发掘简报

1. M1

2. M32

清墓 M1、M32

朝阳区后街村与东风村清代墓葬发掘简报

1. M82

2. M3

3. M15

清墓 M3、M15、M82

朝阳区后街村与东风村清代墓葬发掘简报

1. M31

2. M8

3. M59

4. M65

清墓 M31、M8、M59、M65

石景山区广宁明清墓葬发掘报告

1. M4

2. M5

明墓 M4、M5

石景山区广宁明清墓葬发掘报告

1. M6

2. M7

明墓 M6、M7

石景山区广宁明清墓葬发掘报告

1. M8

2. M9

明墓 M8、M9

石景山区广宁明清墓葬发掘报告

1. 半釉陶罐(M7：1)

2. 铜簪（M4：1）

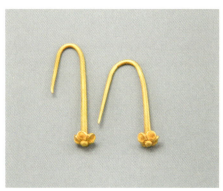

3. 金簪（M4：2-1、M4：2-2）

4. 金耳坠（M4：3）

5. 陶罐（M6：2）

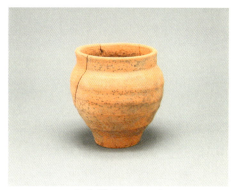

6. 陶罐（M6：3）

明墓 M4、M6、M7 出土器物

石景山区广宁明清墓葬发掘报告

1. 青花瓷罐（M1：1）

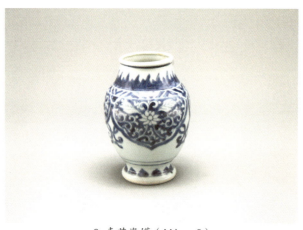

2. 青花瓷罐（M1：3）

3. 青花瓷罐（M2：1）

清墓出土器物

石景山区广宁明清墓葬发掘报告

1. M1

2. M2

清墓 M1、M2

石景山区广宁明清墓葬发掘报告

1.M3

2.贴金银簪（M9：3）

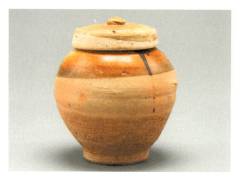

4.半釉盖罐（M9：5）

3.银簪（M9：4）

5.半釉陶罐（M2：4）

时代不明墓 M3 及明清墓出土器物

丰台区分钟寺清代墓葬发掘简报

1. M16（由南向北）

2. M23（由南向北）

清墓 M16、M23

丰台区分钟寺清代墓葬发掘简报

1.M4（由西向东）

2.M27（由西向东）

清墓 M4、M27

丰台区分钟寺清代墓葬发掘简报

1.M28（由西向东）

2.M39（由东向西）

清墓 M28、M39

丰台区分钟寺清代墓葬发掘简报

1.M5（由西向东）

2.M8（由西向东）

清墓 M5、M8

丰台区分钟寺清代墓葬发掘简报

1.M11（由北向南）

2.M32（由西向东）

清墓 M11、M32

丰台区分钟寺清代墓葬发掘简报

1. 青花缠枝花卉罐（M6：2）

2. 青花缠枝花卉罐（M32：1）

3. 青花缠枝花卉罐（M8：2）

清墓出土器物（一）

丰台区分钟寺清代墓葬发掘简报

1. 青釉瓷罐（M39：1）

2. 青釉瓷罐（M41：1）

3. 黑釉瓷罐（M2：1）

4. 指环（M28：5）

5. 玉烟嘴（M6：1）

6. 玉饰件（M35：1）

清墓出土器物（二）

丰台区分钟寺清代墓葬发掘简报

1. 银鎏金扁方（M11：2）

2. 银鎏金扁方（M11：3）

3. 银鎏金扁方（M30：2）

4. 银鎏金簪（M30：3）

5. 银扁方（M25：2）

6. 银扁方（M5：4）

7. 银扁方（M4：1）

8. 银扁方（M16：1）

清墓出土器物（三）

丰台区分钟寺清代墓葬发掘简报

1. 银扁方（M5：3）

2. 银扁方（M32：3）

3. 银扁方（M32：9）

4. 银簪（M5：2）

5. 银簪（M32：4）

6. 银簪（M11：1）

7. 银簪（M25：3）

8. 银簪（M28：2）

清墓出土器物（四）

丰台区分钟寺清代墓葬发掘简报

1. 银簪（M32：8）

2. 银簪（M9：1）

3. 银簪（M28：3）

4. 银簪（M28：4）

5. 银簪（M29：1）

6. 银簪（M29：2）

清墓出土器物（五）

丰台区分钟寺清代墓葬发掘简报

1. 银耳环（M5：1）

2. 银耳环（M5：6）

3. 银耳环（M32：5）

4. 银指环（M16：2）　　5. 银指环（M32：6）

6. 手镯（M30：4）

7. 帽顶（M13：1）

8. 买地券（M27：1）

9. 酱釉陶罐（M25：1）

10. 半釉陶罐（M38：1）

丰台区纪家庙清墓发掘简报

1. M2

2. M8

3. M9

清墓 M2、M8、M9

丰台区纪家庙清墓发掘简报

1. 釉陶罐（M9：5）

2. 瓷罐（M2：1）

3. 瓷罐（M9：4）

4. 银扁方（M8：1）

5. 银耳环（M8：2）

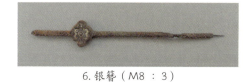

6. 银簪（M8：3）

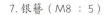

7. 银簪（M8：5）

8. 银戒指（M9：2）

9. 银指环（M9：3）

清墓出土器物

密云区水洼屯清代窑址发掘报告

1. 发掘现场

2. 清理后的 Y2

发掘现场及清代窑址 Y2

密云区水洼屯清代窑址发掘报告

1. Y2 火门

2. Y2 火膛

清代窑址 Y2

密云区水洼屯清代窑址发掘报告

1. 清理后的 Y4

2. 清理后的 Y1

清代窑址 Y1、Y4

密云区水洼屯清代窑址发掘报告

1. 清理后的 Y3

2. 清理后的 Y5

清代窑址 Y3、Y5

密云区水洼屯清代窑址发掘报告

1. 清理后的 Y6

2. 清理后的 Y7

清代窑址 Y6、Y7

密云区水洼屯清代窑址发掘报告

1. Y6 火门

2. Y6 火膛

清代窑址 Y6

顺义区天竺清代墓葬发掘报告

1. 铜簪（M1 : 2）

2. 铜扣（M4 : 1）

3. 银戒指（M4 : 3）

4. 铜饰（M4 : 4）

5. 银手镯（M4 : 6）

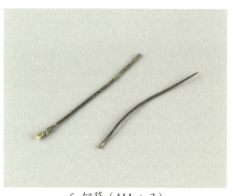

6. 铜簪（M4 : 7）

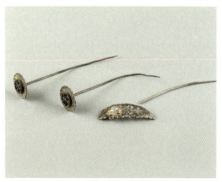

7. 银簪（M6 : 2）

8. 铜扣（M7 : 2）

顺义区天竺清代墓葬发掘报告

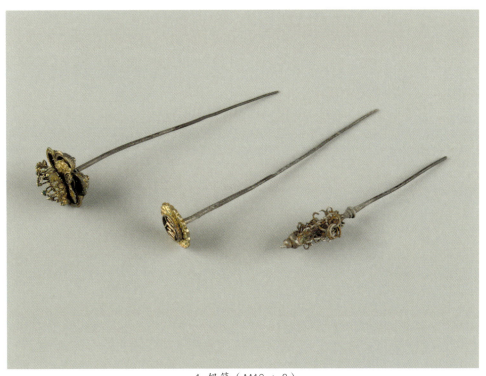

1. 银簪（M10：2）

2. 银扁方（M10：3）

清墓出土器物（二）

经济技术开发区路东区清代墓葬发掘报告

1. 铜耳环（M3：2）

2. 铜簪（M3：3）

3. 铜簪（M2：3）

4. 铜耳环（M2：1）

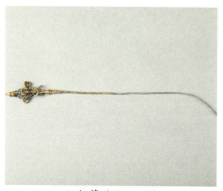

5. 铜簪（M2：4）

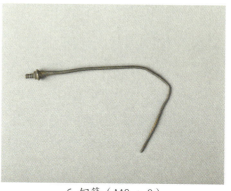

6. 铜簪（M2：2）

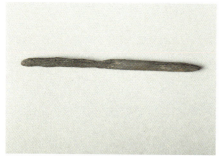

7. 木钗（M2：5）

8. 铜烟锅（M6：1）

清墓 M2、M3、M6 出土器物

经济技术开发区路东区清代墓葬发掘报告

1. 铁器（M1：2）

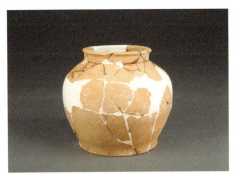

2. 陶罐（M3：5）

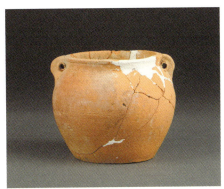

3. 双系陶罐（M3：4）

4. 半釉陶罐（M5：2）

清墓 M1、M3、M5 出土器物

彩版七八

丰台区大富庄老爷庙清代房址、灶址发掘报告

1. F1 全景（由西向东）

2. F2 全景（由东向西）

清代房址 F1、F2

丰台区大富庄老爷庙清代房址、灶址发掘报告

1. Z1 全景（由南向北）

2. Z2 全景（由东向西）

清代灶址 Z1、Z2

丰台区大富庄老爷庙清代房址、灶址发掘报告

1. Z3全景（由西向东）

2. 大富庄老爷庙

清代灶址 Z3 及现存建筑